マルクス物象化論の研究

貨幣・資本と人格変容

渡辺憲正　著

桜井書店

序

　本書の研究テーマは，物象化論である。物象化論といえば，いかにも難解であり，人びとを寄せつけない神秘性に満ちた印象がつきまとう。しかし，物象とは商品・貨幣・資本のことであり，物象化とは「物象に媒介された諸関係の形成」を意味するのだとしたら，これほど日常生活において関わりの深い事柄もない。そして，そうであれば，商品・貨幣・資本をそれ自体として論ずれば事足りるのであり，ことさらに物象化などと問題を設定する必要はないというクレームがあっても，まったく当然のことであろう。ただし，物象化論には物象化論として論じるべき特有の問題がある。特有の問題とは何か。それは，物象化が今日なお人びとの在り方を拘束し，人格変容をもたらす根拠となり，生活の貧困と隷属，苦悩を根底的に規定する要因となっていることである。

　物象化が「人びとの在り方を拘束し，人格変容をもたらす」とはいかなる意味か。本書序論で示すとおり，物象化は長い研究史において呪物化（物神化）と一体的に把握され，それゆえに神秘化，倒錯視などと関連づけて論じられてきた（そしてそれゆえに，物象化論はそれ自身が何かしらの神秘性を帯びた）。しかし，私見によれば，物象化は各個人の意志や意識を超えた位相において各人の人格変容をもたらすものであり，さしあたり神秘化，倒錯視と関わりのない事象である。それを表す概念が——研究史ではいまだ共通了解が存在していないとはいえ——〈物象の人格化と人格の物象化〉である。物象の人格化とは，商品・貨幣・資本等の擬人化，すなわち商品占有者，貨幣占有者，資本家，労働者等という主体の現れを表す。物象は人格に対して自立的であり，それゆえに人間は，否応なく物象の論理を体現し，それに拘束される人格として現れる（商品占有者，貨幣占有者等としてあるかぎり，人格は意志と意識によらず商品や貨幣等の論理を免れることはできない）。これが物象の人格化である。これに対して人格の物象化とは，人格が物象の論理に拘束されるとき，物象にもとづく人為的欲求（貨幣欲求等）を形成し，それに規定されて起こる人格変容を表す。たとえば商品の場合，商品占有者はそれを販売して価値を実現すると

いう「命がけの飛躍」（『資本論』第1巻）を迫られ，商品に拘束される。あるいは貨幣占有者ならば，貨幣欲求の形成を通して，ときに致富欲，金銭欲に囚われ，カネの亡者や守銭奴などに人格を変容させられる。資本家も資本の人格化として「価値増殖の狂信家」（同上）となる。あるいは労働者も労働力商品として，自己の労働力を売るために競争に巻き込まれ，ときとして「エコノミック・アニマル」になり果てる，等々。それゆえ，物象化の核心は，呪物化ではなく，〈物象の人格化と人格の物象化〉，あるいは人格変容にある。本書のサブタイトルを「貨幣・資本と人格変容」とした所以である。

　前著『マルクス所有形態論の研究』(2023) でも言及したとおり，マルクスは初期と後期に，それぞれ異なる脈絡で物象化と結びつけて「絶対的貧困」を語った。初期には，「所持 [Haben]」への欲求の還元の脈絡において。後期には，無所有の労働者が労働力商品として逢着する「疎外の極度の形態」という脈絡において。再論は本文に譲り，ポイントを一言でいえば，2つの脈絡に示されるのは，貨幣・資本の支配（物象化）の下での人格変容の問題であった。マルクスもまた，この意味で物象化を人格変容の問題としてとらえていたのであり，そしてそれを「絶対的貧困」と規定したのである。物象化と人格変容との関連を──そしてそれゆえに物象化の廃棄を──マルクス物象化論の再構成によって把握することが，課題として求められる。

　今日，貨幣・資本（物象化）の廃棄など問題にならないとする傾向が広汎に存在するのは周知のとおりである。たとえばハーバーマスは『公共性の構造転換』第2版 (1990) 序文において，「民主主義的かつ社会的な法治国家を社会主義的な民主主義へと発展させること」(Habermas [1990] 35) という初版の構想を自己批判し，権力を媒体とする国家と貨幣を媒体とする経済の自存性を語ることによって「第三領域としての市民社会 [Zivilgesellschaft]」論を提起した。もはや，法と政治権力という媒体を介して社会全体をプログラムしていくという構想は，市場に制御された経済システムや権力に制御された行政システムという現実の前に説得力を失ってしまった。目指すべきは，「もはや直截に，自立した資本主義的経済システムおよび自立した官僚制的な支配システムの廃棄などではなく，生活世界の領域を植民地化しようとするシステム命令の干渉を民主的に封じ込めること」(ibid. 36) である。かくてハーバーマスは，貨幣・資

本にもとづく経済システムを永遠化し，物象化廃棄の不能を前提に理論を提起したのである。この傾向は「第三領域としての市民社会」論に限られない。それは，ある種の福祉国家論にもベイシックインカム (BI) 擁護論にも看取することができる。いずれも物象化を前提として分配論を基調とするからである。

　こうした理論状況で，なぜ物象化を問題にするのか。それは，人間 (労働力) が貨幣・資本によって購買される——大多数の人間の商品化——という，近代500年の事態がいまなお存在するからである。そして貨幣・資本の形成は，上記のとおり，物象の人格化をとおして人格の物象化 (所有欲への囚われ，貨幣欲求・致富欲の形成，価値増殖への固執等々) と貧困・隷属をもたらす。問題は，人間 (労働者) が生産手段の無所有ゆえに貨幣によって購買される商品になるという，この事態を永遠化して肯定するのかどうかである。

　もとより現代は，マルクスの生きた19世紀とは生活諸条件がさまざまに異なる。一定の社会保障や社会保険その他がある。それがまったく意味がないというのではない。しかし，現在でも，資本と労働の分離の下で，たとえば非正規雇用の労働者が「ワーキングプア」として生活保護水準以下に置かれ，生命／生活を脅かされることは，19世紀と変わらない。この物象化の帰結を問題としなければ，理論は理論としての性格を失う。物象化は，今日でもすべての人の人格変容に深く関わる大問題である。この問題を等閑に付して，どうして万人の協議にもとづく公共性が成立するだろうか。本書の課題は，マルクス物象化論の正確な理解を図り，それにもとづいて物象化の廃棄と今日的な対抗の現実的可能性を考察することにある。

凡　例

1　マルクス／エンゲルスからの引用

1）マルクス，エンゲルスからの引用は基本的に下記の新 MEGA 版により，引用に
あたっては，部門，巻数，ページ数の順に，たとえば，第 II 部門第 6 巻 103 ペ
ージならば，II/6: 103，と表記する。
　　Marx/Engels *Gesamtausgabe* [MEGA], Berlin 1975ff.

2）MEGA 未刊行の場合は，下記の MEW 版により，引用にあたっては，巻数，ペ
ージ数の順に，たとえば，第 2 巻 36 ページならば，MEW 2: 36，と表記する。
　　K. Marx/F. Engels *Werke* [MEW], Berlin 1956-90.

3）『哲学の貧困』初版（フランス語）からの引用は，下記の文献による。
　　Marx [1847], *La misère de la philosophie*, Paris/Bruxelles.

4）本書は，『経済学批判要綱』から『資本論』第 1 巻第 2 版 (1872) に至るまでのマ
ルクスの著作・草稿を主要な研究対象としている。行論の必要上から，『資本論』
第 1 巻は第 2 版を主要な典拠とし，第 1 巻初版 (1867) を取り上げる場合は，
その旨を特記し，フランス語版，ドイツ語版第 3 版などは基本的に考察の対象
外とした。現行『資本論』第 2 巻および第 3 巻に相当する部分からの引用は，基
本的に 1860 年代の諸草稿による。

5）翻訳のページ数は示していない。訳文は必ずしも翻訳書に従っていない。

2　参考文献からの引用

1）研究文献その他からの引用は巻末掲載の文献一覧により，著者，刊行年とページ
数を示す。

2）外国語参考文献に関して，翻訳書がある場合には，適宜邦訳ページを＝以下に記
した。ただし訳文は，必ずしも翻訳書に従っていない。

3　訳語その他

1）訳語は可能なかぎり一貫性をもたせるようにつとめた。本書において統一した特
記すべき訳語例は，下記のとおりである。ただし，研究文献からの引用にさいし
ては，異なる訳語（たとえば下記〔　〕内に示す訳語）も各文献の通りに表記した。
　　Assoziation：協同組織

Ding：物〔事物〕

Fetisch：呪物〔物神〕

Fetischcharakter：呪物性格〔物神性〕

Fetischismus：呪物崇拝〔物神崇拝〕

Person：人格

Personificirung：人格化

Personifikation：擬人化〔具現者〕

Potenz：展相

Sache：物象〔物件〕

Verdinglichung：物化

Versachlichung：物象化〔物件化〕

2）複数の訳語で表す特例的な場合は，個々に注記した。特例的な訳語の事例は，下記のとおりである。

Gemeinschaft：共同関係，共同団体

Gemeinwesen：共同社会，共同制度，共同的本質

3）訳語に原語を付す場合は，原著の表記に準じている。

4）マルクスが頻用する „sich zu A als B verhalten“ という表現は，「A に対して B に対する態様で関係する」と訳す。「A に対して，A が B として存在する態様で関わる」という意味である。

4 括弧記号の扱い

1）括弧記号の扱いは通例に従う。ただし，以下の括弧記号はやや特別な扱いをする。

《 　》(二重山括弧)：論文名

〈 　〉(山括弧)：特別な意味をもつ概念の表示

［ 　］(角括弧)：引用における補足または原語表示

（ 　）(丸括弧)：本文中の注記など

2）列挙には，1），2）などの片括弧を，摘要を示す場合は，［1］，［2］などを用いた。

9

目　次

序　3

凡例　7

序論　物象化論のテーマ………………………………………………15

研究史における物象化の基本了解　16

私的労働と物象化　22

物象の人格化と人格の物象化　25

問題設定と本書の構成　28

第1章　マルクス物象化論の生成……………………………………33

1　貨幣次元における初期物象化論…………………………………33

《ユダヤ人問題によせて》の物象化論　33

《ミル評注》の物象化論　38

『経哲草稿』の貨幣論　40

初期の呪物崇拝論　43

2　資本次元における初期物象化論…………………………………44

疎外された労働と物象化　45

労働価値説の批判的摂取　48

『聖家族』のプルードン批判　55

3　『ドイツ・イデオロギー』の物象化論…………………………59

諸関係の自立化としての物象化　59

資本次元における物象化と物象化論的歴史観　61

『ドイツ・イデオロギー』における物象化と疎外　65

4　初期マルクス物象化論の考察……………………………………68

物象化論の基礎的定位　69

『哲学の貧困』の物象化論　73

小括　79

第2章 『経済学批判要綱』の貨幣・資本論 …………………… 81

  1 私的所有の把握 ……………………………………………… 81

    私的所有の2つの系統 81

    共同体所有と私的所有（第2系統）の並存 85

  2 物象化の生成過程 ………………………………………… 88

    交換価値にもとづく生産関係の物象化 88

    貨幣欲求の形成と人格変容 92

    本源的所有および共同社会の解体と資本の原初的形成 95

  3 ブルジョア社会の物象化 ………………………………… 98

    商品・貨幣次元における物象化の発展 98

    資本の諸過程と物象化の完成 101

    ブルジョア社会における人格変容と疎外 105

    生産諸関係の神秘化と粗野な唯物論の呪物崇拝 109

    小括 111

  4 経済学批判の構想プランと貨幣・資本論 ………………… 112

    経済学批判の構想プラン 113

    冒頭商品章の設定と私的労働概念の定式化 116

    商品次元における物象化論の生成 121

第3章 商品・貨幣と人格変容 ……………………………… 125

  1 物象としての商品 ………………………………………… 125

    商品の価値とは何か 125

    商品価値論の形成 128

    小括 132

  2 私的労働と労働価値論 …………………………………… 134

    私的労働と労働価値論 135

    労働価値論の形成 139

    小括 142

  3 価値形態と物象化 ………………………………………… 144

    物象化論としての価値形態論 144

    商品次元における人格の物象化 150

価値形態論の形成　153

小括　156

4　商品の呪物性格 ……………………………………………159

呪物性格と呪物崇拝　160

呪物性格論の形成　163

小括　167

5　商品の交換過程 ……………………………………………171

交換過程論の位置　172

交換過程論の形成　175

小括　176

6　貨幣次元における物象化論 ………………………………179

貨幣の諸機能と物象化　179

貨幣次元における人格の物象化　183

貨幣次元における呪物化と呪物崇拝　185

小括　186

第4章　資本の諸過程と人格変容 ……………………………189

1　資本次元における物象化 …………………………………189

価値増殖構造の歴史的発見　189

資本の諸過程と物象化の展開　192

2　人格化された資本／労働と疎外 …………………………198

人格化された資本　199

人格化された労働　202

資本次元における人格の物象化と疎外　205

3　資本次元における呪物化 …………………………………207

資本次元一般における呪物化　208

剰余価値の利潤への転化以後の呪物化の完成　211

資本の呪物崇拝　214

4　ブルジョア経済学と物象化 ………………………………216

剰余価値の把握　217

ブルジョア的領有法則の批判　219

剰余価値と利潤・地代　221
呪物化と呪物崇拝　224

第5章　貨幣・資本 (物象化) の廃棄 ……………………………………227

1　ブルジョア的改革論批判 …………………………………………227

リカードウ派社会主義者評価　227
オウエン評価　231
J. St. ミル評価　233

2　資本 (物象化) の廃棄 ……………………………………………236

物象化廃棄のイメージ　236
資本 (物象化) の廃棄　239
物象化の廃棄に関する考察　242

3　生活／運動と物象化の廃棄 ………………………………………244

運動における対抗　245
生活における対抗　252
貨幣・資本の廃棄と人間の自己変革　255

文献一覧　259
あとがき　267

マルクス物象化論の研究

――貨幣・資本と人格変容――

序論　物象化論のテーマ

　物象化論には，大別しておよそ6つのサブテーマ（論点）が存在する。第1
は，交換価値にもとづく生産において諸個人の形成する社会的諸関係が人格と
人格の社会的関係として現れず，物象（商品・貨幣等）に媒介された諸関係と
して現れるという事態――生産関係の物象化[1]――およびその存立根拠を問題
とする論点（→労働価値論／貨幣論／私的労働論）。第2は，貨幣の資本への
転化および資本の諸過程に現れる物象化の高次の展相[2]を問題とする論点（→
剰余価値論／資本論）。第3は，以上の物象化によって人格が物象の擬人化と
して現れ，人格変容を蒙ることを問題とする論点（→〈物象の人格化と人格の
物象化〉論／疎外論）。第4は，貨幣関係および資本関係の形成という物象化
の歴史的生成根拠を問題とする論点（→物象化生成史／資本の原初的形成史）。
第5は，物象化の結果として物象が帯びる呪物化／物化[3]と呪物崇拝を問題
とする論点（→呪物性格論／呪物崇拝論）。第6は，物象化――貨幣関係およ
び資本関係――の廃棄を問題とする論点である[4]。

1）さしあたり本書第1章までは，物象化を「物象に媒介された諸関係の形成」と了解してお
　　くことにする。物象化の立ち入った概念規定は本書第2章で行う。
2）「展相」は多義的であり，さまざまな次元における価値の様相を表す。しかし，本書では，
　　とくに物象化に関して商品・貨幣次元と資本次元とを区別し，後者を「高次の展相」と表
　　現する。これは，資本論草稿類に示される次のような記述に従うものである。「交換価値
　　は，単純な交換価値としての直接的形態では生産性の増大によって増加しないとしても，
　　展相の高次化した資本としての形態 [potenzirte Form als Capital] では増加する」(II/1:
　　261)／「資本としての価値は，いわば第2の展相 [die zweite Potenz] にある価値であり，
　　展相の高次化した価値であるとされる」(II/3: 29)／「資本，すなわち展相の高次化した
　　価値は，労働が賃労働となるために労働の対象的諸条件がとらなければならない必然的な
　　社会的形態である」(II/4.1: 80)。
3）物化は，物象（商品・貨幣等）が価値という社会的実体をその自然属性に転化させ，呪物
　　性格を帯びることになる事態を言う（詳細は後述）。このかぎりでは，それは「物象の呪物
　　性格化」に等しい。本書では，マルクスのテキストに物化概念が現れる場合などは別とし
　　て，基本的に物化を「呪物化」と表記する。
4）以上に記した論点は，本文でも一貫して「第1論点」「第2論点」等と表記することにする。

16

　周知のとおり，それぞれの論点に関しては膨大な研究史が蓄積され，サーベイもさまざまになされている。しかし，本序論では各論点の研究史に立ち入ることなく，最初に研究史における物象化の基本了解を概観した上で，私的労働と物象化（第1論点），〈物象の人格化と人格の物象化〉（第3論点）の2つのサブテーマを考察し，「貨幣・資本（物象化）と人格変容」に関する問題設定を試みる。

研究史における物象化の基本了解

　物象化の基本了解に関してまず指摘すべきは，これまでの研究史では，長い間，物象化と呪物化とが——マルクスは両者を基本的に区別していたと見られる（後述）にもかかわらず——ほぼ一体的に把握されてきたということである。

　まず戦前の諸研究から検討するなら，たとえば物象化論に関する古典的著作として知られるルカーチ『歴史と階級意識』(1923) は「物化 [Verdinglichung] とプロレタリアートの意識」の叙述を次のように始めた。

　　「商品構造の本質はすでにしばしば強調されてきたとおり，人格と人格の関係／関連が物性 [Dinghaftigkeit] の性格を帯び，こうして「幻像的対象性」を帯びるところにある」(Lukács [1977] 257＝9)

　ルカーチにとって問題なのは，「人間の特定の社会的関係が物 [Ding] と物の関係の幻影的な形態をとる」という商品次元に現れる神秘化によって，「人間自身の活動，人間自身の労働が何か客体的なもの，人間から独立したもの，人間とは疎遠な固有の法則性によって人間を支配するものとして人間に対立して現れる」(Lukács [1977] 260-261＝15) ことである。ここでテーマとされているのは本来「物象化」と規定されるべき事態である。しかし，ルカーチはそれを経済の神秘化という脈絡で語り，「商品関係によって成立する物化」(ibid. 260＝14) と規定する。神秘化を「物化」と規定するのは，それ自体はマルクスに即しても正しい。ただし，それゆえに呪物化は物象化と区別されず，むしろ物象化の本質とみなされ，物象化そのものが曖昧化されることになった。

　また，ルービンも『マルクス価値論概説』(1929) で「マルクスの商品呪物崇拝論」を論じて，こう記した。

　　「呪物崇拝 [фетишизм] 論は，マルクス経済学体系全体の，とりわけ価値

論の基礎である」(Рубин [1929] 9＝6)

　それは，商品社会では「人びとの社会的生産関係が不可避的に物象的形態を
とり」(Рубин [1929] 13＝10)，諸人格の物象的関係および諸物象の社会的関係と
して現れるからであり，ここに，一方では物象が社会的属性を獲得する「生産
関係の物象化 [овеществлéние]」(ibid. 23＝20) が，他方では人格が物象の占有者
としてのみ生産過程に入る「物象の人格化 [персонификация вещей]」(ibid.＝
21) が生じるからである。かくてルービンの場合に，生産関係の物象化は，生
産における人格と人格の諸関係が物象に媒介された諸関係として現れることを
意味するとしても，それがつねに神秘化（呪物化）と一体的に呪物崇拝の位相
でとらえられ，そして，それゆえに呪物崇拝論が体系全体の基礎とされたので
ある。

　商品の呪物崇拝については，ローゼンベルグ『資本論注解』(1930) もルービ
ンと同じ理解を示している。商品の呪物崇拝論は「価値論の完成にして，その
最も深い一般化」(Розенберг [1930] 73＝1: 158) である。かくてローゼンベルグ
は商品の呪物崇拝を，マルクスが『資本論』第 1 巻商品章の呪物性格論で示し
た 3 つの契機——すなわち，1）「人間労働の同等性は労働生産物のもつ同等
な価値対象性という物象的な形態を受け取る」，2）「継続時間によって測られ
る人間労働力の支出度量は労働生産物のもつ価値量という形態を受け取る」，
3）生産者の諸関係は労働生産物のもつ社会的諸関係の形態を受け取る」とい
う 3 契機 (cf. II/6: 103) ——に帰し，「これらすべての契機は価値論の内容を構
成する」(Розенберг [1930] 74＝1: 158) と述べた。要するに，「商品の呪物崇拝論
では，価値論で得られた結論がいわば総括される」(ibid.＝1: 159) のである。そ
れゆえここでは，実質的に生産関係の物象化が論じられる一方で，それ自身が
「呪物化 [фетишизация]」(ibid. 75＝1: 161) と特性づけられる。

　　　「まさに価値形態によって，……人間の諸関係が呪物化される。人間の諸
　　　関係のこの呪物化は，生産物の商品形態の発展とともに，したがって商品
　　　の価値形態の発展とともに展開を遂げる」(ibid.)

ここには物象化と呪物化の区別の予感と同時に両者の一体的把握が存在して
いた。

　ルカーチもルービンも，そしてローゼンベルグも，マルクスの諸草稿——

『経済学・哲学草稿』(1844, 以下『経哲草稿』),《ミル評注》(1844),『ドイツ・イデオロギー [全巻]』(1845-46),『経済学批判要綱』(1857-58) 等——が未刊行であった段階で, もっぱら『資本論』第 1 巻などを典拠に物象化ないし呪物化・呪物崇拝を論じたのであるから, 限界があるのはやむをえない。しかし, 物象化と呪物化を基本的に区別しない傾向は, 上記の諸草稿が刊行された後にも長期にわたって続いた。

このことは日本の研究も例外ではなく, じっさい, 物象化論が本格的に論じられた 1960 年代以後の諸文献——たとえば宇野弘蔵『資本論入門』(1968) や同『資本論の経済学』(1969), 平田清明『経済学と歴史認識』(1971), 荒木廸夫『「経済学批判」と「資本論」』(1974), 永谷清『科学としての資本論』(1975), 高橋洋児『物神性の解読』(1981), あるいは大谷禎之介『図解 社会経済学』(2001) など——でも確認することができる。以下では, その一端を示すために, 平田清明と大谷禎之介の研究を取り上げる。

平田清明は『経済学と歴史認識』で「商品物神性論」を論じ, それが価値形態論をも内蔵することをこう記した。

> 「価値形態論とは, それ自体すでに商品物神性論なのである。/形態論がすでに物神性論であるということは, 自明のことながら, 物神性論は, 形態論をたんに前提しているのではなく, おのれ自身に内蔵しているということである。このことはまた物神性論が商品論全体の総括だということでもある」(平田 [1971] 347)

平田によれば, このことが明確でなかったがゆえに, これまでの研究では「生産諸関係」と「人格」という概念が見失われた (平田 [1971] 347)。なぜなら, 近代市民社会の生産諸関係は商品や貨幣という「物象的＝対象的表現」(同上 348) をとるのであり, マルクスは「ここ物神性論において, その理論的端緒＝本質を「人格」の物象化として展開」(同上) しているにもかかわらず, それが生産諸関係の概念として把握されてこなかったからにほかならない[5]。そして生産諸関係に関説して平田は, 『資本論』第 1 巻商品章の呪物性格論にある次の

---

5) 平田清明によれば, 「人格の物象化」とは, 生産関係が「人格と人格の物象的諸関係および物象と物象の社会的諸関係」(平田 [1971] 354-355) として現れること, つまりは生産関係の物象化を意味する。

箇所を引証したのである (cf. 同上 350; 訳文は変更)。

> 「商品生産者の一般的な社会的な生産関係は，［各生産者が］その生産物に
> 対して商品に対する態様で，それゆえ価値に対する態様で関係することに
> あり，この物象的形態において各人の私的労働相互を同等な人間労働とし
> て関連づけることにある」(II/6: 109)

　平田は，ここから，「商品とは物象的形態をとった，したがって物神化した
生産関係であり，貨幣もまた，けんらんたる物象的形態の物神としての生産関
係にほかならない」(平田[1971] 352) という結論を引き出した。かくて平田に
あっては，生産関係の物象化は，商品の呪物化，貨幣の呪物化と一体的に把握
される。

　大谷禎之介は『図解 社会経済学』で「生産関係の物象化と物神崇拝」を論じ
て，次のように述べた。

> 「生産者たちの私的諸労働の社会的かかわりは，彼らにとっては，……人
> びとのあいだの物象的な諸関係あるいは諸物象のあいだの社会的諸関係と
> して現われるのである。／商品生産のもとでは，労働生産物が商品という
> 形態をとることによって，人びとの頭脳には，彼ら自身の労働の社会的性
> 格が労働生産物の対象的な性格として，諸物象の社会的な自然属性として
> 反映され，したがってまた，総労働にたいする彼らの社会的関係は，彼ら
> の外部にある，諸物象の社会的関係として反映されるのである。／このよ
> うに人と人との関係が物象と物象との関係として現われることを生産関係
> の物象化と呼ぶ」(大谷[2001] 76)

　大谷は，生産における人格と人格の諸関係が物象と物象の諸関係に転化する
ことを「生産関係の物象化」と正しく規定する[6]。しかし，かかる物象化は，
諸個人の「労働の社会的性格が……諸物象の社会的な自然属性として反映され
る」ことにもとづくとされるかぎり，やはり呪物化と一体的に把握される。そ

---

6) 大谷禎之介は《商品および商品生産》(1993) で，次のように述べた。「マルクスは，労働
　における人と人との関係が物と物との関係として現われることを人格の物象化と呼び，人
　びとが労働の社会的性格の対象的・物象的な外観にとらわれることを物神崇拝 (fetish-
　ism) と呼んだ」(大谷[1993a] 95)。大谷にあっても，生産関係の物象化と人格の物象化
　は同一の事態を表す。

れゆえ大谷の場合，「人と人との関係（生産関係）が物象と物象との関係（物象関係）として現われることによって，人と人との関係はすっかり見えなくなってしまう」（大谷 [2001] 77）ととらえられ，物象化は呪物化をとおして「物神崇拝」（同上）に直結させられる。

　かくて，物象化と呪物化を一体的に把握する了解は研究史においていまなお払拭されずにいることが確認される。しかし，はたして両者は本質的に一体であるのだろうか。もし物象化と呪物化が本質的に一体であるとするならば，価値は——したがって剰余価値も——それ自体が呪物化あるいは倒錯視の所産であり，客観的対象性をもたないという結論が導かれかねない。剰余価値生産は倒錯視にもとづく非現実的生産であるのか。ここに旧来の基本了解を根本的に検証する必然性があった。はたして検証は 1970 年代以後に行われ，物象化と呪物化を明示的に区別する諸研究もさまざまに現れた。

　平子友長は《マルクス経済学批判の方法と弁証法》(1977) 以来，先駆的に[7]マルクスの「物象化」と「物化」の概念に着目し，《疎外論と物象化論》(1984)，『社会主義と現代世界』(1991) などの一連の著作で物象化と物化の区別および統一を提起した。それによれば，物象化とは「人と人との関係が物象と物象との関係として現れる」という論理段階の過程であり，これに対して物化とは物象化によって成立した物象の社会的形態規定が物の規定と「合生」し，物の自然属性として現れる事態とされる (cf. 平子 [1977] 56-58)。そして，この区別にもとづいて，呪物性格は物化によって現れる物の性格ととらえられると同時に，狭義の物象化および物化の全過程が広義の物象化として把握されるに至った (cf. 同上 58)。

　石塚良次は《商品の物神性について》(1980) および《商品世界における物象

7）真木悠介は平子論文に先立って物象化と物神化の区別を行い，前者を自然生的な分業の体系という「関係性の様態」における社会的諸連関，諸過程の「凝固化，自立化」（真木 [1977] 33）として，後者を関係性の依代となる媒介（貨幣物神等）の「対象性の様態」における「対象的な主体化」（同上）として規定した。しかし，ルカーチの物化概念を「物象化」と訳したこと (cf. 同上 14)，物神化としての対象の主体化を「物象化」（同上 12）とも規定する一方，とくに物象化の高次の展相たる剰余価値の生産を「資本物神の存立機制」（同上 42）の脈絡でとらえたことなど，物象化と物神化の区別は一貫しておらず，なお端緒的であった。

化について》(1980) において，物象化と物神性を区別し，物象化とは「あくま
で社会的関係，あるいは生産諸関係の総体的構造に定位するところの概念」(石
塚 [1980a] 36) であり，物神性とは「物象化された関係のもとで，その関係を担
う物財が帯びる特定の性格（商品，貨幣，資本等）に関わるもの」(同上) である
という把握を示した。物神性は「商品世界の物象化構造の必然的結果」(石塚
[1980b] 47) である。かくて石塚が提起するのは，「商品世界における物象化の
存立構造を闡明する」(同上 35) というきわめて正当な課題であった。そして，
石塚は，１）私的労働にもとづく社会的分業の編成機構が「商品世界の深層構
造をなす」(同上 48) こと，２）商品世界は，生産当事者が「個々の商品そのも
のに「価値」が内在する」(同上 52) とみなしてはじめて自立しうること，３）こ
のような「錯視的」な意識行為に媒介されてはじめて，商品生産社会は「価値
法則という自動調整機能を内蔵した存在として存立する」(同上 54) こと，４）
物象化は，かかる「価値」＝商品関係の総体として現れることを示した。

　山本広太郎は『差異とマルクス』(1985) で，これまでの研究が「物象化」をア
プリオリに「物神性」と同一視してきたことを批判し (cf. 山本広太郎 [1985] 103)，
マルクスの物象化とは何よりも「物件 Sache の人格化」と対になって現れる
「人格 Person の物件化」であることを主張した (cf. 同上 104, 116)。山本によれ
ば，物象化は，「Sache によって Person が支配される事態」(同上 116) であり，
ここに生じる「人格の物件化 Versachlichung と物件の人格化 Personifizie-
rung」(同上) を，つまり，人格が物象によって支配され，むしろ物象が自立化
するという現実の転倒的事態を表すのである。そして，それは，知覚レベルに
おいて現れる「物神性」(cf. 同上 112) とは異なるものとされた。

　宮田和保もまた『資本の時代と社会経済学』(2000) で，物象化を物化と区別
する脈絡で次のように述べた。

　　「諸個人の意識的行為から独立している私的諸労働の社会的関連＝商品生
　　産関係が諸個人から独立して物象的な姿態をとることこそが「生産諸関係
　　の物象化」であり，それと同時に，この物象的関係が独立・主体化し（「物
　　象の人格化」），物象に諸個人が隷属する（「人格の物象化」）。この後者が，
　　諸個人にたいする物象的関係の支配である」(宮田 [2000] 22)

　そして宮田は，生産関係の物象化にもとづいて私的労働の社会的性格を表す

価値性格が「労働生産物［物］の生まれながらにして具備している自然属性」として現れることを「生産関係の物化」(宮田［2000］22)と規定し，この物化による倒錯視として「商品の物神的性格」が生まれることを指摘した。

　かくて生産関係の物象化と呪物化／物化の区別が——区別の根拠如何は異なるにせよ——が確認されたことは，この間の研究史上の成果として評価されて然るべきである。それは価値，剰余価値の実在性等を確証するためにも意味のある成果であった。

　ただし，これらの研究においてもなおいくらかの論点が残される。第１は，物象化と呪物化の区別を前提として『資本論』第１巻商品章の呪物性格論を物象化論と区別する場合，商品次元における物象化論はいかに把握されるのか，である。この意味での物象化論に関する研究は，明示的にはほとんどなされていない[8]。そしてそれと同時に，マルクスが商品次元における物象化の根拠にしたとされる私的労働の性格づけ（後述）も，再考が求められる。第２は，〈物象の人格化と人格の物象化〉をいかに把握するのか，である。物象化の基本了解に示されているように，物象の人格化については諸研究にほぼ共通の了解が存在するとはいえ，人格の物象化には共通了解が見られない（後述）。そもそも，商品次元における〈物象の人格化と人格の物象化〉はいかに把握されるのかが明確でない。マルクスは周知のように『資本論』第１巻貨幣章で，「商品に内在する対立」(II/6: 138)の１つとして〈物象の人格化と人格の物象化〉という対立を語った。しかし，それはどこで語られたのか，このことさえ確定的に論じられていない。そしてそれゆえに，物象化と疎外の関連づけもさまざまに分岐している。商品次元における物象化論の考察は本論（本書第３章）に委ね，以下では，私的労働と物象化，〈物象の人格化と人格の物象化〉，という２つの論点について問題を提起する。

私的労働と物象化

　『資本論』第１巻商品章の呪物性格論で，マルクスは物象化を私的労働と結びつけて次のように論じた。

---

8) 例外的に，石塚［1980b］，大河内［2010］等において問題提起はなされている。

「使用価値が一般的に商品になるのはただ，それが相互に独立して営まれる私的労働の生産物であるがゆえである。この私的労働の複合体が社会的総労働を形成する。生産者は各人の労働生産物の交換によってはじめて社会的な接触に入るのであるから，彼らの私的労働の特有な社会的性格もまたこの交換の内部ではじめて現れる。言い換えると，私的労働は，交換が労働生産物を関連づけ，これを媒介に生産者を関連づけることによってはじめて，じっさいに社会的総労働の構成部分として確証される。したがって生産者には，私的労働の社会的諸関連はそれがあるがままに，すなわち諸人格［個人］が各人の労働そのものにおいて形成する直接に社会的な関係としてではなく，むしろ人格と人格の物象的関係として，そして物象と物象の社会的関係として，現れるのである」(II/6: 103-104)

　商品生産において形成される人格と人格の諸関係が商品・貨幣に媒介された諸関係に転化する生産関係の物象化は，マルクスによれば，「相互に独立して営まれる私的労働」によって形成される。かくてこれにもとづいて，多くの物象化論研究が生産関係の物象化の根拠を私的労働に求めて説明したのである(cf. 宮田 [2000]，大谷 [2001]，佐々木 [2011]，平子 [2017] 等)。問題は，物象化の根拠とされる私的労働がいかなる条件の下で生成し存立するのかである[9]。ただし，これに関する考察は本論で行うとして（本書第2章4節），さしあたり以下では私的労働に関連して3つの事柄を指摘する。

　第1に，私的労働それ自体は自立的形態としては存在しえないということである。今日，「労働にもとづく社会関係の存立」などの解釈を提起するマルクス研究が存在することは周知のとおりである。たしかに，労働はいかなる社会形態でも行われるべき必然性をもち，社会関係を再生産する。しかし，労働は諸個人が存在しさえすればつねに自立的に成り立つという行為ではなく，共同労働であろうと私的労働であろうと，必ず何らかの労働諸条件（生産手段の所有関係）を前提として行われる。それゆえ，マルクスは必ず労働を所有形態

---

9) これに関しては，周知のように基本的に2つの解釈が存在する。1つは，私的労働を小経営的生産様式にもとづく労働としてとらえる解釈，もう1つは，資本主義的生産様式を前提とする商品流通において設定された擬制としての労働という解釈である。前者の解釈は，たとえば大谷 [2001] などに，後者の解釈は，たとえば永谷 [1975] などに示される。

24

と結合して論じた（労働＝所有形態論）。では，私的労働の所有形態は何か。私的労働はいかなる条件において成立するのか。これまでの物象化論研究は，あたかも私的労働がそれだけで自立して存在しうるかにとらえ，それを物象化の存立根拠[10]としてきたように思われる。物象化の存立根拠とされる私的労働とブルジョア的私的所有との関連が問われなければならない所以である。

　第2に，『経済学批判要綱』は，共同社会と共同社会の間で始まった交換からやがて商品→貨幣が生成するという歴史的な脈絡で物象化をとらえたのであり，物象化の生成根拠を私的労働には求めていなかったということである。それゆえ，この段階では『資本論』に示される物象化の存立根拠という本来の脈絡での私的労働概念は現れていなかった[11]。もちろん『経済学批判要綱』では物象化が――私的労働概念なしに――本格的に論じられていたことも認められなければならない。それはなぜ私的労働概念なしに可能であったのか。あるいは，実質的に私的労働が現れていたにもかかわらず，概念化されていなかっただけなのか。このことが問われなければならない。

　第3に，私的労働概念は『経済学批判』原初稿 (1858. 8-10) においてはじめて体系構成上の位置づけをもって，つまり物象化の存立根拠として明示的に現れたということである。すなわちマルクスはここではじめて「交換を行う諸主体が社会的分業の下に包摂されて生産を行っている」(II/2: 50) こと，さらに「分業の特有な発展形態を前提する」(ibid.) ことを指摘し，相互に独立した私

---

10) 物象化の存立根拠とは物象化されたシステムの再生産に関わり，システムそのものを存立させる現存の根拠のことを意味する（本書第2章4節）。これは物象化の歴史的生成根拠とは異なる。

11) 『経済学批判要綱』には，例外的に1箇所だけ，貨幣章「貨幣の通流」項目に「私的労働」が現れる。「発達した貨幣のシステムにおいては，生産はただ交換のためになされるか，あるいは交換によってのみ生産がなされるのである。それゆえ貨幣が除去される場合は，生産の低次段階（これには副次的になされる交換取引が照応する）に押し戻されてしまうか，あるいは生産の高次段階に進捗を遂げることになるであろう。高次段階では，もはや交換価値は商品の第1規定とはならない。なぜなら一般的労働――［現在では］交換価値がその代表物をなすとはいえ――は，［高次段階では］もはや媒介を経て共同関係性に至る私的労働にすぎないものとして現れることはないからである」(II/1: 141)。ここではたしかに私的労働は交換価値と，したがって物象化と関連づけてとらえられている。しかし，貨幣の除去という脈絡での断片的な叙述であり，物象化の存立根拠という本来の脈絡で現れたものとは言いがたい。

的個人が交換価値，すなわち「一定の社会的過程によってはじめて生成する産物」たる交換価値を生産しているということ (cf. ibid. 51) から，「私的労働」(ibid. 53) 概念を提起した。なぜか。この問題が経済学批判の体系構成と関連づけて論じられなければならない。

　かくて生産関係の物象化に関わる「私的労働と物象化」という論点（第1論点）は，いまなお未決問題として存在するのである。

物象の人格化と人格の物象化

　物象化を物象に媒介された諸関係の形成と了解し，商品・貨幣および資本等の理論的把握で事足りるというのであれば，それをあえて「物象化」と規定し直して論ずる必要はどこにもない。では，物象に媒介された諸関係の形成を物象化として問題とする特有の意味とは何か。私見によれば，それが〈物象の人格化と人格の物象化〉である。

　物象の人格化は，商品→「商品占有者 [Besitzer der Waaren]」(II/1: 87, etc.)，貨幣→「貨幣占有者 [Besitzer des Geldes]」(ibid. 148, etc.)，資本→資本家，労働→労働者など，人格が物象の担い手として現れる「物象の擬人化」を表す。これに関しては諸研究にほぼ共通の了解が存在しており（例外あり12)），解釈上とくに問題は存在しない。問題は人格の物象化である。人格の物象化は，概して対表現をなす「物象の人格化」から切り離され，1）人格と人格の関係が物象と物象の関係として現れること（平田 [1971]，平子 [1977]／同 [2017]，角田 [1992]，大谷 [1993a]，佐々木 [2011] 等），2）物象によって人格が支配され，物象に隷属するという現実の転倒的事態（山本広太郎 [1985]，宮田 [2000]，岩佐 [2010] 等），3）物象が呪物として主体化し，諸個人＝人格を支配すること（長島 [2018]）などと解釈されており，諸研究に共通了解は存在しない。

　では，人格の物象化とはいかなる事態を意味するのか。上記の1）は，「生産関係の物象化」として理解される事柄であり，それを「人格の物象化」と規定した場合には，人格そのものの物象化──すなわち人格が物象の論理に支配

---

12) 物象の人格化は，労働諸条件が物象として主体化すること（宮田 [2000]），商品・貨幣等が呪物として主体化すること（長島 [2018]）などとも解釈される。物象の人格化に関する立ち入った検討としては，田中 [1981]，安田 [1987] などを参照。

され，変容をきたす事態——が際立たせられないという結果を生み出す。上記
3）は「呪物の主体化」という表現で十分であり，あえて「人格の物象化」と表
現するには及ばない。上記2）は，物象による人格支配という位相を問題に設
定しうる解釈であるが，肝心なのは，物象と人格の関係をいかに把握するかで
ある。私見によれば，人格の物象化は，物象の人格化と相即して人格が物象の
論理に囚われ——物象と化し——人格変容を起こす事態として解釈される（本
書第3章3節および第4章2節）。すなわち，商品・貨幣関係，資本関係の形成を
前提として，個人（人格）が貨幣欲求，致富欲，黄金渇望，剰余価値欲求など
を形成し，それに囚われる事態，そしてときに，それによって「カネの亡者」
「価値増殖の狂信家」になり果てる，人身売買に手を染める，強盗・恐喝・詐
欺等の罪を犯す，などの人格変容をもたらす事態を指す。これは物象化の個人
（人格）における現れを意味しており，基本的に「物象の人格化」の対表現をな
す「人格の物象化」に適合的である。

　商品・貨幣や資本等は，交換において生成する価値にもとづくかぎり，諸個
人の意志と意識を超える。それゆえそれらは物象の人格化によってそれぞれの
人格的担い手をつくり出し，同時に人格の物象化により物象による人格支配あ
るいは人格変容をもたらす。かくて物象化は直接に，あるいは根底的に人格を
規定する根拠となる。そしてそれゆえに，商品・貨幣関係，資本関係等の形成
は「物象化」として概括され，問題とされるべき意味がある。要するに，物象
化はまず第1に，商品・貨幣関係および資本関係の形成として，つまり生産
関係の物象化という脈絡で論じられなければならないとしても，第2に，と
くに物象による人格変容をもたらす位相において——〈物象の人格化と人格の
物象化〉という脈絡で——論じることが求められるのである。

　ところで，人格の物象化によっては個人の二重化が起こる。すなわち，貨幣
欲求，致富欲等に囚われる形態的側面（人格の物象化）と人格のもつ個体性に
もとづく実体的＝本質的側面とが各個人に現れるという二重化である。私見に
よれば，かくて二重化された人格の在り方にマルクスのいう独自の疎外が現れ
る。人格のもつ個体性——欲求，能力，感覚等の歴史的かつ社会的に形成され
る現実的人間諸力——は一定の独立変数として，貨幣や資本等によって包摂さ
れ翻弄されるとしても否定され尽くすことはなく，むしろ貨幣や資本等によっ

序論　物象化論のテーマ　27

てもつねに前提されているものである（貨幣や資本は欲求・能力・感覚等をつくり出すことができない）。両側面は絡み合いながら同時に本質的に区別され，かつ対立的に存立する。マルクスによれば，「貨幣の占有とは，占有者の個体性がもつ何らかの本質的諸側面の発展ではなく，むしろ没個体性の占有である」(II/1: 146)。疎外とは，ここに言われる転倒的事態，すなわち本質的諸側面（実体的根拠）と没個体性（形態的根拠）との矛盾として経験される事態を言う[13]。この意味で，〈物象の人格化と人格の物象化〉は必ずや疎外を引き起こすのであり，それゆえにこそ，マルクスは〈物象の人格化と人格の物象化〉を問題とした。にもかかわらず，この位相が明示的に問題とされることは——物象化システムへの従属による諸個人の自己拘束的行為がときに論じられる[14]にもかかわらず——研究史においてきわめて少なかったのではなかろうか。

　物象化と疎外に関してはすでに詳細なサーベイが存在しており[15]，立ち入る必要はない。以下では，物象化と疎外の関連に関する私見を若干述べることにする。

　第1に，マルクスの疎外論は——初期マルクスの疎外論も含めて——，つねに物象化論を前提としていたということである。たとえば『経哲草稿』第1草稿は，周知のように，「資本と土地所有と労働の分離」(I/2: 190)を前提とし，土地所有と労働力が貨幣関係に包摂されるブルジョア社会の私的所有を問題とした。ここでは，所有者の支配は「資本の純粋な支配として」，「所有物に対する所有者のあらゆる人格的関係がなくなって，所有物が物象的な物質的富にすぎないものとなる」(ibid. 231)過程としてとらえられた。かくて資本主義的私的所有と労働は以上の物象化を前提する。それゆえ，疎外された労働論は，資本（私的所有）と労働（無所有）の分離を前提として成立する労働の疎外を論じたものであり，疎外論はつねに物象化論を前提に成立していた（本書第1章1節）。以後，いかなる時期にもマルクスはこの関係を転換させたことはなく，それゆえ，疎外論から物象化論への転換は存在しなかった（本書第1章2節）。

　第2に，疎外は，物象化と異なり，諸個人の個体性を現実的＝実体的根拠

────────────

13）疎外概念の私見に関しては，渡辺 [1989] を参照。
14）たとえば真木 [1977]，浅見 [1987]，平子 [2017] 等を参照。
15）西野 [1984] 等を参照。

として成立するということである。たしかにマルクスが物象化そのものを「疎外」と規定する箇所も少なくはない（後述）。しかし，物象化が即疎外なのではなく，疎外が成立するには物象化とともに必ず何らかの現実的＝実体的根拠（個体性）が必要とされる。このことは，たとえば次の箇所に示唆される。

> 「各人の社会的諸関係を各人自身の共同関係的関連として，自らの共同関係的統制に服させている普遍的に［universal］発展した諸個人は，自然の産物ではなくて，歴史の産物である。こうした個体性が可能になるための諸力能［Vermögen］の発展の程度および普遍性は，まさに交換価値を土台とする生産を前提しており，そして，これによってはじめて，個人の自己および他者からの疎外の一般性［Allgemeinheit］が生産されるとともに，他方では個人の諸関連および諸能力の一般性と全面性もまた生産されるのである」(II/1: 94)

疎外は，上記のとおり，個人における現実の物象化された諸関係（形態的根拠）と個体性（実体的根拠）との矛盾として把握される。この矛盾は物象化を前提しながら，物象化に尽くされない個体性という現実的＝実体的根拠をもって成立する（本書第4章3節）。それゆえ疎外は，諸個人において矛盾として，現実的苦悩として——「人間的本質」などの抽象的理念と現実の矛盾としてではなく——経験される。それは，個人における物象化の現れ，すなわち貨幣欲求や致富欲への囚われあるいは呪物崇拝などとは異なる事態を表す。

〈物象の人格化と人格の物象化〉（第3論点）は，物象化論のコアとなる論点を構成するものであり，この意味で本書において最も高い位置を占める。そして以上に示したとおり，コアをなすこの論点でも，これまでの研究はなお共通了解に達していない。このことの考察が何よりも必要である。

問題設定と本書の構成

冒頭にも示したとおり，マルクス物象化論のサブテーマ（論点）は，以上に尽きるものではない。しかも，資本の諸過程に現れる物象化の高次の展相を問題とする第2論点も，物象化の歴史的生成根拠を問題とする第4論点や呪物化／物化を問題とする第5論点，物象化の廃棄を問題とする第6論点もまた，物象化の基本了解に関わり，それぞれなお問題的である。加えて言えば，第1

論点，第3論点も以上に指摘した問題に限られるわけではない。しかし，これらの問題はさしあたり措き，以下ではマルクス物象化論の形成史と関連づけて，本書の問題設定を行うこととしたい。

　マルクス物象化論の形成史は，およそ3つの段階に区別される。第1段階は初期の物象化論，第2段階は『経済学批判要綱』の物象化論，第3段階は『経済学批判』(1859) から『1861-63年草稿』(1861-63)，『直接的生産過程の諸結果』(1863-64)，『資本論』第3巻主要草稿 (1963-67) 等の諸草稿，『資本論』第1巻初版 (1867) を経て，『資本論』第1巻第2版 (1872) に至る著作・草稿に示される物象化論，である。

　物象化論は，たしかに『経済学批判要綱』以後の著作・草稿で本格的に展開された理論である。しかし，すでに初期マルクスにおいてもテーマとなっていたのであり，とりわけ，労働価値説，貨幣関係 (物象化) の成立と私的所有，人格の物象化，物象化と疎外，資本の廃棄等は，さまざまに論じられていたテーマであった (後述)。つまり物象化論は，さしあたり物象化概念が現れていたか否かを措くなら，『経哲草稿』，《ミル評注》，『ドイツ・イデオロギー』から『哲学の貧困』(1847) や『賃労働と資本』(1849) に至る著作・草稿に示されるのであり，それゆえに，それは疎外論と並んでマルクス理論形成史の不可欠の要素をなしていた。かくてマルクス物象化論の研究には，まず第1に，初期物象化論の考察が求められる (本書第1章)。

　もとより，マルクス物象化論がすでに初期に大綱だけでも完成されていたというのではない。むしろ初期物象化論は端緒的であり，それぞれの論点について本質的な限界を抱えていた。ここでは行論の必要から結論を先取りする形で，2つの限界について指摘する。

　第1に指摘すべきは，独自の労働価値論／剰余価値論 (第1論点) の未形成である。労働価値説をスミスやリカードウの水準で理解するなら，マルクスが『経哲草稿』でそれを基本的に，あるいは批判的に摂取していたことは否定されない (本書第1章2節)。何よりも労働を富の主体的本質ととらえたこと，つまり富 (価値) を投下労働に還元した国民経済学の基礎原理を，初期マルクスが受容していたことは明らかだからである。ただし，以上に述べた価値に関わる労働概念は，やはりスミスらの労働概念——使用価値と価値を一体的に措定

する「労働一般」——を超えるものではなく，のちに労働の二重性にもとづいて「抽象的人間労働」と定式化される社会的労働の概念的把握には至っていなかった。この意味では，初期マルクスはなお独自の労働価値論に達していなかった[16]。またマルクスは『経哲草稿』段階で資本による価値増殖過程をとらえていたとはいえ，独自の労働価値論の未形成ゆえに，それはなお現象把握の水準にとどまり，独自の剰余価値論の開拓には到達していなかった（本書第1章4節）。

第2は，貨幣にもとづく私的所有の把握ないし物象化の歴史的生成（第4論点）に関する未解明である。マルクスは《ミル評注》で物象化を「私的所有→交換→商品→貨幣」という系統で説明した。しかし，交換に至る大前提をなす私的所有の成立を説明できていなかった（本書第1章）。そもそも，交換を必然化する私的所有はいかにして成立するのか。たしかに土地分割にもとづく私的所有が交換関係とは独立に古典古代などで成立したことは『ドイツ・イデオロギー』で示された（本書第1章3節）。しかし，この土地分割にもとづいて成立する私的所有は交換関係を生じさせないのであり，それゆえマルクスは初期に，交換の前提をなすという私的所有そのものを説明できていなかった。では，歴史的な私的所有が交換を生じさせないとすれば，交換はいかにして生じるのか。この問題に，少なくとも初期マルクスは解決を与えていなかったのである（本書第1章4節）。

さて，上記第1の問題は，『哲学の貧困』や『賃労働と資本』等における労働価値論の形成を経て『経済学批判要綱』で基本的な解決が与えられる（本書第2章）。上記第2の問題もやはり『経済学批判要綱』で「交換は共同社会と共同社会の間で始まる」というテーゼにもとづいて本質的に解決が図られた。かくて『経済学批判要綱』は，物象化論をも本格的に提起する草稿となったのであり，物象化論的視座から歴史を構成するだけでなく，商品・貨幣と資本の諸過程における物象化と疎外を論じ，のちの物象化論の基礎を据える第2段階を形成した（本書第2章）。

---

16) 以下，国民経済学の労働価値説と区別して，マルクス独自の価値理論は「労働価値論」と表記する。

序論　物象化論のテーマ　31

　ただし，『経済学批判要綱』はなお，1）貨幣関係を歴史的生成の脈絡で論じ，物象化論を歴史的に構成したのであり，2）商品・貨幣，資本の神秘化——商品等の呪物性格ないし呪物崇拝（第5論点）——は端緒的にしか論じることがなかった（本書第2章3節）。それゆえ『経済学批判』以後の著作・草稿で経済学批判体系の構想が明確化されるにしたがって，マルクスは経済学批判体系を論理説的に構成する[17]に至り，物象化論との関わりでいえば，1）生産一般の概念規定を体系冒頭に設定する構想を取り下げて冒頭商品章を設け，2）私的労働概念を導入し，3）生産関係の呪物化（神秘化）の過程を経済学批判に組み込む作業を行った。これを要するに，マルクスは理論の彫琢を続け，『経済学批判』以後，物象化論の第3段階を築いた。

　では，物象化論の第3段階は，いかに形成されたのか。この形成過程に関する考察が不可欠である。かくて，まず商品・貨幣次元において，1）経済学批判体系の論理的構成にもとづく商品論および価値論を，また，これとの関連で，2）物象化の存立根拠を問題とする私的労働論——これは実質的に商品次元における物象化論に関する考察に当たる——，3）商品次元における〈物象の人格化と人格の物象化〉，4）商品次元における呪物性格論と呪物崇拝論，5）貨幣次元における〈物象の人格化と人格の物象化〉と呪物崇拝，の各論点を，『経済学批判』や『資本論』第1巻初版などの形成過程に立ち入って考察することが課題として提起される（本書第3章）。そして続いては，資本次元において，1）資本の諸過程に現れる物象化の高次の展相，2）資本次元における〈物象の人格化と人格の物象化〉，3）資本の自立化による呪物化と呪物崇拝，の各論点を，やはり1860年代の著作・草稿を視野に収めて論じることが課題

────────────

17）マルクス経済学体系の叙述方法論に関しては，佐藤金三郎，向井公敏らによって，論理説（経済的範疇をブルジョア社会内部での諸関係の編制として構成する見地）と論理＝歴史説（論理説的構成を指向しながらも経済的範疇を歴史的生成まで視野に収めて叙述する見地）との区別が論じられている（cf. 佐藤［1992］，向井［2000］など）。そして，たとえば佐藤は，『経済学批判要綱』以後，あるいは『経済学批判』の刊行以後に，「論理説から論理＝歴史説への移行」（佐藤［1992］367）が始まりつつあったのではないかと指摘した。しかし私見によれば，佐藤らの見解とは反対に，『経済学批判要綱』の叙述は論理＝歴史説に近く，むしろ『経済学批判』以後のほうが論理説に準拠した叙述になっているものと思われる（本書第2章4節）。

として求められる（本書第4章）。肝要なのは，第3段階物象化論のいずれの論述においてもつねに〈物象の人格化と人格の物象化〉が，要するに人格変容が問題とされるということである。

　最後に，物象化の廃棄という第6論点に関して一言する。マルクスが初期から後期に至るまで貨幣・資本（物象化）の廃棄をさまざまに語っていたことは疑いもない事実である（この事実は，『資本論』第1巻商品章の呪物性格論で物象化と関わりのない世界が語られていたことを想起するだけでも確認できるであろう）。物象化論は貨幣・資本（物象化）の廃棄を論じることなしに完結しない。それはいかにして可能なのであろうか。また，それを現実的に可能とする諸条件は現代の生活と運動のうちでいかにして生成するのであろうか。それを論ずるのが本書第5章の課題である。

　かくて本書の構成は，下記のとおりである。
　　第1章　マルクス物象化論の生成
　　第2章　『経済学批判要綱』の貨幣・資本論
　　第3章　商品・貨幣と人格変容
　　第4章　資本の諸過程と人格変容
　　第5章　貨幣・資本（物象化）の廃棄

　本書の課題は，マルクス物象化論の形成史的考察を基礎に，とりわけ『経済学批判要綱』から『資本論』第1巻第2版までの著作・草稿を主要な考察対象として，マルクス物象化論の基本了解に迫り，物象化の廃棄と今日的な対抗の可能性を考察することにある。

第1章　マルクス物象化論の生成

　そもそも物象化論は『ドイツ・イデオロギー』ではじめて提起されたものではない。物象化を「物象に媒介された諸関係の形成」として了解するなら，それは，『独仏年誌』の2論文で問題提起がなされて以来，《ミル評注》の貨幣論や『経哲草稿』の疎外された労働論で論じられた基本テーマであり，物象化論と疎外論は相反的なものではなかった。ここから初期マルクス物象化論に関して設定される課題は，『経哲草稿』等の1844年までの著作・草稿に現れる物象化論と『ドイツ・イデオロギー』以後の物象化論との接合，そして物象化論と疎外論との関連を問うことである。

　初期マルクスの物象化論には，2つの次元が区別される。1つは，貨幣次元における物象化論であり，もう1つは資本次元における物象化論である。以下，本章では，これら2つの次元に関するマルクス物象化論の生成を問題とする[1]。

1　貨幣次元における初期物象化論

　貨幣次元における物象化論は，『独仏年誌』掲載の論文《ユダヤ人問題によせて》(1843) に始まる。そしてマルクスは経済学研究を開始して以後，《ミル評注》や『経哲草稿』などで貨幣次元における物象化と人格変容を論じた。本節では，この物象化論について概括し，物象化論と疎外論の関連を考察する。

《ユダヤ人問題によせて》の物象化論

　マルクスは1843年にヘーゲル法哲学批判を企て，『独仏年誌』期に土台＝上部構造論を端緒的に形成することによって，『ヘーゲル国法論批判』で構想

1）本章3節までの叙述は，渡辺［2022］第6章1節の本文を拡充したものである。改訂・加筆部分が多いとはいえ各所に重複する箇所があること，予め了解を得たい。

34

した民主制理論から人間的解放理論への転換——1843 年の理論転換[2]——を図った。そして，この過程で，《ユダヤ人問題によせて》ではバウアー『ユダヤ人問題』などを批判すると同時に，市民社会の私的人格が「疎遠な力」によって自己喪失に陥ることを政治的解放批判の脈絡で次のように問題とした。政治的国家が真に完成を遂げた民主制では，人間は「現実に，生活において，二重の，すなわち天上の生活と地上の生活を営む」(I/2: 148-149)。前者は政治的共同体における生活，後者は市民社会における生活であり，ここでは人間は，「私的人間として活動し，他の人間を手段とみなし，自己をも手段に貶めて，疎遠な力に弄ばれる」(ibid. 149) に至る。私的人間が形成する社会的関係は貨幣によって媒介される。「他の人間を手段とみなし，自己をも手段に貶める」事態は商品交換取引等を，そして「疎遠な力」とはこの貨幣の力を含意する。この意味で，政治的民主制にあっては，あらゆる人間が，一方では最高の存在と認められながら，他方では，「現代社会の全機構によって転落させられ，自己自身を喪失し，他に譲り渡され，非人間的な諸関係や諸要素の支配の下に置かれている」(ibid. 154) という構図において把握された。

　市民社会の生活は，「非人間的な諸関係や諸要素の支配の下に」などと，なお抽象的に論じられるにすぎない。しかし，それにしても——ヘーゲル『法哲学』の市民社会論を想起すれば判然とするように——貨幣や資本等によって転落させられ，自己喪失に陥る人間の事態が視野に収められていたことは，後の物象化論および疎外論につながる把握として確認されてよい。そして，じっさい，《ユダヤ人問題によせて》はユダヤ教を市民社会の原理と結びつけ，貨幣を労働の疎外という脈絡で次のように論じたのである。

　　「ユダヤ教の基礎はそれ自体としてはいかなるものであったか。実利的な [praktisch] 欲求，利己主義である。／……実利的な欲求，利己主義は，市民社会の原理である。……実利的な欲求と利己心の神は，貨幣である。／貨幣こそ，嫉妬深いイスラエルの神であり，その前には，他のいかなる神の存立も許さない。貨幣は人間のあらゆる神々を貶下し，——そして，それを商品に転化する。貨幣は，自立的なものとして構成された，あらゆ

2）渡辺 [1989] 第 2 章を参照。

る事物の一般的な価値である。したがって，それは世界全体から，人間世界および自然から，その独自の価値 [eigenthümlicher Werth] を奪い取ってしまう。貨幣とは，人間の労働およびその現存在が人間から疎外されて生じる存在 [Wesen] であり，この疎遠な存在が人間を支配し，人間はこれを崇拝することになるのである」(I/2: 166)

　物象化という概念は未形成である。しかし，ここにはすでに，実質的に，貨幣は人間諸関係の物象化され疎外された形態であるという把握が示される。この意味でマルクスは理論形成の初期から実質的に物象化を疎外との関連で問題としていた。このことは次の箇所からも明らかである。

　　「ユダヤ教のうちに抽象的に存在していたもの，理論や学芸や歴史に対する，自己目的としての人間に対する蔑視。それは，貨幣人 [Geldmensch] の現実的な意識的立場であり，徳性である。類的関係さえ，すなわち男女両性の関係等さえもが，取引の対象となる。女性が売買されるのである」(I/2: 167)

　　「譲渡は外化の実践である。人間は，……利己主義的欲求の支配の下では，自己をただ実利的にしか確証できず，ただ実利的にしか対象を産出できない。なぜなら，人間はその生産物を，その活動とともに疎遠な存在の支配の下に置き，それらに疎遠な存在——貨幣——の意義を与えるだけだからである」(ibid. 168)

　貨幣関係を前提したときに，人間は，ユダヤ人に限らず，万人が人格変容を遂げ，自己をただ実利的にしか確証できない。かくてマルクスは——すでに経済学研究の以前から——「貨幣人」なる言説によって〈物象の人格化と人格の物象化〉を問題としていたことが知られる。

　ところで，ヘスはほぼ同時期に《貨幣制度 [Geldwesen] 論》を著し，社会主義を提起した。テーマと諸概念の共通性からしてマルクスとヘスが相互に学んだ可能性も考えられる。以下，《貨幣制度論》を瞥見することによって，両者が共通して抱いていた貨幣制度の問題を考察したい。

　《貨幣制度論》の要旨を示せば，下記のとおりである。[1] 人類の生成史。「個人的生命活動の相互の交換，交通こそ……諸個人の現実的本質である」(HS 330＝117-118)。そして，「人間的本質をなす人間の交通は，歴史の流れのなか

で，多くの闘争と破壊を通して発展する」(ibid. 331＝119)。人類の生成史は，まずその自己崩壊として現れる。人間は最初ただ「個別化された個人」(ibid. 332＝121-122) としてしか生存しえなかった。「生産物交換の，交通の最初の形態は略奪であり，人間活動の最初の形態は奴隷労働でしかありえない」(ibid. 333＝124)。これを土台とするかぎり，歴史的に成立するのは「生産物の営利商売 [Verschacherung]」(ibid.) だけである。かくて，「これまでの歴史は略奪と奴隷制の制御，基礎づけ，貫徹，一般化の歴史にほかならない」(ibid.)。そしてそれが今日，ついには「一般的な搾取と普遍的な隷属制」(ibid.＝125) に至ったのである。[2] 貨幣にもとづく小商人世界 [Krämerwelt] の成立。古代ではまだ人間の本質は知られず，奴隷に現実の自由は認められなかった。中世では，人間の本質が「精神」「真理」「彼岸」のうちにのみ求められたから，農奴に現実の自由は認められなかった。ただし，それでもすべての人間が現実の奴隷になることはなかった。ところが，近代の小商人世界では普遍的隷属制が現れる。小商人世界では，「個人が生活の目的であり，類はその手段にすぎなくなる」(ibid. 334＝130)。類的生活は貨幣として存在する。貨幣は「相互に疎外された人間の産物」，「外化された人間」(ibid. 335＝130) であり，人間は貨幣によって自己を売買する奴隷となる。このようにして人身売買 [Verkäuflichkeit] の原理が確立されるや，「普遍的隷属制の道が，すなわち今日の小商人相互の自由意志にもとづく一般的な営利商売の道が切り開かれたのである」(ibid. 337＝133)。[3] 政治的解放による小商人世界の普遍化。実利的利己主義は，政治的に《権利宣言》によって聖なるものと認められた。ここでは，抽象的な人格こそが真の人間であると宣言され，したがって人間相互の独立と分離・個別化が生活および自由の本質であるとされた (cf. ibid. 339＝138)。しかるに「何事も貨幣なしには遂行されえない」(ibid.＝同上)。ここでは「人身売買 [Menschen-handel]」(ibid. 341＝144) すらも普遍化する。これこそが近代の小商人世界であった。「小商人世界は仮象と虚言の実利的世界である。絶対的独立の仮象の下に絶対的窮迫が，最も生気ある交通の仮象の下にすべての同胞からの各人の致命的な離反が，すべての個人に保証された不可侵の所有という仮象の下に各人からのすべての資力の現実的剥奪が，最も一般的な自由の仮象の下に最も一般的な隷従が存在するのである」(ibid. 344＝152)。[4] 社会的動物界からの解

放。「われわれはいまや，社会的動物界の頂点，極点に立っている」(ibid. 345＝154)。われわれは「社会的肉食獣」であり，「完全な意識的エゴイスト」(ibid.)である。エゴイストは，社会的肉食獣の血の渇望たる「貨幣欲 [Gelddurst]」(ibid.) を神聖化する。「人間のこれまでの孤立状態において，人間のこれまでの相互的疎外において，外的な象徴が，すなわち精神的および物質的生産物交換を代表する象徴が発明されねばならなかったのはまったく適宜なことであった」(ibid. 347＝158)。だが，「人間が協同し，人びとの間に直接的な交通が起こりうるなら，非人間的かつ外的な死んだ交通手段は必然的に廃止されなければならない」(ibid.＝158-159)。「われわれの諸力の協同あるいは協働こそ，われわれの生活である」(ibid. 348＝160)。「社会の生成史は完結を遂げた。社会的動物界にはまもなく最期の時が打たれるであろう」(ibid.＝162)。

　ヘスの歴史観は，人間の生命活動や社会的交通，貨幣関係による人間の隷属，小商人世界等を問題としながら，それがいかにして成立したかの説明（私的所有や貨幣の生成史，資本成立史等の説明）には立ち入ることなく，全体として本質主義を基礎に構成された抽象的類型的なものであった。だが，このことは，ここでの問題ではない。肝心なのは，ヘスが貨幣制度によって人身売買が起こること，所有の剥奪と一般的隷従が生じることを，つまりは貨幣制度による人格変容を一貫して問題としていたことである。

　この時期のマルクスとヘスの交渉関係は詳らかではない。しかし，マルクス《ユダヤ人問題によせて》がほぼ同時期に，基本的にヘス《貨幣制度論》と同じテーマを設定し論じていたことは疑いがない[3]。そしてマルクスは，上記のと

3）マクレランはヘス《貨幣制度論》とマルクス《ユダヤ人問題によせて》における類似性——貨幣による世界の転倒の把握など——を指摘し，これらの類似性にもとづくならば，「マルクスがこの段階でヘスのアイデアを写し取ったとする言説を十二分に正当化できる」(McLellan [1969] 158＝256) と述べて，この時点でのマルクスによる《貨幣制度論》受容を主張している。たしかに両者にはテーマおよび概念における共通性が存在する。しかし，第1に，《貨幣制度論》執筆が1843年末以後であるとすれば，《ユダヤ人問題によせて》執筆のほうが先行していると見られること，第2に，マルクスが《ユダヤ人問題によせて》において，すでに土台＝上部構造論および啓蒙主義批判の形成を果たし，ヘスの本質主義的理論構成を超えていたことが指摘されなければならない (cf. 渡辺 [1989])。相互に学び合った可能性は否定できないとしても，一般に，《ユダヤ人問題によせて》における理論形成をヘスなどの直接的影響だけから説明することは説得力が乏しい。

おり，人身売買，貨幣による所有の剝奪と一般的隷従という時代的課題をヘス
と共有しつつ，私的所有（利己主義）を原理とする市民社会が人間的解放どこ
ろか，人間の自己喪失，貧困と隷属をもたらす圏域であること，人間が貨幣に
囚われ，人間世界と自然が独自の価値を奪われてしまうことをとらえ，ここか
らのちの共産主義に連なる人間的解放論を提起した。かくて理論形成の端緒に
おいてマルクスは，物象化を何よりもまず貨幣次元に起こる〈物象の人格化と
人格の物象化〉の位相で問題とした。この問題が経済学研究に入る以前に設定
されたことは，マルクス物象化論の生成における原点として特筆されるべき事
柄であろう。

《ミル評注》の物象化論

　マルクスは《ミル評注》において交換と関係づけて貨幣を論じ，それを「人
間の社会的諸関連の疎外」として，人間の媒介的な活動（交換）の「疎外」——
これはのちには「物象化」と表現されるべきところ——としてとらえた（後述）。
これは，まだ「物象化」が概念化されていないとはいえ，物象化論の原型をな
すと言ってよい。

　　　「貨幣の本質は，さしあたり，所有が貨幣に外化されるところにあるので
　　　はなく，人間の生産物を相互に補完しあう媒介的な活動や運動が，つまり
　　　人間的社会的な行為が疎外されて，人間の外に存在する物質的な物の，す
　　　なわち貨幣の属性になるところにある。人間はここでは，この媒介的活動
　　　そのものを外化することによって，自己を喪失し，非人間的人間として活
　　　動するに至る。物象と物象の関連そのもの，物象を扱う人間の働きが，人
　　　間の外部に，しかも人間の上に存在する存在者 [Wesen] の働きになって
　　　いる。この疎遠な仲介者を通じて……，人間は，自己の意志，自己の活動，
　　　他者に対する自己の関係が自己からも他者からも独立した力となっている
　　　のを直観する。こうして人間の奴隷状態は頂点に達する。この媒介者がい
　　　まや現実の神となることは明らかである」(IV/2: 447-448)

　いまや，「人間の生産物を相互に補完しあう媒介的な活動や運動」，すなわち
人間の類的活動は，人間から疎外＝外化されて人間の外に存在する物，すなわ
ち貨幣の属性になっている。この貨幣という媒介者を通して人間は相互に関係

し合い，かくて物象の作用によって支配され，自己を喪失し，「人間の奴隷状態」は頂点に達した。ここでも問題の核心は，人格に対する貨幣の支配であり，人間が「非人間的人間として活動する」こと，すなわち〈物象の人格化と人格の物象化〉——人格変容——である。

　「貨幣において，すなわち，原料の本性や私的所有特有の本性に対しても，また私的所有者の人格性に対しても存在する完全な没関係性［Gleich-gültigkeit］において，疎外された物象の人間に対する完全な支配が現れるに至る。人格に対する人格の支配であるものが，いまや人格に対する物象の一般的支配，生産者に対する生産物の一般的支配となる。私的所有の外化という規定はすでに等価物，価値のうちに存していたが，貨幣はこの外化の感性的な，それ自体が対象となった定在である」(IV/2: 456)

　では，なぜ人間は類的活動を外化するのか。それは，私的所有のゆえである。すなわちマルクスによれば，私的所有の下で人間は交換せざるをえず，それゆえ人間相互の社会的関係を価値として生み出し，貨幣として疎外するほかないからである。かくてマルクスは貨幣について，「この媒介者は，私的所有の本質が自己喪失に至った疎外された存在［Wesen］であり，自己自身に外面的となった，外化された私的所有であると同時に，人間的生産と人間的生産の外化された媒介であり，人間の外化された類的活動である」(IV/2: 448) と述べ，さらに物象化の原因を次のように論じた。

　「なぜ私的所有は貨幣制度へと行き着かざるをえないのか。それは，人間が社会的存在として交換に行き着き，交換は——私的所有の前提の下では——価値に行き着かざるをえないからである。つまり，交換しあう人間の媒介的運動は，社会的運動，人間的運動ではなく，人間的関係ではないからであり，私的所有と私的所有の抽象的関係であって，この抽象的関係は価値であり，この価値の現実的存在こそ貨幣だからである。交換しあう人間は互いに人間として関係しあうことがないから，物象は人間的所有，人格的所有の意味を喪失する。私的所有と私的所有の社会的関係という関係においては，私的所有はそれ自身から［貨幣として］疎外される。この関係の自立した存在である貨幣は，したがって私的所有の外化，私的所有が特有にもつ人格的本性の抽象である」(ibid. 448-449)

私的所有の前提の下で必然化する交換は，価値（交換価値）を生成させ，それゆえにこの価値の現実的存在として貨幣を生み出す。それは私的所有の外化[4]であり，諸関係の物象化である。マルクスは，この段階では交換を私的所有の前提の下で必然化するものとしてとらえる。この場合，交換しあう人間はそれぞれ私的所有者であり，交換を成立させるために，相互の関係を価値として抽象化し，これを物象的に表現するとされる。かくて物象化は分業と私的所有を前提として把握された。

物象化とは，端的に言えば，商品の交換によって必然的に成立する価値が物象（貨幣）として自立化し，かつ貨幣が〈物象の人格化と人格の物象化〉をもたらすこと，である。《ミル評注》貨幣論のかかる了解は，『経済学批判要綱』以後の物象化論にも貫かれる（後述）のであり，なお端緒的であるにせよ，その原型をなすものであった。

『経哲草稿』の貨幣論

『経哲草稿』第3草稿の貨幣論は《ミル評注》を受けて，国民経済における貨幣欲求の形成や貨幣の転倒的性格を論じた。この議論は，物象化と疎外の関連を考える上でも示唆を与える。以下，要点を3つ示す。

第1は，貨幣の本質に関わる規定である。『経哲草稿』によれば，貨幣はまず「万能な存在」である。

> 「貨幣は，あらゆるものを購うという属性をもち，すべての対象を領有しうるという属性をもつがゆえに，卓越した意味での占有[Besitz]の対象となる。貨幣のもつ属性の普遍性は，その本質の万能性にある。それゆえ貨幣は，万能な存在として妥当する」(I/2: 318)

貨幣は，あらゆる対象を領有することができる。では，この万能性は何故に

4）じっさい商品の交換関係では，第1に，商品を生産する場合，個人の労働の内容は外的に規定される。労働はいまや自己の欲求にもとづくのではない。貨幣を獲得するために，他者の欲求に適合しうるものを生産する。第2に，個人は自己の生産物を他者に譲渡し販売することによってはじめて自己の所有を獲得する。第3に，貨幣が神となり，貨幣を自己目的とする貨幣欲求が生まれる。とくに第3の段階では，欲求・能力・感覚等の本質諸力・個体性は全般的に転倒され，貨幣欲求に還元される。この意味で，交換では外化（他者化）が起こりうる。

生じるのか。それは，貨幣の本質が「疎外された人間の類的本質」，すなわち人間の社会的に形成する価値が自立化したものだからである。

> 「あらゆる人間的および自然的性質を転倒させ混同し，諸々の不可能事を和合させる貨幣のもつ神通力は，貨幣が疎外された，外化し譲渡される人間の類的本質にほかならぬという本質をもつところにもとづく」(I/2: 320)

貨幣関係は——「あらゆる人間的および自然的性質の転倒」という性格および疎外の意味は後述するとして——，「人間の社会的諸関連が疎外されたもの」という脈絡でとらえられる。人間の社会的諸関連が疎外されたものとは，《ミル評注》によれば，商品の交換によって価値が生成し，これによって必然的に成立する貨幣が自立化して現れることであった。『経哲草稿』もまた同様にして，貨幣の本質を「疎外された人間の類的本質」としてとらえた。かくて物象化は——なお概念化されていないとはいえ——，まず何よりも，人間の社会的諸関係が貨幣関係に媒介されて人間から自立化し，かつ人間を左右する力となって現れる客観的事象として把握されたのである。

第2は，貨幣欲求ないし所持欲の生成，すなわち〈物象の人格化と人格の人格化〉である。マルクスは『経哲草稿』第3草稿において，貨幣欲求ないし所持欲の生成を指摘する。

> 「[私的所有の内部では] 誰しもが他人に対する疎遠な本質力をつくり出し，ここに自らの利己的な欲求の充足を得ようと欲する。対象の量が増大すればするだけ，人間を屈従させる疎遠な存在の王国は増大し，新しい生産物はいずれも，相互の欺瞞と相互の瞞着の新しい展相 [Potenz] となる。人間は人間としてますます貧しくなり，敵対する存在を支配しようとしてますます貨幣を必要とするようになる。……したがって貨幣欲求 [Das Bedürfnis des Geldes] は，国民経済が生産する真の欲求であり，それが生産する唯一の欲求である。貨幣の量はますます貨幣のもつ唯一の威力ある属性となる。貨幣はあらゆる存在を貨幣のもつ抽象性に還元し，それとともに自己をその固有の運動のなかで量的存在に還元する。限度のなさ，無限度こそ，貨幣の真の限度 [尺度] となる」(I/2: 279)

> 「私的所有はわれわれを非常に愚かしくかつ一面的なものにしてきた。このために，対象がわれわれの対象となるのはただ，それを所持する場合だ

け，それゆえ資本としてわれわれにとって存在するか，あるいはわれわれ
が直接に占有し，食べ，飲み，身に付け，居住する等々，要するにわれわ
れが使用する場合だけなのである」(ibid. 268)

　かくて，貨幣関係の形成（物象化）ないし貨幣の存在は，それに応じて人間
のうちに貨幣欲求ないし所持欲を生み出す事象としてとらえられた。ここでも
問題とされるのは，貨幣次元における〈物象の人格化と人格の物象化〉すなわ
ち人格変容であった。

　第3は，すでに示された貨幣の転倒的性格ないし疎外である。貨幣の転倒
的性格を，マルクスはシェイクスピアを引用して次のように語っている。

　　「シェイクスピアは，貨幣においてとくに2つの属性を取り出している。
　第1に，貨幣は目に見える神であり，あらゆる人間的および自然的性質
　の，その反対物への転化，諸事物の全般的混同と転倒である。それは諸々
　の不可能事を和合させる。／第2に，貨幣は人間ならびに諸国民の一般
　的な娼婦，一般的な取持役である」(I/2: 320)

　　「この規定［諸事物の全般的混同と転倒］からして貨幣はすでにまた，個
　体性の全般的転倒であり，この転倒によって個体性はその反対物に転じら
　れ，その属性と矛盾する属性を付与されるのである」(ibid. 321)

　貨幣は，あらゆる人間的および自然的性質をその反対物へと転化する。あら
ゆる人間的自然的性質とは，端的にいえば，個体性——欲求，能力，感覚等の
現実的人間諸力——である。それゆえ，反対物への転化は，個体性の全般的転
倒であり，要するに個体性の否定である。貨幣の人格化として人間は貨幣の論
理に囚われ，人格の物象化を生起する。それは，人身売買さえ躊躇しない人格
変容をもたらす。かくて，ここに生じるのは，個体性の全般的転倒＝否定とい
う人格の物象化と諸個人の個体性との矛盾である。私見によれば，貨幣欲求が
生まれることによって，人間の個体性がその反対物に転化され，かくて生じる
属性（貨幣欲求）と個体性との矛盾として成立するのが，本来の意味での疎外
なのである。疎外とは，人格の物象化を形態的根拠，個体性を実体的根拠とし
て個人に経験される現実的矛盾である。初期マルクスは物象化と疎外を一体的
に把握しているように見える。たしかにまだ明確な区別はなされていない。し
かし，それでも両者は同一化できない。むしろ疎外は，物象化（人格の物象

化) を形態的根拠として人格が二重化され，これが個体性の否定として現れる事態ととらえられなければならない。

マルクスは同じ第3草稿で「あらゆる身体的および精神的感覚に代わって，これらすべての感覚の単純な疎外，すなわち「所持 [Haben]」の感覚が現れた」(I/2: 269) と指摘して，それを「絶対的貧困」(ibid.) と規定した。所持において想定されるのは，とりわけ貨幣欲求である。貨幣は，富をなすあらゆる人間的感覚 (個体性) を否定するかぎりにおいて，「疎外」と規定される。ここでも疎外は，一方に物象化 (人格の物象化) を形態的根拠として，他方に個体性を実体的根拠として，前者が後者を否定する事態としてとらえられる。この意味で，マルクスはつねに疎外を物象化との関連において語った。

以上が『経哲草稿』における貨幣論の概要である。かくて『経哲草稿』にも貨幣次元の物象化論は現れる。疎外論から物象化論への転換は初期マルクスに存在しない。むしろ，生産関係の物象化や物象化と疎外との関連に関する明確な説明は，すでに『ドイツ・イデオロギー』の物象化論／疎外論と十分に接合可能な水準にあったと言うべきである。

初期の呪物崇拝論

貨幣論において貨幣欲求ないし所持欲 (人格変容) が問題とされていたことは明らかである。そして，それに照応して初期にも呪物崇拝論が現れる。これは，まだブルジョア経済における商品・貨幣などの呪物化一般と関わらせた議論ではない。しかし，のちの呪物崇拝論の萌芽として注目に値する。

まず，古来の富に対する呪物崇拝。

「対象としてのみ存在する古来の外的な富に対する呪物崇拝が [国民経済学において] きわめて単純な自然的要素に還元され，その本質が——たとえようやく部分的かつ特殊的な仕方でであれ——その主体的な存在の形態で承認されることによって，富の一般的本質が認識され，したがって労働が完全なる絶対性において，すなわち原理にまで高められた抽象において認識されることは必要な進歩である」(I/2: 259)

ここでは，国民経済学による「富の一般的本質」認識との対比において，古来の外的な富に対する呪物崇拝が語られる。それは，現実的富 (貨幣等) に対

する囚われとして現れる呪物崇拝，すなわち致富欲や蓄蔵貨幣形成欲求と結び
つけられる呪物崇拝である。これに対して，次の引用で論じられるのは，近代
の拝金主義，実利的エゴイズムに関する呪物崇拝である。

> 「なお貴金属の感性的輝きに目が眩んでおり，それゆえ金属貨幣の呪物崇
> 拝者でしかない国民は，なお完成された貨幣国民ではない。フランスとイ
> ギリスの対比。——理論的な謎の解決がいかに実践の課題であり，実践的
> に媒介されているか，いかに真の実践が現実的かつ実証的理論の条件をな
> すかは，たとえば呪物崇拝において示される。呪物崇拝者の感性的意識と
> はギリシャ人の感性的意識とは異なる。なぜなら，前者の感性的存在はま
> ったく別物となっているからである」(I/2: 286)

貨幣国民の呪物崇拝は，まさに「国民経済が生産する真の欲求」といわれる
貨幣欲求によって形成される，現物ないし貨幣そのものを呪物とする態度のこ
とであろう。その感性的意識は，使用価値ではなく価値を本質的対象としてお
り，ギリシャ人の感性的意識とは異なり，ブルジョア社会の諸関係において人
為的に形成されるものである。それゆえに，マルクスによれば，この呪物崇拝
は，意識ないし理論によって解消されるのではなく，ブルジョア社会の諸関係
を変革する実践（共産主義）によって解決されるというのである。

初期の呪物崇拝論は，まだ端緒的に，致富欲や近代の実利的エゴイズムを対
象とするだけの議論でしかなかった。もとより貨幣欲求が「国民経済が生産す
る真の欲求」とされるかぎり，すでに物象化論の認識にもとづいて問題は設定
されている。しかし，それでもまだ呪物崇拝は，理論的に，商品・貨幣（物
象）につきものの現象［呪物性格］とは把握されていなかった。

2　資本次元における初期物象化論

初期マルクスの物象化論は，貨幣次元だけでなく，資本次元においても展開
される。以下，このことを 1844 年の著作・草稿等により，労働価値説の批判
的摂取と関連づけて確認しよう。

疎外された労働と物象化

資本次元における物象化論は,『経哲草稿』第 1 草稿に示される。「労賃」「資本の利潤」「地代」の「所得の 3 源泉」分析と疎外された労働論からなる第 1 草稿は,全体として資本主義的生産様式の分析と見られる。

まずマルクスは,「国民経済学の諸前提から」(I/2: 234) 出発する。前提とは何よりも「資本と土地所有と労働の分離」(ibid. 190) である。この分離は,まさに資本主義的生産様式の前提をなすものであり,マルクスは『経哲草稿』でも,この前提にもとづいて,1) それが労働者にとってのみ「致命的」(ibid. 190) であること,つまり労働者が商品——労働力商品という物象——となり,しかも「最も惨めな商品」となること,2)「土地所有の大部分は資本家の手中に落ちて」,資本家が土地所有者となり,ついには「資本家と土地所有者との区別」が解消し,全社会は所有者 [資本家] と無所有の労働者という 2 階級に分裂すること (cf. ibid. 229),を論じた。この分裂は,「所有者 [資本家等] の支配が私的所有の,資本の純粋な支配として」現れ,「所有物に対する所有者のあらゆる人格的関係がなくなって,所有物が物象的な物質的富にすぎないものとなる」(ibid. 231) 過程である。かくて成立する資本主義的生産様式は,明らかに資本の価値増殖という物象化——生産関係の物象化——を生起させ,そしてそれゆえに〈物象の人格化と人格の物象化〉を引き起こす[5]。マルクスが『経哲草稿』第 1 草稿において把握したのは,土地と労働力が商品化される物象化の最終段階であった。

資本 (私的所有) と労働の分離を前提したとき,労働はすでに単純な労働ではない。労働はいまや「商品を生産するだけでなく,労働それ自身と労働者を商品として生産する」(I/2: 235) 労働,すなわち疎外された労働である。ここでは「物象世界 [Sachenwelt] の価値増殖 [Verwertung] に正比例して,人間世界の価値喪失 [Entwertung] が増加する」(ibid.)。こうした物象化された世界こそ,マルクスが「現に存在する国民経済学的事実から出発する」(ibid.) さいの事実にほかならない。

---

5) 生産関係の物象化は疎外された労働の前提をなす。そして労働者は疎外された労働 (物象) の人格化として,資本関係の下で人格変容を蒙る。疎外された労働論は,この過程の分析と把握されなければならない。

国民経済学では，人間の外部に存在し人間から独立した富［私的所有］は廃棄され，労働が私的所有の主体的本質としてとらえられる。マルクスは，国民経済学が富（私的所有）を労働に還元し，人間にとって没関係的な富という仮象を暴いたことを評価した。

「私的所有の主体的本質，対自的に［自立的に］存在する活動としての，主体としての，人格としての私的所有は，労働である。それゆえ当然，労働をその原理と認識した国民経済学——アダム・スミス——は，もはや私的所有を人間の外部にある状態にすぎないとみなすことがない」(I/2: 257)

ここには，労働価値説摂取の端緒が認められる（後述）。ただし，それは労働価値説の無批判的受容を意味しない。マルクスは国民経済学と異なり，富はすべて労働者に属するという見解をとらず，むしろ富が労働者の労働によって形成されるとすれば，なぜ富［私的所有］は労働者に対立して現れるのか，なぜ人間世界の価値喪失が起こるのかを問い，国民経済学をこう批判したのである。

「人間を承認するという見せかけの下に労働を原理とする国民経済学は，むしろ人間の否認を首尾一貫して遂行するものにすぎない」(I/2: 258)

それは，人間自身が私的所有の緊張した存在［Wesen］，つまり私的所有を自らに内在化して自己否定的な存在（労働の人格化）になっているからである。ここにあるのは，国民経済学における「分裂性［Zerrissenheit］の原理」(I/2: 258) である。国民経済学は，私的所有の主体的本質として労働をとらえ，人間［労働者］の労働を承認するという見せかけの下で，人間を私的所有に従属せしめ，各人の自立性を奪う。この労働者において経験される分裂性の現実こそ，国民経済学の原理にほかならない。マルクスが『経哲草稿』において一貫して問題とするのは，この分裂性，すなわち資本主義的私的所有の下における労働の分裂性＝疎外であった。

資本主義的私的所有の下における疎外（疎外された労働）は，資本（私的所有）と労働との分離を前提する。この分離を前提し，資本と労働の交換にもとづいてはじめて，労働者は対象的な生産諸条件に対して疎遠な所有物に対する態様で関係するのであり，1）自己のなす労働の生産物に対して，「自己を支配する疎遠な対象に対する態様」で関係し（物象［Sache］の疎外），2）自己の労働そのものに対して，「自己に属さない，疎遠な活動に対する態様」で関

係し（自己疎外），以上の疎外によって，3）生産的生活という「類的生活」を個人的生活の手段となし（類の疎外），4）他の人間との対立をもたらす（人間の人間からの疎外[6]）。これらはいずれも，労働の人格化の下で起こる人格の労働化の分析であり，それが各人のもつ個体性を否定する事態を表す。ここでも疎外が，物象化された在り方と各人の個体性との矛盾を意味することは明らかである。

　これらが何故に「疎外」と規定されるかについては立ち入らない。ここで肝要なのは，以上の疎外が疎外された労働によって再生産されるということである。マルクスは「疎外された労働の概念は現実にはいかに表現されなければならないのか」(I/2: 242) と問うて，疎外における人間（資本家等）と人間（労働者）の関係を明らかにする。疎外された関係は，つねに「他の人間に対する労働者の関係を通してはじめて対象的現実的でありうる」(ibid. 243)。こうして，疎外された労働論は他の人間［資本家等］に対する「関係の生産」という視角を獲得する。

　　「それゆえ，疎外された労働を通じて人間は，ただ生産の対象や行為に対する自己の関係を，自己に敵対的な，他の人間に対する関係として生み出すだけでなく，他の人間たちが自己の生産や生産物に対してもつ関係をも，また他の人間に対してもつ自己の関係をも生み出すのである」(ibid.)

　マルクスがここで確証するのは，疎外された労働が前提となる私的所有——資本関係——を再生産することである。かくて，「私的所有は外化された労働の，すなわち自然および自己自身に対する労働者の外的関係の，産物であり，成果であり，必然的な帰結である」(I/2: 244)。それゆえ，「私的所有が外化された労働の根拠，原因として現れたとすれば，いまや前者は後者の帰結をなす。……かくてのちにはこの関係は相互作用に転換する」(ibid.)。こうして疎外された労働が再生産するのは，それの前提をなす「資本と労働の分離」という物象化された事態そのものであった。

6）これは，資本家と労働者との対立を必ずしも意味するものではない。労働者と労働者との間でも，貨幣に媒介された諸関係が形成されうる。

労働価値説の批判的摂取

　以上にも示されるように，マルクスは 1844 年の経済学研究をとおして国民経済学の労働価値説を批判的に摂取した。それは，初期マルクス物象化論の生成にとっても本質的な意味をもつ。なぜなら，貨幣に媒介された諸関係の形成としての物象化とは，商品交換において成立する価値にもとづく諸関係の形成を意味するのであり，物象化論は価値論なしにありえないからである。では，1844 年段階のマルクスは労働価値説をいかに摂取したのか。

　ところで，初期マルクスの労働価値説摂取に関しては，研究史上，基本的に 2 つの見解が存在している。1 つは，マルクスは 1844 年段階でスミスやリカードウらの労働価値説を否認しており，ようやく『哲学の貧困』段階でそれを正当に評価するに至ったと解釈する通説的見解 (Розенберг [1954]，大内 [1964]，小林弥六 [1967]，服部 [1967]，森川 [1967]，遊部 [1968]，吉沢 [1970]，杉原 [1974]，竹永 [1979]，渋谷 [1981]，中川 [1997] 等)。もう 1 つは，初期マルクスは国民経済学の労働価値説を前提としながら，スミスやリカードウらの利潤論・地代論を批判していたのであり，上記の転換は基本的に存在しないとする対立的見解 (和田 [1978]，大石 [1997] 等) である。しかも，この対立は初期マルクスのプルードン評価にも絡む。すなわち，第 1 の見解によれば，1844 年段階でプルードンに対して高い評価を与えていたマルクスは，『哲学の貧困』段階で労働価値説受容によってプルードン批判に転換するとされるのに対して，第 2 の見解によれば，プルードン評価は最初から批判を前提としており，転換は存在しなかったとされる。本項では，これらの検討から始めて 1844 年段階でのマルクスと労働価値説との関わりを考察する (『哲学の貧困』段階での労働価値説との関わり等は本章 4 節)。

　第 1 の見解は，ローゼンベルグ『初期マルクス経済学説の形成』(1954) によってまとめるならば，次のとおりである。[1] マルクスは，市場価格に関するリカードウの命題，すなわち労働は「商品の価値の基礎」であり，商品の市場価格は「商品の本来的な自然価格 [価値] からの偶然的かつ一時的な偏差」であるという命題[7]にコメントして，リカードウが語る交換価値は「つねに自然価

---

7) リカードウ『経済学および課税の原理』第 4 章を参照 (cf. Ricardo [1951] 88)。マルクス

格を意味しており」,「競争から来る偶然事は度外視される」と指摘している (cf. IV/2: 405)。ここから知られるように,マルクスは「リカードウの労働価値説を完全に否認し,その自然価格,すなわち価値を否定していた」(Розенберг [1954] 68＝上 100)。これは,競争が存在する下で実在的なのは価値ではなく,市場価格だけであるというエンゲルス『国民経済学批判大綱』の見解に従うものであった。[2] さらにマルクスは,利潤論／地代論に関するリカードウの命題,すなわち「労働は……あらゆる価値の源泉であり,その相対量は……諸商品の相対的価値を規制する尺度である」という命題[8]に対して,「リカードウの説明では,資本もまた労働なのであるから,労働は価格の全総額を包括する。セーは本書 [リカードウ『経済学および課税の原理』のコンスタンシオによる仏訳] 25 頁の注で,リカードウは資本および土地に対して無償で提供されることのない利潤を忘れたと述べている。プルードンはここから正当にも,私的所有が存在するところでは,物象はそれがもつ価値よりも高い費用を要する,すなわち,まさしく私的所有者への貢物だけ高い費用を要すると結論づけた」とコメントしている (cf. IV/2: 395)。かくて労働は,私的所有の下では土地所有者と資本家に「貢物」(利潤と地代) を収めなければならないのであり,この理由からもマルクスは「リカードウ労働価値説を否認した」(Розенберг [1954] 69＝上 101) のである。「現実を歪める抽象としてリカードウの労働価値説を否認したのだとすれば,当然ながら,その労働価値説にもとづいて構成されたリカードウの利潤論および地代論をもマルクスは否認せねばならない」(ibid. 72＝105)。かくて利潤も地代も私的所有への貢物とする点で,マルクスはプルードンに同意していた。

　以上,2 つの理由にもとづくローゼンベルグの解釈は第 1 の通説的見解の基礎となった。だが,通説的見解の指摘するマルクスの曲折ははたして存在したのだろうか。存在したとすれば,その根拠は何であったのか。そもそもマルクスは 1844 年段階で労働価値説を否認していたのか。第 2 の見解はこうした疑

　　はリカードウ『経済学および課税の原理』からの引用を,コンスタンシオの仏訳 (第 2 版) に拠っている。本書では,煩瑣を避けるために,本文にマルクスの引用箇所を記し,リカードウの原典は『リカードウ全集』により注で示すことにする。

8) リカードウ『経済学および課税の原理』第 1 章を参照 (cf. Ricardo [1951] 20)。

50

間から発して曲折の存在そのものを否定する。

　大石高久『マルクス全体像の解明』(1997) は，大略，以下のように第 2 の見解を主張した。[1] マルクスは——エンゲルス[9]ですら——，スミスやリカードウらの「自然価格」＝生産費による価値規定という価値法則については継承していた (cf. 大石 [1997] 153)。じっさい，『経哲草稿』第 1 草稿に示される近代市民社会の批判的分析は，「古典派経済学の最良の成果であるところの労働価値説に基づいて始めて可能となった」(同上 158)。要するに，「自然価格」は否定されておらず，またそもそも否定するはずがない (cf. 同上 154)。[2] ただし，古典派経済学は，「一方で労働こそが富の源泉であると主張しながら，他方でその労働の直接的担い手である労働者の窮状を遠慮なく描いて何の矛盾も感じていない」(同上 82)。このシニシズムに対してマルクスは，資本利得の源泉を「資本による command の行使に，つまり，生産過程における他人労働及び生産物の領有に」(同上 158) 求めたのであり，これは労働価値説の拒否にもとづくものではなかった。すなわち，『経哲草稿』段階ですでに，「地代」を含む広義の「利潤」の発生が「「賃労働」の価値規定を媒介にして，生産過程から説明されている」(同上 391) のである。たしかに，マルクスはリカードウの「生産費（賃金＋利潤）」概念を否定した。しかし，この意味では古典派経済学は最初から批判されるべきものでしかなかったのである。マルクスの「生産費」概念は「生産に必要な労働量」によって規定されており，これは，リカードウ「生産費」概念とは異なるマルクス独自の価値概念の生成を意味した (cf. 同上 388-389)。

　要するに，以上 2 つの見解は，1844 年段階のマルクスが，1）「自然価格」＝生産費による価値規定という価値法則を否認していたのか否か，2）リカードウの「生産費」概念を労働価値説の拒否にもとづいて否定していたのか否か，の 2 つの問題において基本的に対立していると見られる。

　労働価値説摂取に関わる第 1 の問題は，1844 年段階のマルクスが「自然価

―――――――――
9) 大石が典拠とするのは，『国民経済学批判大綱』の次の命題である。「価格が生産費と競争との交互作用によって規定されることは，まったく正しいことであり，私的所有の基本法則である。これこそ，経済学者が発見した第 1 の法則であり，純粋に経験的な法則であった」(I/3: 478)。

格」＝生産費による価値規定という価値法則を否認していたのか否かである。これに関しては，大石の示すとおり，文献的にもマルクスが国民経済学の労働価値説を批判的に継承していたことが確証されうる。

『経哲草稿』においてマルクスは，さまざまな脈絡で国民経済学の労働価値説に言及している。前項で引用した箇所以外で一例を挙げれば，次のとおりである。

　　「近代イギリス国民経済学の成し遂げた偉大にして首尾一貫した進歩は，それが——労働を国民経済学における唯一の原理に高め——同時に，きわめて明白に労賃と資本利子との反比例関係を解明したところ，そして資本家は通則としてもっぱら労賃の引下げによってのみ，反対に利得しうるという可能性を解明したところにあった」(I/2: 249)

労働価値説への言及は，いずれも国民経済学批判の脈絡で現れるのであるから，マルクスがすべてを内容的に否定している可能性もありうる。しかし，ともあれマルクスが，労働を経済学における唯一の原理に高め，生産物の価値の基礎として把握した国民経済学の労働価値説に評価を与えていたことは十分にうかがえる。問題は，このとき，生産費による価値規定を否認したのか否かである。

　これに関しては，少なくとも２点を指摘することができる。１つは，『経哲草稿』が考察の出発点とする「現に存在する国民経済学的事実」の記述である。『経哲草稿』第１草稿の疎外された労働論は，「物象世界の価値増殖に正比例して，人間世界の価値喪失が進行する」(前出) ことを語った。このことを事実として語るマルクスは，少なくとも「労働が生産物の価値を増大させる唯一の手段である」(I/2: 206) こと，すなわち労働価値説の基礎原理を前提していなければならない。

　もう１つは，《ミル評注》である。ここでマルクスは，ミルを含むリカードウ派の価値論にコメントして，こう記している。

　　「たとえば生産費は究極において——あるいはむしろ，需要と供給との周期的偶然的な一致が起こる場合に——価格 (価値) を規定することが恒常的な [beständig] 法則であるとすれば，同様に，この関係が一致せず，それゆえ価値と生産費は必然的な関係にないということも恒常的な法則なの

である」(IV/2: 447)

　この箇所は，ときにマルクスがリカードウ価値論を反駁したという脈絡で引用される。しかし，たしかに抽象性を批判するにしても，生産費による価値規定を需要と供給の法則と同じく恒常的法則としている箇所であること[10]も認められなければならない。

　かくて結論的にいえば，1844年段階のマルクスが労働価値説の基礎原理を前提していたことは否定しがたい（換言すれば，第2の見解の妥当性が確証される）。ただし，以上の結論は，マルクスが国民経済学の労働価値説を受容したことと同じではない。なぜなら，この労働価値説は幾重にも矛盾を抱えており，マルクスはすでに各所で国民経済学の「分裂性の原理」を指摘していたからである（cf. I/2: 203-204, 205, 258）。マルクスが国民経済学の理論的矛盾を指摘し，それを退けているのは明らかである。それゆえマルクスによる労働価値説の全面的な受容はありえない。むしろ労働価値説の摂取はきわめて批判的かつ限定的であったと言わねばならない。

　以上，労働価値説摂取に関わる第1の問題を考察した。続いて，労働価値説摂取に関わる第2の問題——1844年段階のマルクスがリカードウの「生産費」概念を労働価値説の拒否にもとづいて否定していたのか否か——は，いかにとらえるべきか。まず指摘されてよいのは，これまでの考察にもとづくならば，そもそも問題設定が変更されねばならないということである。労働価値説の基礎原理を継承していたことは否定されない。他方，マルクスがリカードウの生産費概念を否定していたことも事実である。この2つのことが明確になった現段階では，問題は，リカードウの「生産費」概念の否定は労働価値説の批判的継承によっていかにして可能になったかに転換されなければならない。

　「自然価格（生産費）」は，スミス，リカードウらによれば，賃金，利潤，地代が自然率の状態にある場合の合計であるとされる。これに関するマルクスの評注——以下，《リカードウ評注》による——は次のとおりである。

　　「自然価格は，スミスによれば，賃金と地代と利潤からなる。大地は生産

10）それゆえにローゼンベルグもまた，《ミル評注》のこの箇所をもって，これは「マルクスが労働の価値を認める立場に移りつつあることを意味する」(Розенберг [1954] 71＝上104) と注釈を加えた。ただし，これはローゼンベルグ自身の解釈と整合しない。

第 1 章 マルクス物象化論の生成 53

に必要ではあっても，地代は必要な生産費の部分ではない。利潤もまた生
産費の部分ではない。生産における大地および資本の必要性が費用のうち
に評価されるのは，たんに，労働等が資本と大地の維持に必要とされるか
ぎりにおいてのことである。つまりそれらの再生産費用である。しかし，
その［再生産費用の］プラス部分，それを超えるものこそ，利子と利潤，
小作料と地代となるのである。それゆえあらゆる物の価格は，プルードン
がすでに述べたように，高すぎるのである。さらにいえば，賃金と地代・
利潤の［スミスの言う］自然率は，まったく慣習ないし独占に，究極的に
は競争に依存するのであって，大地，資本，労働の本性から発展するもの
ではない。それゆえ生産費そのものは，競争によって規定されているので
あり，生産によっては規定されていないのである」(IV/2: 404)

　スミス，リカードウらにあっては，「自然価格」は賃金と地代・利潤からな
る。しかし，マルクスによれば，地代は生産費の部分でなく，利潤も生産費の
部分ではない（それゆえ「自然価格」と生産費とは異なる）。生産費はあくまで
生産に必要な費用，すなわち大地および資本の再生産費用と賃金である。マル
クスは，賃金と地代・利潤からなる「自然価格」を初めから認めていない。認
めることは，地代・利潤の自然形態性を認めることと同じであり，理論的に資
本主義的生産様式の永遠化を余儀なくされる。それゆえ，地代・利潤は生産費
を構成せず，生産費への付加部分とみなすほかはない。そしてマルクスは，生
産費による価値規定を前提として，リカードウらの「自然価格（生産費）」その
ものが生産費を上回る「剰余価値」によって規定されていることを指摘した。

　　「国民経済学ではもはや市場価格だけが問題であるから，事態［Sache］
　　はもはや生産費と関連づけられず，生産費はもはや人間と関連づけられず，
　　全生産は営利商売［Schacher］と関連づけて考察される」(IV/2: 406)

　マルクスがこの段階で，剰余価値の生産を概念的に把握していたとは言いが
たい。しかし，賃金と地代・利潤からなる「自然価格」が生産費＋剰余価値と
して存在することを――未解明ながら――つかんでいたことは明らかである。
そしてこの批判的認識が，国民経済学のシニシズムに対する批判に通じるので
ある。マルクスは，全生産物の分解に関するリカードウの命題――「あらゆる
国の大地および労働の全生産物は，3つの部分，すなわち労賃と利得と地代の

54

部分に分かれる。……第 1 の部分は，適度なものであるかぎり，つねに必要な生産費に等しい」云々の命題 (cf. IV/2: 420)[11] —— を引用し，次のようにコメントした。

「総収入，すなわち生産と消費の量——過剰を度外視して——のあらゆる意義を否認し，それゆえ生活そのもののあらゆる意義を否認することによって，国民経済学の抽象は，汚辱 [Infamie] の頂点に達した。ここに出来するのは，次の諸点である。1 ）国民経済学にとって肝心なのは，国民的利害や人間では決してなく，純所得，利潤，地代だけであり，これが一国民の究極目的とされること。2 ）人間の生活はそれ自体何らの価値をもたないこと。3 ）とりわけ労働者階級の価値は，必要生産費だけに限定され，労働者階級が存在するのはただ純所得のため，すなわち資本家の利潤と土地所有者の地代のためだけであること。労働者階級そのものは，あくまで労働機械であり，またそうでなければならないのであり，労働者階級に必要な生活資料を支出するのは，たんに労働機械の活動を持続させる必要のためだけにすぎない」(ibid. 421)

マルクスは以上を「国民経済学的真理のシニカルな表現」と言い，「国民経済学の観点からはリカードウの命題は真であり首尾一貫している」(IV/2: 421) と述べている。かくて，この時点でマルクスは，リカードウおよび国民経済学全体のシニシズム（ブルジョア性）を批判しながら (cf. ibid. 407)，しかし，それが事態をブルジョア的によくとらえていたことは認めるのである。問題は，労働によって利潤・地代がいかにして生成するのか，利害の対立はいかにして成立するのかの解明である。理論的にいえば，労働価値論と剰余価値論のテーマが設定されているということである。マルクスはこの問題をつかんだ。しかもまた，ここで，労働者は労働機械——労働の人格化——として利潤・地代のために存在するという物象化論的視点も示していたのである。

結論的に，リカードウ労働価値説の総体的な否認から受容への転換という曲折は，初期マルクスには認められない。マルクスは，「交換価値の基礎は生産に要する労働時間にある」，あるいは商品の価値を規定するものは生産費であ

---

11) リカードウ『経済学および課税の原理』第 26 章を参照 (cf. Ricardo [1951] 347-348)。

るという労働価値説の基礎原理を継承しながら，生きた労働が現実には，資本の価値増殖を生む一方，自らには価値喪失をもたらすことを原理的に肯定する国民経済学のシニシズムを問題とした。価値増殖を剰余価値の生産と言い換えるならば，初期マルクスが問題としていたのは，価値を社会的実体として把握する労働価値論と剰余価値論との整合的把握である。このかぎりで，マルクスは独自の労働価値論を形成し始めたのである。

『聖家族』のプルードン批判

　前述のとおり，通説的見解によれば，1844 年段階でリカードウ労働価値説を否認したマルクスはプルードンに高い評価を与えていたが，のちに『哲学の貧困』段階で批判に転換したとされる。しかし，はたしてかかる転換は存在するのか。以下では，この問題を『聖家族』(1845) のプルードン評価によって考察する。

　マルクスのプルードン評価は，『聖家族』第 4 章のエトガー・バウアー批判に現れる。

　　「国民経済学の示すすべての発展は私的所有を前提としている。この根本前提は国民経済学にとっては，立ち入った検証を要さない覆しがたい事実とみなされる。……ところがプルードンは，経済学の土台をなす私的所有に批判的検証を，しかも容赦のない，そして同時に科学的な，最初の決定的な検証を加えるのである。このことは，プルードンが成し遂げた大きな科学的進歩，すなわち経済学を革命し，国民経済の真の科学をはじめて可能にした進歩である」(MEW 2: 32-33)

　　「プルードン［の私的所有批判］は，国民経済学の批判が国民経済学的立場からなしうるかぎりの一切のことを果たしている」(ibid. 34)

　これらを一読すると，たしかにマルクスがプルードンに高い評価を与えていたという印象を受ける。しかし，これらの文章はレトリックが効いており，表現上の印象だけに囚われることはできない。じっさい上記でもマルクスが認めるのは，プルードンが私的所有に対する「最初の決定的な検証」をなしたというにすぎず，またプルードンの私的所有批判も「国民経済学的立場から果たしうるかぎり」の批判であるというにすぎない。要するにプルードン評価は，そ

れぞれ限定的な評価であり，それゆえに，精査が求められる。そして，結論的に言えば，そこには，むしろプルードンに対する明確な反駁を読み取らなければならないのである。

第1の反駁。プルードンの批判は，国民経済学の立場からする批判であり，それゆえに「国民経済学——プルードンの把握に現れるような国民経済学をも含めたそれ——の批判によって，科学的に克服される」(MEW 2: 32) べきものと性格づけられた。

> 「いかなる科学においても最初の批判は，必然的に，それが争う対象とした科学の諸前提に囚われる。プルードンの著作『所有とは何か』も同様に，国民経済学の立場からする国民経済学の批判なのである」(ibid.)

「国民経済学の立場からする国民経済学の批判」とは，私的所有を前提とする国民経済学に対して，プルードンが私的所有に批判的検証を加え，「国民経済学的諸関係の人間的外観をまじめに取り上げ，その非人間的現実に厳しく対立させた」(MEW 2: 34) ことである。国民経済学者は，私的所有の諸関係を「人間的理性的な関係」として受け取り，例外的に私的所有の濫用を攻撃することがあるとしても，基本的には私的所有を原理的に肯定した[12]。これに対してプルードンは「他の国民経済学者と異なり，私的所有のあれこれの在り方を部分的な様式で叙述するのではなく，首尾一貫して，……私的所有そのものを普遍的な様式でとらえ国民経済学的諸関係の偽造作因として叙述した」(ibid.)。かくて，プルードンは国民経済学的諸関係の人間的理性的要素を実現しようとする。それの根拠は，国民経済学も認める「正義（平等）」である。それゆえにプルードンの批判は「国民経済学の立場からする」批判という性格を免れない。

第2のプルードン反駁。プルードンの国民経済学批判は「なお国民経済学の前提に囚われているために，対象的世界の再領有そのものがなお占有という国民経済学的形態の下にとらえられる」(MEW 2: 44) ということである。プルードンは「私的所有の矛盾に満ちた本質が，最も顕著な，最も甚だしい……姿態

---

12) マルクスは，この脈絡で，「価値は，はじめは外見上理性的に，すなわち物象 [Sache] の生産費と社会的効用によって規定される」(MEW 2: 33) という議論を国民経済学の認識として示している。1844年時点でマルクスが投下労働価値説に通じていたことがうかがわれる。

で現れる事実」(ibid. 36)，すなわち窮乏と貧困の事実から出発して，私的所有の否定を提起するために「彼にとっては人間の本質を表す平等」(ibid. 43) を実現し，「不所持 [Nichthaben] と所持の古い様式を廃棄しよう」(ibid. 44) と，私的所有に占有を対立させ，「平等な占有」を実現しようとした。しかし，マルクスによれば，「プルードンは，国民経済学的疎外の内部で国民経済学的疎外を廃棄する」(ibid.) だけである。それは，プルードンのいう私的所有の否定が本質的に分配論的であり，マルクスのいう意味で私的所有の積極的廃棄ではないからである。

　マルクスは『聖家族』第4章「批判的傍注第2」において，プロレタリアート（貧困）と私的所有（富）との対立を指摘し，プロレタリアートの解放を次のように論じた。

　　「一切の人間性の捨象が，人間性の外観の捨象さえもが，形成を遂げたプロレタリアートのうちに実践的に完成しているがゆえに，……プロレタリアートにおいて人間が自己自身を喪失しており，……もはや退けようのない，もはや言い繕いようのない，絶対に有無を言わせぬ窮迫 [Not] ——必然性の実践的表現——によって，直接にこの非人間性に対する反逆を余儀なくされているがゆえに，プロレタリアートは自己自身を解放できるし解放せざるをえない」(MEW 2: 38)

　プロレタリアートの解放は，窮迫にもとづく反逆により，私的所有（資本）の廃棄として成就される。これは，正義（平等）にもとづくプルードンの改革論に対する事実上の否定を意味する。

　第3のプルードン反駁。プルードンが労働時間を労賃および生産物の価値規定の尺度とすること（労働価値説）によって人間的側面を決定要因としたのは「観念論的所産」にすぎないということである。プルードンは，「個別労働者の給料の総額は，たとえ個々の労働がすべて完全に支払われたとしても，その生産物に対象化された集合的力に支払いをなしてはいない」(MEW 2: 55) ことを論じ，これを根拠に資本を否定し，労働者の平等な所有を実現しようとした。マルクスはこの議論を次のように把握した。

　　「国民経済学者の場合，労働時間と労働原料のほか，生産費には，なお土地所有者の地代や資本家の利子および利得が属する。後者は，プルードン

の場合には脱落する。なぜなら、プルードンの場合、私的所有が脱落するからである。それゆえ残るのは労働時間と出費 [Auslagen] だけである。プルードンは、労働時間という、人間活動の活動としての直接的定在を労賃および生産物の価値規定の尺度とすることによって、古い国民経済学では資本と土地所有の物象的力が決定的であったのと反対に、人間的側面を決定的要因とする。すなわちプルードンは、なお国民経済学的な仕方で、それゆえ矛盾に満ちた仕方で人間を復権させるのである」(ibid. 51)

国民経済学が利潤・地代を生産費に含めたことはすでにリカードウ批判で問題とされていた。ここで指摘されるのは、プルードンの場合に、私的所有——資本と土地所有——が把握されず、集合的力によって実現される富の全体を労働者が領有できていないことだけが問題にされたということである。それゆえ、マルクスによれば、プルードンは、「所有樹立のための創造的理性原理として、かつ究極的理性根拠として所有のためのすべての証明の根底にあるにもかかわらず、なぜ平等は存在せず、むしろその否定たる私的所有が存在するのかと自問」(MEW 2: 42) し、「所有の事実をそれ自体において」考察することによって、所有が自己自身に矛盾し、平等原理によって自己を廃棄すべきことを示す。だが、これは、「プルードン氏が平等を、それに真っ向から矛盾する私的所有の創造的原理として把握した」結果であり、「ブルーノ・バウアー氏がすべての論述の根底に「無限の自己意識 [Selbstbewußtsein]」をおき、この原理を、福音書の、すなわち無限の無意識性ゆえに無限の自己意識と見かけ上真っ向から矛盾する福音書の創造的原理ともした」(ibid. 40) ことと同様、要するに「観念論的所産」にすぎない。これに対してマルクスは、賃労働が私的所有 (資本) との関連において現実に存在すること、つまり「賃労働が他人 [資本] の富と自己自身の窮乏を生み出すこと」(ibid. 37) を指摘し、私的所有と賃労働を実践的に廃棄しようとした。

マルクスは、私的所有の諸関係を人間的理性的な関係として受け取る国民経済学が、その本質前提をなす私的所有に対して「絶え間ない矛盾のうちに運動している」(MEW 2: 33) ことを次のように指摘した。

「国民経済学では、労賃は初めのうち、生産物に関与した労働に相応する比例的取り分 [Anteil] として現れる。賃金と資本利得は、きわめて友好

的な，相互に助成をなすものとして，見かけは最も人間的な相互関係にある。後になって，それらは最も敵対的な，転倒的な相互関係であることが判明するのである」(ibid.)

ここでは，のちの「領有法則の転回」論に連なるテーマが提起される。たしかにまだ賃労働と資本の関係は，表象のレベルでとらえられるにすぎず，剰余価値論は明示的には現れない。しかし，マルクスは資本主義的生産様式における領有法則を問題とし，この水準でプルードンを批判したのである。

かくて『聖家族』におけるマルクスのプルードン評価は，ほとんど『哲学の貧困』に接合しうる批判を内蔵していた (本章 4 節)。プルードン評価においてもマルクスの曲折は基本的に認められないのである。

3 『ドイツ・イデオロギー』の物象化論

『ドイツ・イデオロギー』でも，物象化は二重に把握される。1 つは，私的所有の下での諸関係の自立化という脈絡でとらえられる貨幣次元の物象化，もう 1 つは，資本次元の物象化，である。

諸関係の自立化としての物象化

まず，貨幣次元における物象化について。社会に存在するあらゆる力は人間がつくり出した力である。しかし，それが，分業と私的所有の下では各個人から自立した交換価値の形態を生み出し，各個人を物象的に服属させる力（貨幣等）に転化する。こうして人格的諸関係が貨幣関係に媒介されて諸個人から自立した力に転化する物象化を，『ドイツ・イデオロギー』は次のように問題とした。

「人格的利害が各人格の意に反してつねに階級利害へと，すなわち個々の人格に対して自立化する共同関係的利害へと発展を遂げ，この自立化において一般的利害という姿態をとり，このようなものとして現実的諸個人に対立する……のは，いかにして起こるのか。人格的利害が階級利害へと自立化していく以上の過程の内部において，個人の人格的関わりが不可避的に物象化され疎外され [sich versachlichen, entfremden]，同時に個人か

ら独立し，交通によって生み出された力として個人と関わりなく存立し，社会的諸関係に転化する，すなわち個人を規定し服属させ，それゆえ観念上では「神聖な」力として現れるような一連の力に転化するのは，いかにして起こるのか」(I/5: 300)

これは，「分業による人格的力（諸関係）の物象的な力（諸関係）への転化」(I/5: 95) とも表現されており，「人格的諸関係の物象化」ないし「生産関係の物象化」の脈絡で理解される事象である。そして『ドイツ・イデオロギー』はそれを「歴史的発展の主要契機の１つ」とも規定し，次のように論じた。

「社会的活動のこのような自己固着化，すなわち，われわれ自身のつくる産物がわれわれを支配する物象的強制力 [Gewalt] ——われわれの統制が及ばず，われわれの期待に背き，われわれの打算を無効化する物象的強制力——になるこのような凝固化 [Consolidation] こそは，これまでの歴史的発展の主要契機の１つであった。社会的な力，すなわち，分業に制約されたさまざまな個人の協働によって生じる倍加した生産力は，これら個人には，協働そのものがなお自由意志的でなく，自然成長的であるがゆえに，諸個人自身の合同した力ではなく，諸個人の外部に存在する疎遠な力として，彼らには来し方行く末の知れない，もはや支配不能な力として現れる」(I/5: 37)

では，物象化は何故に起こるのか。以上の論述から把握するかぎり，その根拠は，何よりも分業と私的所有にある。すでに『経哲草稿』において，なぜ人間は労働を疎外するに至るのかという問題が歴史的に提起されていた。そして，この問題に対して『ドイツ・イデオロギー』段階のマルクスは，とりわけ分業→私的所有によって解決を試みたと言うことができる。「分業→私的所有→交換→交換価値→貨幣」という系列がここでは提示される。それは，分業および私的所有の下で交換が始まり，とりわけ貨幣関係の形成にもとづいて社会的諸関係が自立化する客観的過程として描かれる。注目してよいのは，分業→私的所有が物象化の前提とされており，物象化が歴史的に資本主義的生産様式以前に生成したと把握されていることである。要するに，物象化は歴史的に，古代以後，資本主義的生産様式以前に生成する事象として把握されたのである。

ところで貨幣関係の形成は諸個人の在り方を規定し，人格変容をもたらす。

第1章　マルクス物象化論の生成　61

このことは『ドイツ・イデオロギー』でもさまざまに描かれる。一例を挙げれば，次のとおりである。

　　「これらの［封建領主が課した］租税は，のちに諸都市によっても同様に課されたのであり，近代諸国家の出現にさいしては，国庫にとって貨幣を手に入れるための最も手近な手段となった。――ヨーロッパ諸市場に対するアメリカの金銀の出現，工業の漸次的な発展，商業の急速な飛躍，および，これらによって引き起こされた非ツンフト的ブルジョアジーおよび貨幣の繁栄は，以上の方策に別の意義を与えた。国家は，貨幣を日ましに欠かせなくなり，いまや金銀輸出の禁止を国庫への配慮から保持し続けた。ブルジョアたちは，新たに市場に投じられたこの大量の貨幣を独り占め［accaparement］の主要対象に仕立て，そのことに完全に満足していた。従来の諸特権は，政府にとっての収入源となり，金で売られた」(I/5: 83)

　ここには，マニュファクチュア期における商業の飛躍，貨幣経済の浸透によって，国家（支配階級）やブルジョア（商業資本）等が貨幣に囚われ，執着する変容が描かれる。これは，まさに〈物象の人格化と人格の物象化〉が把握されていたことを表すものである。

資本次元における物象化と物象化論的歴史観

　続いて，資本次元における物象化について。この脈絡でまず注目すべきは，自然成長的社会と交換にもとづく資本の支配する近代社会（文明）との対比において物象化論的歴史観が示されたことである。

　　「それゆえここで自然成長的な生産用具と文明によってつくり出された生産用具との間の区別が現れる。……第1の場合，つまり自然成長的生産用具の場合には，諸個人は自然の下に包摂され，第2の場合には労働の生産物に包摂される。したがって第1の場合には，所有（土地所有）は自然成長的な直接的支配として現れ，第2の場合には，所有は労働の支配，とりわけ蓄積された労働，資本の支配として現れる。第1の場合は，諸個人が，家族であれ部族であれ，土地そのもの等であれ，何らかの絆によって共属関係にあることを前提とするのに対して，第2の場合は，諸個人が相互に独立しており，ただ交換によってのみ共同関係を保持すること

を前提とする。第１の場合，交換は主として人間と自然との交換，すなわち前者の労働と後者の産物との間でなされる交換であるのに対して，第２の場合，交換は主として人間相互の間でなされる交換である。……第１の場合，非所有者に対する所有者の支配は，人格的諸関係に，ある種の共同社会[Gemeinwesen]にもとづきうるのであり，第２の場合，それはある第三者，つまり貨幣において，物的[dinglich]な姿態をとらなければならない」(I/5: 69-70)

第１の場合は，自然成長的社会（せいぜい農耕／手工業段階）を基礎としており，なお交換関係が十分に発展しておらず，家父長制的な諸関係ないし古代・中世の「非所有者に対する所有者の支配」が想定される段階である。これに対して第２の場合は，資本の支配，交換と貨幣（物象化）の一般化という指標ゆえに——第２の指標としてやや不明瞭な部分があることは否めないにせよ——とくに近代の文明を指すと考えられる。この意味で，物象化は歴史的に，主として交換と資本（私的所有）に結びつけて把握された。

資本関係は貨幣関係を前提として成立する。この関連はなお十分に解明されているとは言えない（後述）。しかし，近代的私的所有——とくにマニュファクチュアと大工業——の記述に，ある水準の認識は示されている。

マルクスによれば，マニュファクチュアの時代は「中世以後における私的所有の第１の時代」に当たる。最初のマニュファクチュアたる織物業はあまり熟練を必要とせず，かつ無数の部門に分かれる労働からなり，ツンフトの束縛とは相容れなかった。かくて「ツンフトに束縛されないマニュファクチュアとともに，ただちに所有諸関係も変化した」(I/5: 79)。

「自然成長的＝身分的な資本を超える最初の進歩は，商人たちの出現によって引き起こされた。彼らの資本は，最初から可動的であったし，当時の諸関係において問題となりうるかぎり，近代的な意味での資本であった」(ibid. 79-80)

かくて，マニュファクチュアは商人資本にもとづく近代的な意味での資本の出現として位置づけられる。そしてマニュファクチュアの開始と同時に，「浮浪者群」(I/5: 80) の時代がやってくる。無所有の浮浪者群が一般的かつ持続的に現れるのは，「ようやく15世紀の終わりと16世紀の初めになって」(ibid.)

からであり，これらがマニュファクチュアに次第に吸収される。

　　「ツンフトでは，職人たちと親方との家父長的な関係が存続した。マニュ
　　ファクチュアでは，労働者と資本家との間の貨幣関係がそれに取って代わ
　　った」(ibid. 81)

　貨幣関係（物象化）を基礎に，資本による生産諸条件の領有と労働者の無所
有によって資本関係は成立する。それゆえマニュファクチュア時代は，いわゆ
る資本の原初的蓄積期に相当するととらえられた。

　大工業の時代は，近代的な私的所有が完成される最後の時代である。

　　「大工業は，競争を普遍化し……，交流手段と近代的世界市場をつくり出
　　して商業を支配下におき，あらゆる資本を産業資本に転化し，それによっ
　　て諸資本の急速な流通（貨幣制度の発達）と集中を生み出した。……大工
　　業は労働の内部で可能であるかぎりにおいて一般に自然成長性をなくし，
　　あらゆる自然成長的諸関係を貨幣諸関係に解消した」(I/5: 87-88)

　　「中世から出現する諸民族の場合には，部族所有はさまざまな段階――封
　　建的土地所有，同職組合的動産所有，マニュファクチュア資本――を通っ
　　て，大工業と普遍的競争によって条件づけられる近代的資本にまで，すな
　　わち共同社会のあらゆる外観を捨て去り所有の発展に対する国家のあらゆ
　　る作用を排除した純粋な私的所有にまで発展を遂げる」(ibid. 116)

　古代・中世には，物象化は，土地と生産用具の私的所有（とはいえ内部に奴
隷，女性，使用人などの広範な無所有を内包する）を前提として，それに付随
して成立した。ところが，近代に至ってそれは，貨幣関係にもとづく私的所有
の成立とともに生産手段の無所有を内包するものになり，土地および労働力を
商品として売買するという段階に達した。これこそが物象化の高次の段階をな
す。かくて『ドイツ・イデオロギー』は，資本による物象化の段階を明確にと
らえた。資本による剰余価値生産の論理はまだ把握されていない。資本は近代
的私的所有，純粋な貨幣関係というレベルで独自の予感のなかにあるだけであ
る。しかし同時に，資本と労働の分離，全面的な商品交換，純粋な貨幣関係の
成立などは，近代ブルジョア社会における生産関係の物象化の性格として確認
されたのである。

　そしてシュティルナー批判の脈絡では，ブルジョア社会における物象的諸関

64

係の自立化とともに〈物象の人格化と人格の物象化〉の生じることが明確に指摘された。

　「競争による社会の巨大な変革は，ブルジョアの相互の諸関係およびプロレタリアに対する諸関係を純粋な貨幣関係に解消し，上記の「聖化された財 [geheiligte Güter]」の全体を商売品 [Handelsartikel] に転化したのであり，そしてプロレタリアに対してすべての自然成長的かつ伝来の諸関係，たとえば家族関係や政治的関係を，その全イデオロギー的上部構造もろともに破壊した」(I/5: 430)

　「聖サンチョは，「ごく最近になって」「フランスから」(『ヴィーガント [季刊誌]』190 ページ[13]を参照) ありとあらゆるニュースが，とりわけ競争における人格の物象化 [Versachlichung der Personen] や競争と対抗の区別に関するニュースが伝来するのを聞いたのである」(ibid. 431)

　このニュースの内容は，人格の偶然性，あるいは物象的諸関係と人格性との矛盾に関するものであろう。シュティルナーは『唯一者とその所有』(1845) で，「競争を現実に行うのは人格であるのか。いやいや，それはまたしてもただ物象だけではないのか。まず第 1 には貨幣，等々」(Stirner [1845a] 348＝下 162) と，物象による人格支配，人格の物象化という人格変容を指摘していた。これを受けてマルクスはシュティルナーの言説を論評し，「2 人の競争者のもつ「物象」が同等である場合，一方 [資本家] が他方 [労働者] を没落させるという事実は，サンチョにとって存立しない。労働者が，いかなる「物象」……であれそれを占有していないにもかかわらず相互に競争しあうという事実も，同様にサンチョには存在しない」(I/5: 431) と批判し，物象化の階級的現実性を指摘した。

　「彼 [聖サンチョ] に対してすでに指摘したとおり，競争の内部では人格性そのものがひとつの偶然となり，偶然が人格性となる。人格性から独立した競争「手段」とは，諸人格自身の生産条件および交通条件であり，これらの条件は，競争の内部で人格に対して独立した力として，人格にとって偶然的な手段として現れる」(ibid. 433-434)

---

13) これは，『ヴィーガント季刊誌』1845 年版第 3 巻 190 ページを指す (cf. Stirner [1845b] 190＝94)。

第1章　マルクス物象化論の生成　65

「人格性そのものがひとつの偶然となり，偶然が人格性となる」等の表現は，物象化の下で資本家も労働者も物象の人格化として物象の論理に支配され，人格性を変容させる事態を示唆する。かくてマルクスはこの次元でも実質的に〈物象の人格化と人格の物象化〉を把握していたと見られる。

ところで，このことは『ドイツ・イデオロギー』フォイエルバッハ章で示された「人格的個人と階級的個人との区別」の把握に合致する。

> 「歴史的発展の間に，そしてまさに分業の内部では避けられない社会的諸関係の自立化によって，各個人の生活に，人格的であるかぎりの生活と，労働の何らかの部門およびそれに付属する諸条件のもとに包摂される生活との間に，区別が現れる。……人格的個人と階級的個人との区別，個人にとっての生活条件の偶然性は，それ自体ブルジョアジーの産物である階級［プロレタリアート］の登場とともにはじめて現れる」(I/5: 96-97)

社会的諸関係の自立化とは物象化にもとづく諸関係の形成，とりわけ資本関係の形成を表す。このとき，階級的個人とは，とくに労働者としての個人の存在（物象の人格化）を意味するとすれば，これによって〈物象の人格化と人格の物象化〉が把握されていたことも確認されるであろう。

『ドイツ・イデオロギー』における物象化と疎外

以上，『ドイツ・イデオロギー』の物象化論は，貨幣関係と資本関係の両次元に及び，全体として生産関係の物象化をとらえ，かつ〈物象の人格化と人格の物象化〉を実質的に把握するものであったことが判明する。そして，それゆえに『ドイツ・イデオロギー』はまた，二重の疎外をも2つの次元の物象化に対応させて論じた。第1は，貨幣次元における物象化＝疎外。第2は，生産諸力と交通形態との矛盾という脈絡で指摘された労働の疎外である。前者においては物象化そのものが疎外と規定され，後者においては，物象化が疎外の先行条件をなすとされる。

第1に，貨幣次元における物象化＝疎外。物象化は，貨幣関係の自立化という，人間の意志と意識を超え，各個人を拘束する客観的過程である。本節初めに引用した「社会的活動のこのような自己固着化……」というパラグラフによれば，分業にもとづいて形成された社会的な力は，諸個人自身のつくる産物

でありながら，諸個人の外部に存在する疎遠な力として，諸個人を支配する物象的強制力に転化する。それゆえに，それは「疎外」とも規定されうるのであり，じっさい，マルクスは上記パラグラフに次のような注釈を施した。

　「この「疎外」――引き続き哲学者にわかりやすくこう表現するのだが――は，もちろん，ただ２つの実践的前提の下でのみ廃棄されうる。それが「耐えがたい」力に，すなわち人びとがそれに抗って革命を起こすような力になるためには，［一方では］それが人類の大多数をまったく「無所有」のものとして，しかも同時に富と教養の既存の世界――両者は生産力の著しい増大，それの高度な発展を前提する――との矛盾において，生み出すことが必要であり，他方では生産諸力のこうした発展……が絶対的に必要な実践的前提をなすのである」(I/5: 37-38)

論点はすでに共産主義革命に及んでおり，資本の下での労働の疎外に移った印象を与えかねないが，やはりここはあくまで貨幣を含む物象的強制力の疎外が問題にされていると読むことができる。そして肝要なのは，この箇所でも，発展した生産諸力（富と教養の世界）と人類の大多数とが矛盾において存在しているところに疎外の根拠がとらえられていたということである[14]。

　第２に，資本次元における労働の疎外。『ドイツ・イデオロギー』においても，労働の疎外の前提は「資本と労働の分裂」である。

　「大工業と競争においては各個人の全生存諸条件は，２つの最も単純な形態，すなわち私的所有と労働にまで縮減された。……［私的所有の現代的形態にあっては］分業によってすでに初めから，労働諸条件，道具および原料の分割も与えられ，こうして蓄積された資本のさまざまな所有者への分裂と，したがって資本と労働の分裂，および所有そのもののさまざまな形態が与えられる。……労働そのものは，この分裂という前提の下でのみ存続しうるのである」(I/5: 109-110)

---

14) 以上の箇所はときに，マルクスが疎外論を退け，ただ哲学者たちに慮って「疎外」概念を使用しただけの妥協的部分であるかに解釈されることがある。しかし，『独仏年誌』以来，マルクスはイデオローグたちの本質主義的疎外論を廃棄していたのであり，ここでもまた，思弁的「疎外」概念と現実的疎外の概念との区別にもとづいて現実的疎外を論じたことは疑いをいれない。

第1章 マルクス物象化論の生成 67

資本と労働の分裂という――それ自体が貨幣関係によって現実化するのであり，物象化の極限をなす――前提の下にある人間［労働者］は，労働をとおしてこの分裂という生産諸条件そのものを再生産せざるをえない（労働＝所有形態論）。かくて『ドイツ・イデオロギー』は，この生産様式の下における生産諸力と交通形態の矛盾を問題にして，私的所有と分業は，現在の生産諸力と交通形態が達成した普遍性の発展にとって桎梏となり，階級対立を極点にまで激化させるがゆえに廃棄されざるをえないと結論づけた。

マルクスにとって肝心なのは，「疎外」を空文句に転化させることなく，現実的疎外として把握することである。次の箇所も，疎外をたんなる哲学的表現として退ける脈絡で解釈することはできない。

　「聖サンチョにあって肝心なのは，すべての現実的な諸関係［……］現実的な諸個人を，疎外されたもの（哲学的表現をしばらく保持するとすれば）として見出す［ようにさせる］こと，疎外というまったく［……］空文句に転化させること，にほかならない。それゆえ，ここに現れるのは，［……］諸個人を各人の［……］疎外と，この疎外の経験的な諸関係とにおいて叙述するという課題ではなく，まったく同じこと，すなわち，すべての［……］経験的な諸関係を展開する代わりに，疎外なるものの，［……］なるものの，神聖なるものの［単なる思想を措定する］ことなのである」（I/5: 337）

そして，じっさい労働の疎外は，『ドイツ・イデオロギー』において以下のようにとらえられた。すなわち，それは，第1に，「生産諸力［対象的富］が各個人からまったく独立に切り離されたものとして，各個人と並ぶ固有の世界として，現れる」（I/5: 110）ほどに，対象的富と主体的富が乖離する事態として，第2に，労働が「自己確証のあらゆる外観を失う」（ibid. 111）ほどに外化される事態として，そして第3に，「物質的生活が目的として」（ibid.），労働が手段として現れるほどに，「自己確証と物質的生活の産出」（ibid.）を分離させる事態として，第4に，「諸個人が――諸個人の諸力こそ生産諸力であるにもかかわらず――分裂して，相互に対立して存在している」（ibid. 110）事態として，とらえられる。ここでの現実的疎外は『経哲草稿』の論じた疎外された労働における4つの疎外と異なるものではない。疎外は，物象化――〈物象の人格化

と人格の物象化〉——によって引き起こされる階級的生活と個人の人格的生活との矛盾として成立する。かくて『ドイツ・イデオロギー』は、「労働」の廃棄（cf. ibid. 99）を語り、その廃棄の課題を物象化と関連づけて次のように提起した。

> 「現代においては、各個人に対する物象的諸関係の支配、偶然性による個体性の圧殺は、最も鋭く、かつ普遍的な形態をとっており、かくて現存する諸個人に、ひとつのきわめて明確な任務を提起する。すなわち、それは彼らに、各個人に対する諸関係および偶然性の支配に代えて、偶然性および諸関係に対する各個人の支配を打ち立てるという任務を課したのである」（ibid. 496）

『ドイツ・イデオロギー』は、以上の意味で物象化論と疎外論を一体的に提起する。ただし、物象化と疎外とは同一なのではない。論理構造が異なる。物象化が客観的な社会的諸関係の自立化——分業と私的所有という前提の下での交換価値［商品→貨幣→資本］の成立——という過程（対象関係）であり、〈物象の人格化と人格の物象化〉をもたらすものであるとすれば、疎外は、〈物象の人格化と人格の物象化〉による人間各個人の二重化、すなわち貨幣・資本等にもとづく階級的個人と本質諸力／個体性にもとづく人格的個人の分裂という二重化の矛盾の関係（自己関係）を表す。物象化と疎外は相互否定的なものではなく、論理構造を異にしながら相補的関連をなしていたのである。

4　初期マルクス物象化論の考察

本書序論でも示したとおり、マルクスの物象化論は、いくつかのサブテーマ（論点）から構成される。貨幣関係の成立と私的所有、貨幣による人格変容、疎外された労働（物象化と疎外）、労働価値説、資本の廃棄等を問題としていたかぎり、初期マルクスが生産関係の物象化と〈物象の人格化と人格の物象化〉という基本的論点を問題としていたことは疑いなく、そして、これらのテーマに何らかの接近を果たしたことも否定できない。以下では、1）物象化論の基礎的定位、2）『哲学の貧困』における物象化論を論じて、初期マルクス物象化論のまとめを行う。

物象化論の基礎的定位

　まず『ドイツ・イデオロギー』までに示された初期マルクス物象化論の到達地点を確認する。

　第1に，労働価値説の批判的摂取（第1論点）。マルクスは《ミル評注》において，私的所有の前提の下では交換が必然化され，それが価値（交換価値）を生成させて，この価値の現実的存在として貨幣を生み出すこと（物象化）を論じた。そして物象化の基体とされる価値について，マルクスは『経哲草稿』段階で，労働を富（価値）の主体的本質としてとらえるスミスら古典派経済学の労働価値説の基礎原理を批判的に摂取した。もとより労働価値説の摂取は初めから国民経済学批判と一体であり，限界はあれマルクス独自の労働価値論を端緒的に形成するものであった（後述）。そして『ドイツ・イデオロギー』ではマルクスは，のちに「生産関係の物象化」と定式化される物象化を「分業による人格的力（諸関係）の物象的な力（諸関係）への転化」としてつかみ，物象化論の基礎を据えた。

　第2に，資本関係の下での労働による価値増殖の把握（第2論点）。資本関係は貨幣関係の形成を基礎に資本（私的所有）と労働の分離によって成立した関係として把握され，それが疎外された労働をもたらすことが問題とされた。マルクスは『経哲草稿』において資本と労働の分離から出発し，この前提にもとづいて，労働者が商品（労働力商品）となり，全社会は所有者［資本家］と無所有の労働者という2階級に分裂することを論じた。そして，この分裂は，所有者の支配が資本の純粋な支配として現れ，所有物に対する所有者のあらゆる人格的関係がなくなる物象化の過程としてとらえられた。資本主義的生産はこの物象化を前提する価値増殖の過程である。かくてマルクスが『経哲草稿』において把握したのは，資本次元における物象化の高次の展相であった。そして資本と労働の対立は『ドイツ・イデオロギー』でも前提され，ここでは，各個人に対する物象的諸関係の支配，偶然性による個体性の圧殺が最も普遍的な形態をとっていることが問題として示された。もとより資本の諸過程はまだ十分に把握されず，剰余価値論が定式化されていたとは言えない。しかし，大工業と普遍的競争への着目，富と貧困の蓄積，蓄積された資本のさまざまな所有者への分裂など，のちに論じられるさまざまな視点が据えられた。

第3は，物象化による人格変容（第3論点）。貨幣関係／資本関係の形成（生産関係の物象化）は，貨幣欲求，価値増殖欲求をつくり出し，人間の人格変容――〈物象の人格化と人格の物象化〉――をもたらすことが一貫して問題とされた（第3論点）。〈物象の人格化と人格の物象化〉はまだ概念化されていない。しかし，これこそが物象化の問題として提起されていたことは否定できない。そして，疎外された労働論では，資本関係における人格変容が根本的に問われたことも，すでに示したとおりである。かくて初期マルクスは，貨幣次元と資本次元において〈物象の人格化と人格の物象化〉を把握し，それに照応するように，貨幣・資本が疎外をもたらすことを論じた。ここにはすでに物象化論と疎外論に関する後期の把握の原型が現れている。

第4に，物象化の歴史的生成史（第4論点）。『ドイツ・イデオロギー』は物象化論的視点から歴史二大区分説を示した。物象化は社会的分業の発展によって歴史的に成立する。そして，近代に至り，純粋な貨幣関係が現れるとともに資本という物象による支配が完成したととらえられた。のちに示すように，貨幣に媒介された私的所有の成立（物象化生成史）をマルクスはなお十分に把握しえたとはいえない。しかし，人格的諸関係にもとづく近代以前の社会と対比的に，近代社会が物象化の全面化した特異な社会であることを示すことによって，物象化の歴史的位置づけを明確にしたのである。これは，『経済学批判要綱』の歴史三大区分説（本書第2章2節）にも『資本論』の個体的所有再建論にも接合しうる水準の把握を拓くものであったと言ってよい。

第5に，呪物性格論および呪物崇拝論（第5論点）。初期マルクスには物化概念は存在せず，呪物性格論／呪物崇拝論はなお端緒的である。しかし，それでも呪物崇拝は国民経済学による重金主義批判等の脈絡で問題とされていた。また，貨幣は全能の神とされるように，貨幣に対する呪物崇拝の視点も端緒的に提起されていた。

第6に，物象化――貨幣関係／資本関係――の廃棄（第6論点）。この論点は，分業および私的所有の廃棄，現実的疎外の廃棄（共産主義）と一体的に語られた。それは，たとえば『ドイツ・イデオロギー』シュティルナー章の結語部分で次のように記されている。

「われわれはすでに上記で，各個人に対する諸関係の自立化，個体性の偶

然性への従属，各個人の人格的関係の一般的な階級関係への包摂等の廃棄
は，結局分業の廃棄に条件づけられていることを示した。同様にまた，分
業の廃棄は交通および生産諸力が発展して，私的所有と分業がそれらにと
って桎梏になるほどの普遍性に達することを条件としていることを明らか
にした。さらに私的所有はただ各個人の全面的な発展という条件の下での
み……廃棄されうることを示した」(I/5: 496-497)

　私的所有の廃棄（共産主義）とは，一言でいえば，所有と労働の分離を廃棄
することに等しい。これは実質的には資本関係を廃棄し，それゆえに貨幣関係
を必然化する交換の廃棄に行き着くものである。資本関係の概念的把握，それ
ゆえに共産主義の構想はなお具体的でなく試行錯誤が続くとしても，大きな方
向性は確定されたのである。

　要するに，物象化論の諸論点はそれぞれ，未展開ながらも（とくに物象化生
成史や呪物性格論など）大枠において初期物象化論に現れていた。マルクスは
『ドイツ・イデオロギー』までに物象化論の基礎的定位を果たしていたと言う
ことができる。

　もとより初期マルクスの物象化論には疑いもなく限界が存在する。物象化論
に関するサブテーマ群について初期と後期を比較すれば，初期物象化論にさま
ざまな限界が存在することは明らかである。しかし，それらの多くは未形成段
階での問題であり，これを限界として問題とする必要はない。ここで問題とす
べき限界は，マルクス自身が理論的に抱えていた隘路，解決を求められていた
問題であり，とりわけ2つの問題は本質的であった。

　第1は，労働価値論／剰余価値論（第1論点）の未完成。労働価値説を，
「労働がすべての富の本質をなす」ととらえる学説として一般的に理解するな
らば，それは古典派経済学者に共通の基礎原理であり，すでに述べたとおり，
マルクスがそれを批判的に摂取していたことは否定できない。また，スミスや
リカードウらも自然価格に利潤・地代を包括する形態であれ資本の価値増殖を
認めるかぎり，その理論構成を批判するマルクスが剰余価値論の視点を獲得し
ていたことも認められる。しかし，いかに批判的であれ，初期マルクスはやは
り古典派経済学の限界を十分に超えることはできなかった。古典派経済学は労
働一般を前提し，一方で使用価値と交換価値を区別するものの，他方では交換

72

価値を社会的に形成する根拠となる抽象的人間労働を概念的に析出できず，したがってしばしば具体的有用労働と抽象的人間労働を混同していた。もちろん，使用価値と交換価値を区別するかぎり，前者の形成に関わる具体的労働と後者の形成に関わる形態的労働を区別する感覚は存在していた。しかし，やはり投下労働をそのまま価値の実体ととらえるなどの傾向には，両者の混同が認められる。マルクスもまた価値を，したがって価値実体としての抽象的人間労働を概念的に析出するまでには至っていなかった。価値は，たんなる投下労働ではなく，社会的に形成される「一般的労働」を実体として把握されるのでなければ，労働価値論は完成しない。剰余価値論も同様である。剰余価値の生産は視野に収められていた。しかし，労働価値論と原理的に整合させて剰余価値を説明するまでにはなお至っていなかった。「資本は，生きた労働との交換によって自己自身を維持し，かつ増殖する交換価値である」という資本概念は，ようやく『賃労働と資本』で獲得されたのである（後述）。

　第2は，私的所有の把握ないし物象化の歴史的生成史の問題（第4論点）である。マルクスは《ミル評注》で，私的所有にもとづく交換から物象化を説明した。しかし，このときに前提となる私的所有そのものを説明できなかった。それゆえに物象化をも本来は説明できていなかった。この事情は『経哲草稿』でも同じである。『経哲草稿』は，私的所有と労働の分裂という前提の下に疎外された労働をとらえ，疎外された労働による私的所有の再生産構造を論じた。しかし，ここで論じられたのは前提をなす私的所有の再生産であって，私的所有そのものの歴史的生成史ではなかった。マルクスはこの問題を提起しながら，解決を与えることができなかった。『ドイツ・イデオロギー』は，私的所有の生成に関してはじめて考察を試みたものの，ここでも十分な成果を収めなかった。それは，一方で古代において土地の分割による私的所有をとらえながら，他方では貨幣関係に媒介された私的所有の生成をとくに考察することなく貨幣関係を論じたところに現れている。前者の私的所有は交換を必然化しない。後者では貨幣関係と私的所有の関連が事実として前提された。要するに初期マルクスは，私的所有の廃棄を主張しながら，なお私的所有を概念的に把握することに成功していなかった。

　以上の課題の解決は基本的に『経済学批判要綱』において果たされる。この

ことは章を改めて論じるとして，以下では，初期物象化論の展開を補足するために，『哲学の貧困』の物象化論を考察する。

『哲学の貧困』の物象化論

『哲学の貧困』の物象化論は，とくに同書第1章「一つの科学的発見」に示される。労働価値説の関連部分を概括すれば，ほぼ4項目にまとめられる。

第1項目は，「［プルードンのいう］構成された価値または総合価値」(Marx [1847] 18) である。構成された価値とは，使用価値と交換価値の対立を労働時間による価値規定にもとづいて総合した価値のことである。プルードンはまず，使用価値と交換価値の対立・矛盾（反比例）を，周知のように，豊富さと稀少さの観点から論じた。そして——マルクスによれば——，結果的には「交換価値と稀少さを同一視し，使用価値と豊富さを同一視する」(ibid. 11) ことによって，使用価値と供給を，交換価値と需要を同一視するに至り (cf. ibid. 12)，さらに交換価値を「所見価値」(ibid.) と言い換えることによって——使用価値は効用と結びつけられていたので——，効用（使用価値，供給）と所見（交換価値，需要）の対立を現出させ，両者の対立を価値評価の主体たる「自由意志」によって「和合」させた (cf. ibid. 16)。かくてプルードンにとって，「構成された価値とは使用価値と交換価値の総合である」(ibid. 25) ことになった。しかし，それは詰まるところ，生産費によって規定された価値に帰着する。マルクスは，このことを次のように指摘する。

> 「［生産物の］効用がひとたび認められるならば，労働こそはその価値の源泉である。労働の尺度は時間である。生産物の相対的価値は，生産物を生産するために充用する必要のあった労働時間によって規定される。価格は，生産物の相対的価値の貨幣的表現である。要するに生産物の構成された価値とは，端的に生産物に固定化した労働時間によって構成される価値にほかならない」(ibid. 18-19)

それゆえマルクスは，さしあたりはリカードウ労働価値説の基礎原理によってプルードンの構成された価値を反駁した。リカードウの体系は，「諸商品の相対的価値はもっぱらそれらの物の生産に要した労働量にもとづく」(Marx [1847] 20) という投下労働価値説を原理として効用（使用価値）と相対的価値

74

（交換価値）を区別し，1）「効用［使用価値］は交換価値の尺度ではない」こと[15]，「交換価値の基礎は生産に要する労働時間にある」こと[16]をとらえ，さらに，2）スミスの労働価値説を，「価値に対して労働以外の尺度を与えている」こと[17]，労働による価値規定原理を無条件で認めながら，「その適用範囲を原始的かつ粗野な社会状態に限定している」こと[18]のゆえに批判した（cf. ibid. 21-22）。ここから得られるリカードウの結論は，商品の価値を規定するものは生産費であって，需要供給関係ではない，ということ[19]である（cf. ibid. 24）。そしてマルクスはこのリカードウ労働価値説——「一つの科学的体系」（ibid. 26）——にしたがって[20]，労働時間による価値規定を「効用と交換価値の間の二律背反の解決」（ibid. 20）のために，すなわち生産費にもとづく社会編成のために採用するプルードンのユートピア主義（構成された価値から導き出す結論）を批判した。

　　「労働時間による価値規定は，リカードウにとって交換価値の法則であるが，プルードンにとっては使用価値と交換価値の総合をなすものである。リカードウの価値論は，現代の経済生活に関する科学的解釈であるのに対して，プルードンの価値論はリカードウ理論のユートピア的解釈である」（ibid. 25）

　では，構成された価値の何が問題なのか。マルクスはプルードンの導く結論を取り上げて問題とする。プルードンの結論とは，マルクスの要約によれば，1）「一定量の労働は，この同一量の労働によってつくり出された生産物と等価である」，2）「1労働日はすべて他の1労働日と等価である。すなわち量が等しいならば，一方の労働は他方の労働と等価である。……万人が賃労働者で

---

15) リカードウ『経済学および課税の原理』第1章第1節を参照（cf. Ricardo [1951] 11）。『哲学の貧困』も，リカードウ『経済学および課税の原理』からの引用はコンスタンシオの仏訳（第2版）に拠っている。

16) リカードウ『経済学および課税の原理』第1章第1節を参照（cf. Ricardo [1951] 13）。

17) リカードウ『経済学および課税の原理』第1章第1節を参照（cf. Ricardo [1951] 14）。

18) リカードウ『経済学および課税の原理』第1章第3節を参照（cf. Ricardo [1951] 23）。

19) リカードウ『経済学および課税の原理』第30章を参照（cf. Ricardo [1951] 385）。

20) ただし，マルクスによるリカードウ労働価値説の批判はすでに『経済学ノート』以来明確である。『哲学の貧困』でもリカードウ批判は当然ながら前提される。『哲学の貧困』におけるリカードウ批判については，大石［1997］などを参照。

第1章　マルクス物象化論の生成　75

あり，しかも等しい労働時間に等しく支払いがなされる賃労働者である。完全な平等が交換を支配する」(Marx [1847] 26)，というものである。かかる「平等主義的」(ibid. 31) 結論は，はたして妥当なのか。

　1）の結論は，商品の相対的価値が商品の生産に必要な労働量によって規定されることを意味する。この場合，労働（力）もひとつの商品であるから，労働の相対的価値すなわち労賃もまた，労働の生産に必要な労働量によって規定される。これは，労賃が「労働者の維持に必要な一切のものの生産に要する労働時間によって規定される」(Marx [1847] 27) ことと同じであり，かくてマルクスによれば，労働の自然価格は賃金の最低限となるのであり，プルードンが主張する「労賃の相対的価値」は，「近代的な労働者奴隷制の公式」(ibid. 28) に転化するのである。

　同一量の労働は等価であるとする2）の結論はどうか。マルクスは近代産業の下で実現されている「労働の平等化」を認める。問題は何なのか。

　　　「それ［プルードンの平等主義的結論の根本的な誤謬］は，プルードンが，
　　　商品に固定化した労働量によって測られる商品の価値と，「労働の価値」
　　　によって測られる商品の価値を混同しているところにある」(Marx [1847] 31)

　商品の価値が，商品に固定化した労働量によって測られることはすでに確認された労働価値説の基礎原理である。しかし，それは「その商品を獲得することのできる労働量」と同じではない。たとえば同一の労働が以前の2倍の衣服を生産するならば，各衣服の相対的価値は半分だけ低下するとしても，その同一の労働は——労働（力）の価値も低下するがゆえに——2倍の量になった衣服を支配できない。要するに，労働（力）の価値が商品の価値を規定することは「経済的事実に反する」(Marx [1847] 32)。それゆえ，労働力もひとつの商品であるかぎり，この商品の相対的価値によって他の商品の相対的価値は規定できないとマルクスは言うのである (cf. ibid.)。

　スミスは，あるときには商品の生産に必要な労働時間を，またあるときには労働の価値を，価値の尺度とみなした。リカードウはこれらが同じものでないことを明らかにして，スミスの誤謬を説いた。マルクスによれば，プルードンは，スミスの2つの規定を同一視することによって誤謬に輪をかけた (cf. Marx [1847] 33)。そして，これによって「一定量の労働は，それがつくった生産物

の総計と等価である」(ibid.) とみなし, 労働者の「正当な」請求権を求めた。だが, マルクスによれば, それは, 「社会全体が直接的労働者だけからなっている」(ibid.) ことを仮定してはじめて成り立つのである。

第 2 項目は, プルードンの「比例性関係」(Marx [1847] 37) の法則あるいは改革論である。プルードンによれば, 「価値とは, ……富を構成する各生産物の比例性関係である」(Proudhon [1846] 62＝上 127)。価値＝比例性関係は, 構成された価値の新しい規定である。

価値＝比例性関係とは何か。それは, マルクスによれば, 各生産物の価値が生産に投下された労働の比較的な分量によって規定されるという関係を表す。

> 「まず第 1 に, 生産物の相対的価値は, 各生産物の生産に充用された労働の比較的な分量によって規定されているのであり, 比例性関係とは, この特殊ケースに適用された場合, 一定の時間内に製造されうる各生産物のもつ, したがって相互に交換される各生産物のもつ分有量 [quotité] を意味するのである」(Marx [1847] 37)

生産物の価値はそれに投下された労働量に比例して規定される。マルクスは, たしかに「供給と需要が均衡を保っている場合」(Marx [1847] 38) には, これが成り立つことを認める。しかし, マルクスによれば, プルードンが言うところはそれとは反対であり, 「まず生産物の相対的価値を各生産物に固定された労働の分量によって規定すれば, 供給と需要は必ずや均衡を保つだろう」と言うに等しい (cf. ibid. 38)。そしてそれゆえに, 比例性関係がプルードンにあっては改革の要請の根拠となる。「価値の尺度, すなわち価値の比例性関係の理論は, ……平等の理論である」(Proudhon [1846] 62＝上 128)。この場合には, 各生産物は生産費に等しい価格で売られることになる。

だが, これはプルードンのたんなる要請にすぎない。事態は「プルードン氏が考えるのとはまったく異なるように進行する」(Marx [1847] 39-40)。こうしてマルクスが指摘するのは, 生産も消費も, 「蓄積された労働と直接的労働の敵対関係」(ibid. 40) を基礎に, それを条件として行われてきたという事実である。それゆえ, 労働時間によって予め規定されているという各生産物の交換価値は, 「供給と需要の正しい関係を, すなわち [プルードンのいう] 比例性関係を規制することができない」(ibid. 42)。

「任意の生産物を生産費に等しい価格で売ることが，供給と需要の「比例性関係」を構成すること，すなわちその生産物が相対的に生産の全体に対してもつ比例的な分有量を構成することはない」(ibid. 42-43)

　かくて，「十全に構成された「比例性関係」は存在しない。存在するのはただ構成作用の継続的運動だけである」(Marx [1847] 44)。しかも，マルクスによれば，この運動によって比例性関係 (労働時間による価値規定) は「不比例性関係」(ibid.) に転化する。新しい発明は当該分野のあらゆる生産物の価値低下をもたらす。競争は労働時間による価値規定という法則を強制することによって労働の価値低下を，そればかりか生産手段等の価値低下を引き起こす。かくてここに現れるのは，比例性関係ではなく，不比例性関係である。「トロイアは過去のものとなった」(ibid. 47)。すなわち「供給と需要の正しい比例は，……久しい以前から存在をやめた」(ibid. 47-48) のである。大工業が出現すると同時に，正しい比例は消え去った。なぜなら，大工業はつねに拡大した規模で生産することを余儀なくされるために，「生産が消費に先行し，供給が需要を強制する」(ibid. 48) からである。ここには不比例性関係が存在するだけである。それゆえ過去の「正しい比例」を今日に求める者は，「反動家にして同時にユートピア主義者」(ibid.) なのである。

　　「以上に述べたところによれば，労働時間による価値の規定は，すなわちプルードン氏が未来再生公式 [formule régénératrice de l'avenir] として与える公式は，現代社会の経済諸関係の科学的表現にすぎないのであり，このことはリカードウがまさにプルードン氏に先立って明晰かつ判然と証明したとおりである」(ibid. 49)

　プルードンが「労働時間による価値の規定」によって平等主義的結論を導き，未来再生の改革論の基礎とする公式は，それ自体が大工業の下では不比例性関係として現存している。それゆえ，プルードンの改革論は反動的かつユートピア的であるほかはない。

　第3項目は，比例性関係の法則の「最初の適用」(Marx [1847] 62) としての貨幣である。問題とされるのは，「金と銀は，その価値が自己の構成に到達した最初の商品である」(Proudhon [1846] 69＝上 135) というプルードンの命題である。

　プルードンは貨幣を，労働時間によって構成された価値をもつ最初の商品，

78

普遍的な交換媒体としてとらえた。しかし，マルクスによれば，それは転倒である。

「ここに至って，ひとつの価値がそれだけで構成されることは断じてないにもかかわらず，なおプルードン氏がひとつの価値の構成を語るのはいかにして可能だろうか。ひとつの価値は，その価値だけを生産するのに必要な時間によって構成されるのではなく，同一の時間内につくり出されうる他のすべての生産物のもつ分有量との関係によって構成される。それゆえ，金と銀の価値の構成は，他の多くの生産物ですでに十全に与えられた構成を前提するのである」(Marx [1847] 66)

マルクスによれば，貨幣は[私的生産の下における]価値の社会的形成を前提する。「貨幣とは，ひとつの物 [chose] ではなくて，ひとつの社会的関係である」(Marx [1847] 64)。否，「ひとつの生産関係」(ibid.) である。貨幣は，「現実の生産組織が普遍的な交換媒体を必要とするかぎり」(ibid. 71) において存立する商品にすぎない。それは，むしろ商品生産と商品交換，それゆえに価値（交換価値）の形成を前提する。ただ，金銀に限って，「貨幣としては，すべての商品のうちで生産費によって規定されない唯一の商品である」(ibid. 72) というにすぎない。こうして，マルクスは貨幣を，商品交換において社会的に形成される価値の交換媒体として物象化の脈絡で把握し，プルードンの比例性関係の法則を批判したと言いうる。

第 4 項目は，同じ比例性関係の法則の第 2 適用としての「労働の剰余」(Marx [1847] 75) である。プルードンによれば，「あらゆる労働は必ず剰余を生む」という経済学者たちの原理は，「普遍的かつ絶対的な真理」，「比例性関係の法則のコロラリー，経済科学全体の要約とみなされうるもの」(Proudhon [1846] 73＝上 140) であり，「剰余の原理が諸個人にとって真実であるのは，それが社会から発出する原理であり，社会が諸個人にそれ自身の法則から生まれる恩恵をも個人に与えるからにほかならない」(ibid. 100＝上 142)。個人の労働では生まれない剰余が，社会的集合的な生産によって生まれる。そして，それゆえにプルードンは，剰余を含む「集合的富」の平等主義的分配を提起する。これに対してマルクスは，プルードンにあっては「労働の剰余が人格たる社会によって説明される」(Marx [1847] 78) と，プルードンによる社会の人格化とい

第1章 マルクス物象化論の生成　79

うフィクションを批判し，次のように指摘した。

「[人格たる社会という]このフィクションの目的とするところは，次のような単純な真理を証明することよりほかにはない。すなわち，同一量の労働をもってより多くの商品量の生産を可能にする新発明は，生産物の商品価値[la valeur vénale]を低下させるという真理である。それゆえ社会は，より多くの交換価値を獲得することによるのではなく，同一の価値でより多くの商品を獲得することによって，利潤を得るのである[という真理である]」(ibid. 82)

　マルクスによれば，「[近代における]生産諸力の発展と労働の剰余とを獲得するためには，利潤を得る諸階級と他の衰微する諸階級とが存在する必要があった」(Marx[1847] 88)。言い換えれば，プルードンのいう「集合的富」とは，「ブルジョアジーの富」(ibid. 89)であり，その改革論は，「諸階級の敵対関係にもとづく社会的諸関係」(ibid. 88)を変革するものではありえない。マルクスは，資本こそ「労働の剰余」を，すなわち剰余価値（利潤）を引き出す主体であることをつかんだ。

　要約。『哲学の貧困』は，第1に，リカードウ労働価値説の基礎原理にもとづきながら，リカードウと異なり現実の不比例性関係を暴き，第2に，「一定量の労働は，この同一量の労働によってつくり出された生産物と等価である」「一労働日はすべて他の一労働日と等価である」等のプルードンの結論を批判した。つねに問題とされたのは，資本と労働の対立にもとづく労働者奴隷制，すなわち労働者における〈物象の人格化と人格の物象化〉であり，この批判は，1844年段階でのリカードウ批判，プルードン批判と基本的に異なるものではなかった。

小括

　初期マルクスによる国民経済学の摂取は両面的であった。一方では，マルクスは初期にスミスやリカードウの労働価値説の基礎原理に学び，それを批判的に摂取した。他方ではしかし，国民経済学が資本と労働の敵対関係を前提し，富と貧困の両極分解を正当化する「分裂性の原理」に立つかぎり，マルクスは一貫して国民経済学を原理的に批判し，資本を労働による価値増殖と関連づけ

て論じた。このことは，のちの労働価値論と剰余価値論の基礎を築くものであった。

　マルクスは『賃労働と資本』において「資本の価値増殖」(MEW 6: 419) をテーマとして掲げ，それが賃労働によって可能になるとの認識を示すことによって剰余価値論の基礎を据え，資本次元における物象化の高次の展相をとらえる視座を獲得した。資本を，「直接の生きた労働との交換によって，自立した社会的力として，すなわち社会の一部分のもつ力として自己を維持し，かつ増殖する」(ibid. 409) 交換価値ととらえるかぎり，すでに後年に示される資本の概念規定に達していたと解することも可能である。

　ただし，初期にあっては，すでに示したように，独自の労働価値論の形成も剰余価値論の形成も——さらには私的所有の把握さえも——なお端緒的であった。以上の課題は『経済学批判要綱』以後に果たされる。初期マルクスは，課題をつかんだのである。

第2章　『経済学批判要綱』の貨幣・資本論

　初期に唯物論的歴史観を構想したとき，マルクスは物象化論に関わるいくつかの課題を抱えていた。第1の課題は，私的所有の把握，第2の課題は，労働価値論の彫琢，第3の課題は，資本主義的私的所有の把握ないし剰余価値論の形成，等々。これらの課題は，とりわけ『経済学批判要綱』段階で解決が図られる。本章では，これらの課題解決によって形成される『経済学批判要綱』の物象化論を，私的所有の把握（1節），物象化の生成過程（2節），ブルジョア社会の物象化（3節），経済学批判の構想プランと貨幣・資本論（4節），という構成で考察する[1]。

1　私的所有の把握

　私的所有の把握の問題とは，すでに示したように，「交換→商品→貨幣→私的所有」の系統によって成立する私的所有をいかにして把握するかという問題である。マルクスはこの問題の解決を，《資本主義的生産に先行する諸形態》（以下，《先行する諸形態》）における本源的所有（共同所有）諸形態の分析によって果たした。

私的所有の2つの系統

　《先行する諸形態》によれば，本源的所有形態（共同所有）は定住農耕以後に変容を遂げ，共同体所有とともに土地の分割にもとづく私的所有／私的占有を成立させる。しかし，この私的所有／私的占有は，一般に交換を基礎づけず，それゆえ商品生産と貨幣関係をそれ自体としては生成させない。他方，歴史的には古代に商品・貨幣関係にもとづく私的所有が生成したことは事実であり，

1）本章3節前半までの叙述は，渡辺［2023b］第2章，第3章と第5章1節の内容を要約の上，物象化論的視座から再論したものである。行論上やむをえない再論であり，了解を得たい。

82

それこそが近代に資本関係を成立させることになるとすれば，それはいかにして形成されるのか。この問題にマルクス『経済学批判要綱』ははじめて「交換は共同社会と共同社会の間で始まる」というテーゼによって解決を与えた。

マルクスは『経済学批判要綱』で繰り返し，共同社会を前提とした交換が「共同社会と共同社会の間で始まる」ことを指摘した（cf. II/1: 38, 91-92, 150, 614, 733, 743, etc.）。これが土地の分割にもとづく私的所有（第1系統）とは異なる次元で貨幣関係に媒介された私的所有（第2系統）を形成する。なぜなら，交換はやがて商品，貨幣を生み出し，これによって私的所有（第2系統）を生成させるからである。

商品が現実に交換されるためには，それ自身がまた商品としての商品の象徴，商品の交換価値それ自身の象徴である第3の物と交換されなければならない（cf. II/1: 79）。かくて「象徴化された交換価値」の物質化された存在，すなわち「対象化された交換価値」（ibid. 80）としての貨幣が成立する。マルクスはこの過程を次のように描いている。

　　「過程は端的に言えばこうである。生産物は商品になる。すなわち交換のたんなる契機となる。商品は交換価値に転化される。商品は，商品を交換価値としての自己自身に等置するために，交換価値そのものとしての商品を代表する章標と取り替えられる。それから商品は，かく象徴化された交換価値として，ふたたび他のあらゆる商品と特定の割合で交換されることが可能になる。生産物が商品となり，商品が交換価値になることによって，生産物はまず頭のなかで二重の存在を獲得する。この観念的二重化は，商品が現実的交換において二重化されて，一方では自然的生産物として，他方では交換価値として，現れるところにまで進行する（また進行せざるをえない）。すなわち商品の交換価値は物質的に商品から分離された存在を獲得する」（ibid. 79; cf. 81, 97）

ここには，交換→交換価値→商品→貨幣という系統が描かれる。商品の交換価値が商品から分離された存在こそ貨幣である。かくて商品の2要因——使用価値と交換価値（価値）——の対立は，商品と貨幣の対立として二重化する。

ところで，貨幣は，「元来はすべての諸価値の代表物」（II/1: 83）であった。しかし，「じっさいには，事態は逆転して，すべての実在的生産物と労働が貨

幣の代表物となる」(ibid.) のであり，貨幣自体が一般的富となり，貨幣の所有が社会的力の所有に転化する。貨幣は，いまやそのものが「実在的な共同制度 [das reale Gemeinwesen]」(ibid. 150; cf. 147-148, 411, etc.) となる。それは，貨幣が共同社会に代わって諸個人をつなぐ紐帯，共同性を担う制度となるからである。しかも貨幣の場合に，「共同制度は，個々人にとってはたんなる抽象，たんなる外的な偶然的な物象であり，同時に孤立した一個人としての個人の満足のためのたんなる手段にすぎない」(ibid. 150)。それゆえ，それは必然的に私的所有の形態をとる[2]。そして私的所有は物象化 (次節) を基礎にして成立するに至り，貨幣の所有と生産手段等の財貨の所有とに二重化される。

　もとより，初期の交換 (物々交換) は，余剰の交換など，「生産そのものに並存して [副次的に] 行われるにすぎない」(II/1: 178) のであり，私的所有 (第 1 系統) にもとづく生産はなお商品，交換価値を目的とするものになっておらず，交換価値としての生産物という規定はなお「余計なもの」(ibid.) でしかなかった。このことは奴隷制・農奴制の段階に至っても基底としては不変である (cf. ibid. 168)。それゆえ交換は，共同社会の生産諸関係および交易諸関係のすべてを従属させるには至らない。

　　「このような配分 [諸個人相互間の上下秩序にもとづく配分] がなされているところでは，本来の交換はただ副次的に並存するにすぎないか，大体において共同社会全体の生活をほとんどつかんでいないか，のいずれかであり，交換はむしろ異なる共同社会と共同社会との間で始まるのであり，そもそも生産諸関係および交易諸関係のすべてを従属させることは決してない」(ibid. 91-92)

　ただし，古代・中世社会はあくまで交換を副次的なものに抑えたかといえば，そうではない。分業の発展によって古代世界に現れた商業民族が商品生産，貨

2）以下はブルジョア社会における個人に関する叙述であるとはいえ，貨幣関係に関しては前近代でも妥当するであろう。「互いに没関係的な諸個人の相互的かつ全面的依存関係が，彼らの社会的連関を形成する。この社会的連関は交換価値のうちに表現されるのであり，交換価値においてこそ，各個人の活動ないし生産物ははじめて各人にとっての活動ないし生産物となる。……他方では，各人が他人の活動や社会的富の上に及ぼす力は，交換価値，貨幣の所有者たる個人のうちにある。各人はその社会的力を，社会との連関と同様にポケットのなかに携えているのである」(II/1: 90)。

幣関係を発展させるのであり，交換は，やがて共同社会を交換価値に依存させる傾向を生み出す根拠となり，共同社会そのものの内部に貨幣関係に媒介された私的所有（第2系統）を生成させる[3]。つまり，「ひとつの持続的な商業が発展する」(II/1: 178) と，余剰の生産は繰り返されるものとなり，「国内的生産そのものが流通を目指し，交換価値の措定を目指す傾向を獲得する」(ibid.) ようになり，共同社会の内部に，貨幣関係に媒介された私的所有（第2系統）が成立しうるのである[4]。これが「対外貿易の文明化作用といわれるもの」(ibid. 179) である。

　人間が生産の目的として現れる古代には本来，「富は生産の目的としては現れない」(II/1: 391)。しかし，富を生産の目的とする階層は存在した。それが手工業者あるいは解放奴隷であり，商人層，そして小経営者たちである。彼らは富の所有を目指した。この意味で彼らは私的所有を——土地の私的所有でないとしても——実現した。こうして古代社会でもすでに貨幣欲 [Geldgier] ないし致富欲 [Bereicherungssucht] が成立する (cf. ibid. 146-147)。それはいたるところで，貨幣の蓄蔵 [Aufhäufung]，蓄蔵貨幣形成 [Schatzbildung] に行き着く。そして貨幣がローマ人などの共同社会の内部に浸透し，ローマ人やギリシア人等の間でも貨幣欲ないし致富欲，商業資本が現れたことは，必然的に「古代の共同社会の没落」(ibid. 147) をもたらすのである。

3）マルクスは，私的所有（第2系統）の生成要因として，商業民族の形成のほかに，古代社会特有の存在条件を指摘している。それは，共同体成員ゆえに私的所有者でもあるという古典古代的形態に本来存在する「二重の関係」が与えられない解放奴隷，被保護民，居留外国人などに現れる存在条件である (cf. II/1: 398)。これらの人びとは共同体成員の就かない賤業（手工業）に携わり，農業との交換関係に入り，これを補完する。手工業は貨幣関係を媒介として成立するのであり，ここに共同体関係を基礎としない私的所有が形成される。かくて都市手工業の私的所有はさしあたり，共同体成員たる自由人の私的所有（土地所有）と並存して，それの外部に，解放奴隷等の所有形態として成立し，のちには平民の一部にも拡大したととらえられる。

4）要するに，小経営が交換価値を目的として生産を行うに至るということである。このことは『経済学批判要綱』に明示的には記述されない。しかし，『資本論』第1巻初版には，小経営の生産様式が古典的形態を獲得するのは，ただ，「農民が自己の耕す土地の，手工業者が老練な手腕で使いこなす用具の，自由な私的所有者である場合だけである」(II/5: 608) とあり，生産手段の私的所有にもとづく小経営が拡大していたことをマルクスは認識していたように見られる。

私的所有の第2系統は，交換，商品生産を媒介として歴史的に成立した。マルクスは交換が共同社会と共同社会の間で始まることを把握してはじめて，商品・貨幣関係（物象化）にもとづく私的所有を把握するに至った。

共同体所有と私的所有（第2系統）の並存

　マルクスは，すでに指摘したように，交換，貨幣関係がさしあたりは共同体関係の外部に存在し，副次的な役割を演じているにすぎないことを繰り返し指摘する。

　　「歴史においては，より不完全な価値展開の物質的基礎をなす他の諸システムが先行する。これらの場合には交換価値は使用価値と並んでただ副次的な役割を演じているにすぎないのであるから，資本ではなく，土地所有関係が交換価値の実在的土台として現れる」(II/1: 175)

　土地は，いかに私的所有形態をとろうとも，なお交換価値としては存在しない。それゆえ交換価値もまた未発展な形態にある。だが他方，マルクスは，共同体所有と私的所有（第2系統）のかかる並存において，後者が前者を解体し，古代社会，中世社会を没落させる要因になったことも認め，たとえば「ローマ人の場合には，奴隷制の発展，土地占有の集中，交換，貨幣制度，征服等」が「衰退と没落を招く」(II/1: 391)要因になったこと，「家父長制的な状態も古代の状態（同じく封建制的な状態）も，商業，奢侈，貨幣，交換価値の発展とともに衰退する」(ibid. 91)ことを指摘した。

　では，貨幣関係に媒介された私的所有が成立したとき，共同体所有はいかなる変化を遂げるのか。問題は，両者の絡み合いである。マルクスはこれについていくつかの関係変化を指摘する。

　第1の変化は，貨幣関係が人格的諸関係の基礎となる土地所有諸関係そのものに浸透すること，すなわち，人格的諸関係そのものが貨幣関係に媒介されて（物象化されて）現れ，しかもこの媒介された関係が人格的なものとして現れることである。マルクスは「交換や交換価値や貨幣の未発展なシステムを生み出している社会諸関係，あるいはそれらの未発展な程度に照応する社会的諸関係が考察される場合，諸個人は……，ただある規定性を帯びた諸個人として，たとえば封建君主と家臣，領主と農奴などとして……，相互に関連しあうだけ

であること」(II/1: 95) を指摘する一方，これらの人格的諸関係それ自体が貨幣関係に媒介されることを次のように述べた。

「1) こうした諸関係 [封建時代の人格的諸関係] それ自体が，それらの圏域内部において一定の局面では物象的な性格をとったこと，たとえば土地所有諸関係の発展が純粋に軍事的な服属関係から生じたことに示されるとおり。だが他方，2) それらを没落させる要因となる物象的関係はそれ自体が自然に規定された狭隘な性格をもち，したがって人格的なものとして現れる」(ibid. 97)

ここで物象的関係とは，「現物地代の貨幣地代への転化，義務兵役の傭兵隊への転化，一般にすべての人身的給付の貨幣給付への転化」(II/1: 81) などに現れる関係である。これらの転化は，なお人格的依存関係にもとづくかぎり，それ自体が人格的なものとして現れる。しかし，それにもかかわらず，いまや人格的諸関係の基礎をなす土地所有関係等が貨幣によって媒介されるに至ったことは——土地所有関係が交換価値の実在的土台として現れていた人格的諸関係の在り方に反して——，交換価値が土地所有関係の土台として現れる可能性が生じたことを意味する。

「貨幣が一般的等価物，一般的購買力であることによって，あらゆるものが購買可能となり，あらゆるものが貨幣に転化可能となる。……かくていわゆる譲渡不能な永遠の占有物とそれに照応する不動の固定した所有諸関係は，貨幣の前に倒壊する。……事物の自立的価値は——それが，事物のたんなる対他的存在，すなわち相対的存在，交換可能性にあるということでないかぎり——[解体され]，かくてあらゆる事物と諸関係の絶対的価値は解体される」(ibid. 704)

このとき，「封建的土地所有の非自発的譲渡が，高利貸付および貨幣とともに進展する」(II/1: 702) ことは，ひとつの必然である。そしてそれの結果として近代に，「永遠の占有物とそれに照応する不動の固定した所有諸関係」の解体が現れる，というのがマルクスの把握の基本をなすのである（次節）。

第2の変化は，手工業，農業において貨幣関係に媒介された私的所有が自立化し，自己労働にもとづく自己所有や自由な小土地所有が成立したということである。

第2章 『経済学批判要綱』の貨幣・資本論　87

　古代以来，手工業では，用具の私的所有にもとづく自己労働が成立した。このことは中世におけるツンフトの成立においてさらに明白である。ツンフトは，労働者の「用具に対する所有」を前提し，貨幣関係を媒介とするにせよ，自己労働＝自己所有を実現する。また農業では，封建的土地所有の解体とともに，身分制的制約を免れた自由な小土地所有が成立する。中世末期に，「労働者をヨーマン，労働する自由な小土地所有または借地農業者（コローヌス），つまり自由な農民の位置に置いている土地所有諸関係」(II/1: 405) が現れる。

　肝要なのは，以上の用具の私的所有，自由な小土地所有が近代的私的所有と異なり，貨幣関係に媒介されながら，基本的に「労働の客観的条件に対して，その所有に対する態様で関係する」(II/1: 412) ものであり，内部に無所有を包摂しないことである。これらの私的所有が，貨幣関係の発展につれて中世末期に成立しえたことを，マルクスは個体性の確証という脈絡で評価する。そしてそれが，一時期であれ，「黄金時代」を画したことを次のように表現する。

　　　「自己を解放しつつある労働にとっての黄金時代は，封建制度が没落過程にあるとはいえ，なお内部で闘争が行われている時期に――たとえばイングランドの 14 世紀および 15 世紀前半において――のみ存在するにすぎない」(ibid.)

　資本主義以前の手工業，農業において諸個人は，1）生産手段に対して自己の所有物に対する態様で関係するのであり，2）交換関係において相互に所有者として承認しあい，「外化および譲渡による，それに媒介された領有」(II/1: 126) を果たし，3）自己の個体性を確証する，つまり，労働と所有の同一性を実現する。かくてマルクスは，それを歴史的に評価したのである。

　第3の変化は，資本形成以前の古代中世において，土地所有と用具の所有という以上2つの関係を解体することになる商業の発展，貨幣資産の形成がなされたことである。

　　　「資本に転化する以前の貨幣資産そのものの形成についていえば，それはブルジョア経済の前史に属するものである。この形成には，高利貸付，商業，都市制度，そしてそれらとともに現れる国庫が，主役を演じる。また借地農業者，農民［自営農民］等の蓄蔵もまた，程度は劣るとしても，同じ役割を演じる。ここで同時に明らかになるのは，交換および交換価値は

どこでも商業によって媒介されて――あるいはこの媒介を商業と呼ぶことができる……――発展を遂げ，この発展が自ずから，一方では自己の存在諸条件に対する労働の所有関係の解体をもたらすとともに，［他方では］それ自体が生産の客体的条件に組み込まれた労働の解体をもたらすのだということである」(II/1: 411)

「自己の存在諸条件に対する労働の所有関係の解体」とは，用具の所有と自己労働にもとづく私的所有の解体を，「生産の客体的条件に組み込まれた労働の解体」とは，土地所有に拘束された二次的転化形態（隷属的な人格的依存関係）における奴隷，農奴らの労働の解体を意味する。これらの解体はいずれも，交換および交換価値の発展によって貨幣資産の形成が果たされ，貨幣関係が労働諸条件の所有と自由な労働を制覇したときに，現れる（以上の解体に関しては次節）。マルクスが共同社会の解体を語ったときに前提していた事態とは，このことであった。

さて，交換→商品→貨幣→私的所有という第2系統の把握は，歴史的に物象化が成立する過程を描いた叙述でもあった。次節では，このことを改めて物象化生成史の視点から考察しよう。

2　物象化の生成過程

前節では，交換→商品→貨幣→私的所有という私的所有の第2系統を歴史的に再構成した。この過程は，それ自体が物象化の歴史的生成過程（第4論点）を表すのであり，以下では，マルクスがこの物象化の生成過程をいかに論じたかを，本章冒頭に記した第2の課題たる「労働価値論の彫琢」と関連づけて概括的に考察する。

交換価値にもとづく生産関係の物象化

マルクスが『経済学批判要綱』で物象化を本来の意味で明示的に論じたのは，わずかに，貨幣章「貨幣の成立と本質」項目の次の1段落のみである[5]。

5）『経済学批判要綱』序説では，対象化が「物象化」と規定される。「第1の生産［生産的消

第 2 章 『経済学批判要綱』の貨幣・資本論　89

　「貨幣の一形態では——すなわちそれが交換手段（交換価値の尺度ではな
　く）であるかぎり——，経済学者たちにとって，貨幣の存在が社会的連関
　の物象化を前提していることは明らかである。……ここでは経済学者自身
　が，人びとは物象（貨幣）に信頼を寄せても，相互に人格として［信頼を］
　寄せあうことはない，と言うのだが，なぜ人びとは物象に信頼を寄せるの
　か。それは，やはり何といってもただ［物象は］人格と人格の相互関係の
　物象化されたものとして，物象化された交換価値としてあるからであり，
　交換価値とは諸人格相互の生産的活動の関連にほかならないからである」
　(II/1: 93)

　しかし，この箇所にもとづいて，物象化——生産関係の物象化——を，生産
における人格と人格の諸関係が貨幣（交換価値）に媒介された諸関係に転化し
た事態として了解するならば，マルクスが『経済学批判要綱』の各所で物象化
を論じていることも疑いをいれない。たとえば同じ貨幣章では，次のように言
われた。

　「個別的な各個人にとっての生活条件をなす活動および生産物の一般的交
　換，こうした諸個人の相互連関は，各人そのものには疎遠なものとして，
　独立的に，ひとつの物象として現れる。交換価値においては，人格と人格
　との社会的連関は，物象と物象とのひとつの社会的関わりに転化しており，
　人格的能力［Vermögen］は物象的能力に転化している」(II/1: 90)

　マルクスは，この事態を「物象化」と規定する。すなわち物象化とは，人間
と人間の社会的連関から生成する交換価値（価値）にもとづいて商品と貨幣と
いう物象が現れ，物象に媒介されて生産関係が形成される事態を意味する。

　かくて，交換価値にもとづく生産関係の物象化に関して——労働価値論の彫
琢という視点から——『経済学批判要綱』の示す把握を概括するならば，およ
そ以下のとおりである（資本次元における物象化は次節）。

費］では生産者が物象化され，第 2 の生産［消費的生産］では，生産者のつくった物象が
人格化される」(II/1: 28)，「消費は，生産物を解体することによってはじめて，それに最
後の仕上げを与える。というのは，生産物は，生産が物象化された活動としてあるだけで
なく，活動主体にとって対象としてもあるときにのみ生産物だからである」(ibid.)。しか
し，この意味での「物象化」は，一般的な物象化論の対象とは異なるのであり，むしろ個
体性の確証の脈絡で論じられるべきである。

90

　第1は，商品と交換価値の歴史的生成が私的生産と関連づけてとらえられたことである。商品は，一方では「自然的諸属性」(II/1: 76) からなる物として使用価値をもち，他方では，他の商品との交換可能性として交換価値をもつと把握される。交換価値（価値）とは，商品（生産物）に本来内在する属性ではなく，「商品が他の商品と交換され，また他の商品がその商品と交換される割合」であり，他の商品との関連において成立する「商品の社会的関係」(ibid.) である。この商品および商品価値が成立する条件は，「私的生産」(ibid. 35)[6]である。私的生産とは，すなわち，1）生産が他者のための生産物の生産であり，交換価値の生産であること，2）生産物はすべて交換に媒介されて他者に領有されること，3）生産が生産者にとっての自己目的としてではなく，手段として現れること，等のシステムをいう (cf. ibid. 126)。それは交換価値によって媒介される生産であり，それゆえ貨幣関係の形成，すなわち物象化を引き起こす。

　　「商品流通の条件は，商品が交換価値として生産されること，つまり直接的使用価値としてではなく，交換価値によって媒介されたものとして生産されることである。外化および譲渡による，それに媒介された領有が，根本前提をなすのである」(ibid.; 一部再引用)

　外化および譲渡というのは，ここでは，商品生産の目的そのものが他人の使用価値の生産および生産者にとっての価値の実現となって生産者の自然的欲求から乖離し，他人に譲渡してはじめて生産物が商品として実現されることになるからである。

　かくて第2は，価値が明確に一般的労働と関連づけて説明されたことである。価値は，あくまで各時代によって抽象された――とはいえ「きわめて実在的」な――「商品の平均価値」(II/1: 72) であり，生産（労働）によって形成される。そして商品が他の諸商品と交換される割合と規定される商品の価値は，商品に実現されている労働時間の分量に等しいと規定された。

　　「すべての商品（労働を含めて）の価値（実在的な交換価値）は，その商品の生産費用によって，換言すれば，その商品の生産に必要とされる労働時

6）「私的生産」は「私的労働」に連なる概念である。ただし，それはブルジョア社会の生産に限定されていない。

間によって規定される」(ibid.)

「いずれの商品（生産物あるいは生産用具）も，一定の労働時間の対象化に等しい。商品の価値，すなわち商品が他の商品と交換される割合，あるいは他の商品がその商品と交換される割合は，その商品に実現されている労働時間の分量に等しい。……商品の価値は，商品そのものとは区別される。商品が価値（交換価値）であるのは，ただ交換（現実の交換であれ表象上の交換であれ）においてだけである。価値とは，この商品の交換能力一般であるだけでなく，その特有の交換可能性である」(ibid. 75)

マルクスによれば，価値（交換価値）は交換においてだけ成立する。しかし，それは交換によって形成されるものではなく，むしろ労働（生産）によって一定分量の労働時間から構成されるのである。この場合，肝要なのは，労働が「一般的社会的性格」(II/1: 99)をもつもの，「一般的労働」(ibid. 134; cf. 141)と把握されたことである。かくて価値は，一般的労働の対象化であり，価値量は労働時間に規定されることをマルクスは認めた。

「労働の（そして，それゆえに交換価値に含まれる労働時間の）一般的社会的性格の対象化であるからこそ，まさに労働の生産物は交換価値になるのであり，また商品には貨幣の属性が与えられるのである」(ibid. 99-100)

まだ「抽象的人間労働」等の概念化はなされていない。せいぜい「一般的労働」と規定されるにすぎない。しかし，価値（実在的交換価値）の実体をなす一般的労働という把握は明確であり，これはマルクス労働価値論の確立を示す理論水準であり，かくてマルクスは本章冒頭で示した「労働価値論の彫琢」という課題を果たしたと言うことができる。

第3は，貨幣の力の増大にもとづく生産関係の自立化である。マルクスは，分業関係の発展とともに交換関係が生産者に対して外的な疎遠な力となること，要するに貨幣の力が成長することを疎外の視点から論じている（疎外について詳細は後述）。

「交換の必要と生産物の純粋な交換価値への転化は，分業と同じ度合で，すなわち生産の社会的性格とともに進展する。しかしながら後者の成長と同じ度合で，貨幣の力が成長する。すなわち交換関係が，生産者に対して外的な，そして彼らから独立した力として基礎を固める。本源的には生産

を促進する手段として現れたものが，いまや生産者に対して疎遠な関係となるのである」(II/1：80-81)

貨幣は諸個人に対して「外観上の超越的力」(II/1：81) を獲得する。かくて商品と貨幣との二重化によりさまざまな対立や矛盾が現れる。1）貨幣が商品と並ぶ「外的な物」になることによって，商品と貨幣との交換可能性は外的偶然性に委ねられる (cf. ibid.)。2）交換の行為が，購買と販売の2つの相互に独立した行為に分裂する (cf. ibid. 82)。3）交換の全運動それ自体が生産者から分離し，「交換のための交換」を行う商人身分が現れる (cf. ibid.)。商人身分は，「売るためにだけ買う」のであり，商品の占有を目的とせず，ただ交換価値そのもの，貨幣の獲得を目的とする。かくて消費のための交換と交換のための交換が分岐する。4）交換価値が「一般的商品」としての貨幣の形で現れることによって，「特殊的商品」としての貨幣が現れる，つまり貨幣は商品と対立させて自己を自立化させ，それ自体が目的化される (cf. ibid. 84-85)。こうして諸個人の社会的関連は物象に媒介された諸関係として，ますます諸個人から自立化する。かくてマルクスは，ここに生産関係の物象化をとらえたということができる。

貨幣欲求の形成と人格変容

すでに記したように，マルクスは物象化により人格的諸関係それ自体が貨幣関係に媒介されるに至ることをさまざまに語っている。貨幣に媒介された諸関係は，社会的交換において生成する交換価値（価値）にもとづくかぎり諸個人の意志と意識を超えるのであり，かかる関係の形成により，人間は交換価値（価値）の論理に包摂され，それを担う主体に転化する。そして，ここでもまだ概念化されていないとはいえ，実質的に〈物象の人格化と人格の物象化〉が，それゆえに人間の人格変容が問題として把握される。

商品・貨幣次元における物象の人格化は，商品，貨幣という物象を担う「商品占有者」，「貨幣占有者」，「蓄蔵貨幣形成者」等の存在として現れる。物象化は，諸個人の意志と意識に関わりなく，各個人を包摂し拘束する。それゆえに，諸個人は物象の擬人化を余儀なくされる。そして，それは同時に貨幣欲求，致富欲の形成による人格の物象化をもたらす。商品と貨幣との対立・矛盾が現れ

ると，貨幣は「ただ交換価値のためにだけ，交換価値として求められる」(II/1: 82) ようになり，人間的自然的諸価値（使用価値）への質料的欲求と富（交換価値）への人為的な形態的欲求が分岐する（欲求の二重化）。かくて各人における貨幣欲求，致富欲等の生成という人格の物象化が，物象の人格化と相即に語られる。そして貨幣欲求，致富欲等にあっては，形態的欲求への傾倒が生じる。

　この傾倒が顕著に現れるのは，とりわけ第3規定の貨幣においてである。第3規定では貨幣は「富の一般的物質的代表物」(II/1: 143) として，すべての商品に対して，したがって富の全世界に対して直接にいかなる欲求をも満たすという性質をもつ富の一般的形態である (cf. ibid. 145)。それゆえマルクスは，次のように，所持欲と区別された貨幣欲求ないし致富欲を語った。

　　「貨幣は，致富欲のひとつの対象であるばかりでなく，致富欲の対象そのものなのである。致富欲は本質的には，呪うべき黄金渇望 [auri sacra fames] である。致富欲そのもの，衝動の特殊的形態としての致富欲は，すなわち特殊的富に対する欲動，たとえば衣服，武器，嗜好品，女性，ワイン等に対する欲動とは区別されたものとしての致富欲は，ただ一般的富，富そのものがひとつの特殊な物に個体化されたときにはじめて可能になる。すなわち貨幣がその第3規定において措定されたときにはじめて可能になる。それゆえ貨幣は致富欲の対象であるばかりでなく，その源泉でもある。所持欲 [Habsucht] は貨幣なしにも可能である。これに対して致富欲は，それ自身，特定の歴史的発展の産物であり，歴史的なものに対立した自然的なものではない。ここから，貨幣を一切の悪の源泉とする古代人の嘆きが生まれた」(ibid. 146-147)

　貨幣欲求ないし致富欲は，さらに蓄蔵貨幣形成に至る。欲求の二重化した段階でも，人間の自然的感性的諸欲求が失われることはない。しかし，それらとは独立に，それらに優位する欲求として，貨幣欲求ないし致富欲，蓄蔵貨幣形成欲求が現れる。これは幻想でもなければ，倒錯視でもありえない。むしろ人間の感性的な在り方を根本から支配し転倒させる欲求として——ときに人身売買さえ辞さない欲求として——，それらは現れるのである。人格の物象化とは，このような人間の人格変容を表すものと考えられる。

　さて，以上の人格変容は，貨幣次元において疎外を生成させる。物象化それ

自体は必ずしも疎外と規定されるわけではない。だが，物象化の結果として，貨幣（物象）に媒介された交換関係が諸個人に疎遠で自立化したものとなり，貨幣が疎遠な力となって現れるとき，それは「疎外」と規定される。

「貨幣が社会的性質をもつことができるのは，諸個人が各人自身の社会的関連を，対象として自己から疎外してしまっているからにほかならない」(II/1: 93)

ここでは，物象化と疎外が一体化されて現れるかに見える。しかし両者は同一ではない。物象化が疎外として語られるためには，何らかの媒介が必要である。ではなぜ貨幣の力は疎外となるのか。それは，貨幣があらゆる個体性，固有性を消失させるからである。

「［物象化では］活動も —— それの個体的現象形態がいかなるものであれ ——，また活動の生産物も —— それの特殊的性状がいかなるものであれ ——，そのいずれもが交換価値であり，すなわちあらゆる個体性，固有性が否定され，消失を蒙るひとつの一般的なものである」(II/1: 90)

「あらゆる個体性，固有性」が各個人のもつ欲求・能力・素質などの「あらゆる人間諸力」(II/1: 392) を指すとすれば，貨幣において現れるのは，まさしく個体性の否定・消失としての外在化，すなわち，個体性の疎外である。マルクスはこの意味での疎外概念を『経哲草稿』，《ミル評注》以来失ったことはない。

貨幣が「あらゆる個体性，固有性の否定」として現れるのは，第3規定としての貨幣に顕著である。

「貨幣は，たんなる流通手段としては従僕の姿態で現れるとすれば，いまや［第3規定では］突然に，それから転じて諸商品の世界の支配者および神になる。……貨幣の占有とは，占有者の個体性がもつ何らかの本質的諸側面の発展ではなく，むしろ没個体性の占有である」(II/1: 146; 一部再引用)

ここには，物象（貨幣）による人格支配が現出する。マルクスが疎外を語るのは，さきに示した欲求の二重化の場面において，それが矛盾するという事態である。物象化は，物象の人格化をとおして，人間の欲求を二重化し，人間の在り方を根本的に変容させ，疎外を生み出すのである。

貨幣次元での疎外は，個人により現れが異なる。貨幣欲求に囚われた個人には，上記の矛盾は矛盾として意識されないであろう。他方，貨幣に翻弄され，

この矛盾を矛盾としてとらえる感性をもつ個人には，ときに耐えがたい矛盾として経験される。この経験は，古代人の嘆きにとどまらず，現代人の嘆きでもある。

本源的所有および共同社会の解体と資本の原初的形成

　貨幣関係の発展とともに，中世末期には本源的所有（共同社会）の解体が起こり，資本の原初的形成によって物象化の高次の展相が現れる。

　マルクスによれば，本源的所有（共同社会）の解体は，4つの過程をとおして起こった。すなわち，第1は，土地に対する所有関係の解体，第2は，労働用具の所有の解体，第3は，生活手段（消費手段）の所有の否定，そして第4は，人格的な依存関係（隷属諸関係や保護諸関係等）の解体である（cf. II/1: 400-405）。そして，以上の歴史的過程をとおして現れるのが，「二重の意味で自由な」（ibid. 409）労働者である。もはやあらゆる土地所有および用具等の私的所有と人格的保護諸関係等を喪失した諸個人として，資本に対立する労働者が歴史に現れる。これが「無所有」──「絶対的貧困」（ibid. 216）とも規定される──の歴史的位置である。マルクスが本源的所有解体論において確証したのは，総体的な物象化をもたらす所有（資本）と労働の分離の歴史的条件であったと言いうる。

　では，以上の解体はいかにして生成するのか。問題は，資本主義的私的所有の生成史である。資本主義的私的所有は，これまでの私的所有とは根本的に異なるエレメントにおいて成立する。それは，それ以前のあらゆる社会において存在していた人格的依存関係を解体して物象的依存関係に転化したことによる。それはいかにして成立したのか。マルクスはこれを貨幣資産の形成（物象化）によって説明した。

> 「本来の意味での資本，すなわち産業資本に転化されるのは，むしろ，高利貸付──とくにまた土地所有に対してなされた高利貸付──によって，また商人利得によって蓄えられた動産，すなわち貨幣資産である」(II/1: 407)

　もちろん貨幣資産だけで資本が形成されることはない。では，貨幣資産はいかにして資本に転化するのか。マルクスによれば，労働の客体的条件と生きた

労働そのものの分離を前提して，それらを貨幣資産が獲得し結合することによって，資本は形成される（後述）。

「資本の原初的形成は，資本が労働の客体的条件をつくり出す，というように起こるのではない。そうではなくて，端的に，貨幣資産として存在している価値が，古い生産様式の解体という歴史的過程を通して，一方では労働の客体的条件を買うことができるようになり，他方では生きた労働そのものを，自由になった労働者から貨幣と引き替えに交換を通じて手に入れることができるようになる，という具合に起こるのである。これらの契機はすべて既存のものであり，それらの分離自体がひとつの過程であり，ひとつの解体過程である」(II/1: 409)

すなわち，貨幣資産の資本への転化，ないし資本主義の原初的形成は，2つの過程を前提とする。第1は，貨幣資産が労働の客観的条件を買うことができるようになる過程，第2は，生きた労働そのものを貨幣と交換に手に入れることができるようになる過程。前者は，「すべての古い政治的等々の諸関係が拭い去られた自由なファンド」(II/1: 406) として土地と用具を領有する過程である。後者はそれらから労働力が分離される過程である。2つの過程は，相即的である。

「貨幣の形態で現存する富が労働の客体的諸条件と置き換えられうるのは，ただ，この客体的諸条件が労働そのものから引き離されるからであり，またこの場合に限られるのである」(ibid. 407)

マルクスは貨幣資産による労働の客観的条件の領有という第1の過程を，主として商人資本による用具の領有の形態で歴史的に説明している。

「資本形成が始まるのは，土地所有からではなく（この場合はせいぜい，借地農業者が農産物を扱う商人でもあるかぎりにおいて，認められるだけである），ツンフトからでもなく（ただし，こちらの場合には可能性はある），商人資産および高利資産からである」(II/1: 407)

商人資本による資本形成の過程は，1）道具に対する所有にもとづく自己労働＝自己所有から始まり，2）交換価値の生産への転化，3）商人による労働の集約，4）商人による所有の剥奪，という推移を辿る (cf. II/1: 412-413)。肝要なのは，これによって労働者が交換価値を生産するだけでなく，労働を商人

に譲り渡し，それゆえに生産物の所有，道具に対する所有を喪失する転化過程である。この転化過程を表すのがマニュファクチュアである[7]。

さて，資本の原初的形成には第2の過程として労働の客体的諸条件からの労働力の分離が必要とされた。これに関しても，マルクスがさまざまな要因を指摘しているのは周知のとおりである (cf. II/1: 410-414)。いずれにせよ，マルクスが指摘するのは，農村住民からの土地収奪，国内市場の形成，国家権力による経済外的強制，農業革命による農村民の遊離など，のちに「資本の本源的蓄積過程」として描かれる過程にほかならない。

かくて資本主義的生産様式は，貨幣資産の形成という物象化の発展にもとづく労働の客体的諸条件と労働そのものとの分離を前提として，資本による前者の私的所有と労働者の無所有との結合によって成立する。それは私的所有の高次な形態である。資本は，旧来の共同所有，私的所有を否定した上で，一切を貨幣関係に転化し労働による価値増殖を実現する物象化の高次の展相として現れるのである。

マルクスは周知のように，歴史を物象的依存関係と個体性との対比において3つの段階に区分した (歴史三大区分説)。

「人格的な依存諸関係 (最初はまったく自然成長的) が最初の社会諸形態をなす。……物象的な依存関係の上に築かれた人格的独立性が第2の大きな形態であり，この形態においてはじめて，全般的な社会的質料変換，普遍的諸関連，全面的な諸欲求，普遍的諸力能からなるひとつのシステムが形成される。諸個人の普遍的発展の上に築かれた，しかも諸個人の共同関係的な社会的生産性を諸個人の社会的資力として服属させて築かれた自由な個体性こそが，第3の段階をなす」(II/1: 90-91)

ここでの第2区分が，ブルジョア社会を指すことは疑いがない。しかし，ここから，物象的な依存関係はブルジョア社会に固有の現象であるという結論を導くことはできない。これまで論じてきたことは，人格的な依存諸関係を基

7）なおマルクスは，貨幣資産の資本への転化の副次的形態として，借地農業者ないしツンフトの成長を挙げている (cf. II/1: 413)。あるいは自営農民などからの資本の原初的形成も否定されない。自営農民は，すでに封建的な経済外的強制を免れて，自己労働＝自己所有を実現し，貨幣資産を蓄積しうる。

98

礎とする最初の社会諸形態でも物象化が発展を遂げ，社会をさまざまに変容さ
せてきたということである。そして資本の原初的形成とは，物象化の高次の展
相たる資本関係の創造過程なのであった。マルクスはこの物象化を歴史的に論
じた。同時にマルクスが示したのは，物象化はブルジョア社会においてこそ完
成を遂げるということである。かくて「物象的依存関係の上に築かれた人格的
独立性」の第2区分における物象化が考察されなければならない。

3　ブルジョア社会の物象化

　ブルジョア社会においては，生産物と労働の一切が交換価値に解消され，生
産者相互間の全面的依存関係の上に資本関係が成立し，物象化は完成する。こ
こでは物象化は，商品・貨幣次元でもそれ以前と異なる水準に達し，資本次元
において高次の展相を創造する。このことに関する『経済学批判要綱』の所論
を考察しよう。

商品・貨幣次元における物象化の発展

　ブルジョア社会は，商品・貨幣次元における物象化の新しい水準を前提とす
る。第1に，生産手段と労働力の分離にもとづく物象化の総体性，第2に，
生産者の全面的依存関係，第3に，物象的諸関係の自立化，である。

　第1の物象化の総体性とは，すなわち土地と労働力を貨幣関係に包摂し，
総体的な商品化をもたらしたことである。物象化は，歴史的に大きく2つの
段階に区分される。その主たる指標は，土地と労働力が商品取引の対象となっ
たか否かにある。古代中世には，物象化が進行するとしても，基本的に土地と
労働力が商品取引の対象となることはない。土地と労働力が商品取引の対象と
なるのは，資本主義的生産様式においてのことである。何よりも重大なのは，
人間の労働力が商品化され，それ自体が交換価値として物象化されたというこ
とである。

　　　「最大の交換は，商品の交換ではなく，労働と商品との交換である。……
　　　労働者は，彼らの労働を銀行に売るのではなく，彼らの労働の全生産物と
　　　引き替えに交換価値を獲得するであろう，等々」(II/1: 89)

ここではすべての生産物および活動が交換価値ないし価値に解消される。『経済学批判要綱』では，すでに指摘したとおり，商品の価値（実質的な交換価値）は「一般的労働」を実体として把握された。これは，以上の物象化の総体性を前提してこそ可能となる認識であった。

第2の全面的依存関係の成立とは，すべての生産者が他者のために生産を行い，他者の消費に全面的に依存するようになることを意味する。それまで生産者は何らかの自家生産を行っていた。だが，ブルジョア社会では，すべての個人が自己の生産物を他者のために生産を行い，他方で，自己に必要な生産物を他者との交換をとおして獲得し，自己の生活を他者に対する全面的依存関係のなかで形成するようになる。

> 「すべての生産物および活動を交換価値に解消することは，生産におけるすべての固定した人格的（歴史的）依存関係の解体を前提するとともに，生産者相互の全面的依存関係を前提する。各個人の生産は他のすべての個人の生産に依存しており，同様にして各人の生産物を自己自身にとっての生活手段に転化させることが，他のすべての個人の消費に依存するようになっている。価格は古くからあり，交換も同様であるが，価格がますます生産費用によって規定されるようになることも，交換がすべての生産関係に波及するようになることも，ブルジョア社会，つまり自由競争の社会においてはじめて完全に発展するのであり，たえずますます完全に発展を遂げるのである」(II/1: 89)

諸個人が自己の生産物を他者のために生産することは，他方で，自己に必要な生産物を他者との交換をとおして獲得すること，すなわち自己の生活を他者に対する全面的依存関係のなかで形成することを意味する。かくて，ここには「私的労働」の把握が――概念化されていないとはいえ――なされていたと見られる。

> 「諸個人の生産物ないし活動をまずは交換価値の形態に，貨幣に転化すべき必然性そのものは，それゆえ，諸個人がこうした物象的形態ではじめて自己の社会的力を獲得し証明するということは，次の2つのことを証明するのである。1）諸個人は社会のために，また社会の内部でしか生産しないこと，2）各人の生産は直接に社会的でなく，労働を相互に分配し合

う協同組織の所産ではないこと，である」(II/1: 91)

　このシステムはブルジョア社会に至ってはじめて現れる。それは生産物を交換価値の形態に転化する必然性，すなわち物象化を存立させる根拠を生み出す。マルクスがこの脈絡で実質的に「私的労働」を語っていたことは否定されない（ただし，この脈絡では，私的労働が物象化の存立根拠をなすとは論じられていない）。

　第3の物象的諸関係の自立化は，貨幣関係など物象的な諸関係が自立化し，諸個人がその下に服属させられる事態を表す。

　　「活動の社会的性格は，生産物の社会的形態と同じく，また生産への個人
　　の関与と同じく，ここ［全面的依存関係］では諸個人に対して疎遠なもの，
　　物象的なものとして現れる。それは諸個人の相互的な関わりとしてではな
　　く，諸個人から独立に存立し，互いに没関係的な［gleichgültig］諸個人の
　　衝突から生じる諸関係の下への諸個人の服属として現れる。個別的な各個
　　人にとっての生活条件をなす活動および生産物の一般的な交換，こうした
　　諸個人の相互連関は，各人そのものには疎遠なものとして，独立的に，ひ
　　とつの物象として現れる」(II/1: 90; 一部再引用)

　古代中世においては，貨幣関係が成立し，貨幣の力（物象的力能）が諸個人から自立することがあったとしても，人格的依存関係が存続しているかぎり，それは副次的であった。物象的諸関係の自立化はブルジョア社会においてこそはじめて成立する。そして，それは人格的な依存関係を解消するとはいえ，新たな依存関係をつくり出すのである。

　　「貨幣関係において，つまり発展した交換システムにおいては（そしてこ
　　の外観が民主主義を誤った方向に導くのだが），じっさいに，人格的な依
　　存関係の絆は打ち砕かれ，引き裂かれてしまっている。……［貨幣関係に
　　おける］こうした外的諸関係は，依存関係の除去であるどころか，依存関
　　係を一般的形態に解消しただけのことであり，むしろ人格的な依存関係の
　　一般的根拠をつくり出すものである。ここでも諸個人は，ただ限定された
　　個人としてのみ相互に関連しあうだけである」(II/1: 96)

　「限定された個人」とは商品ないし貨幣の占有者を意味する。各人は物象的な関係を取り結ぶ。この場合，労働する諸個人は，もはや無所有である。この

ときに個人は自己労働＝自己所有を実現する自立性を喪失しているから，労働力を売り，市場をとおして生活手段を獲得しなければならない。それゆえ，ここに資本に対する労働する諸個人の「人格的な依存関係の一般的根拠」が存在する。労働する諸個人は，資本にとっての労働力という存在として人格を物象化せざるをえない。

資本の諸過程と物象化の完成

　マルクスがブルジョア社会における資本の支配を問題とするときに前提とした商品・貨幣次元における物象化の事態は，以上のとおりである。では，資本次元における物象化はいかに描かれるのか。

　資本はまず貨幣である。あるいは貨幣は資本に転化する。資本としての貨幣は，「貨幣としての貨幣の単純な規定を超える貨幣の規定」であり，「いっそう高次の実現」(II/1: 173) とみなすことができる。それは物象化の高次の展相である。

　マルクスによれば，「貨幣は，資本が資本として現れる最初の形態である」(II/1: 175)。「流通に入り込むとともに，同時に流通から自己自身に還帰する貨幣」は，「貨幣が自己を廃棄する最後の形態」であり，この貨幣は，同時に「資本の最初の概念」(ibid.) でもある。すなわち G─W─W─G は，「売るために買う」という商業の形態規定の運動を表すのであり，マルクスは歴史的に商業資本 (流通資本)，高利商業などの事例を挙げている。だが，以上によって資本が本質的に規定されるわけではない。それは，交換価値の単純な交換によっては「過程の反復」が措定されず，交換行為は「それ自体で新たに始動する」(ibid. 177) ことができないからである。

　　「流通は，それ自体のうちに自己更新の原理を含んでいない。……流通はブルジョア社会の表層に直接に現存するものとして現れるが，それが存在するのは，たえずそれが媒介されているかぎりにおいてのことである。……流通はその諸契機 [販売と購買] のそれぞれにおいて媒介されるだけでなく，媒介の全体として，総体的な過程そのものとして媒介されていなければならない。それゆえ流通の直接的存在は，まったくの外観である。流通はその背後で進行する過程の現象である」(ibid.)

102

　流通には前提がある。すなわち流通には交換価値としての商品の生産が前提
される。いまや流通そのものが，交換価値を措定する活動に立ち至る。

　　「流通の前提とは，労働による諸商品の生産であるとともに，交換価値と
　　しての商品の生産でもある。これが流通の出発点をなす。そして流通は自
　　らの運動をとおして，交換価値をつくる生産に自らの運動の結果として立
　　ち返るのである」(II/1: 177-178)

　ただし，資本としての貨幣が問題となる段階では，生産はまた流通を措定し，
さらにたえず流通から生産に復帰する「絶えざる過程」(II/1: 178) として現れ
るだけであり，「ここではいまや交換価値を措定する運動が，きわめて複雑な
形態で現れる」(ibid.) にすぎない。かくて確認されるのは，資本は，ひとつの
関係，しかも「ひとつの過程」(ibid. 180) としての関係であるということである。
「ひとつの過程としての資本」という規定には，2つの意味がある。マルクス
はこれによって資本を定義する。

　第1に，それは「流通と流通から生じる交換価値」(II/1: 183) を前提として，
「流通に対して自己を自立化させるだけでなく，流通のなかで自己を保持する
交換価値として措定された」(ibid.) 貨幣でなければならない。それゆえ，資本
はいかなるときも流通に含まれる2つの契機 (商品と貨幣) のいずれかである
だけでなく，交互にいずれかの形態をとって存在する交換価値である。資本は
この意味で「ひとつの過程」である。第2に，貨幣としての資本はこの過程を
実現するために，流通と対立した前提をもち，それ自体のうちに自己更新の原
理を含んでいなければならない。すなわち資本は自己を労働に委ね，対象化さ
れ自立化した交換価値として措定されなければならない。資本は，自己を価値
増殖することによってのみ自己を措定する交換価値である。かくて得られる
「貨幣としての資本」の規定は，「流通のなかで，また流通をつうじて，自己を
保持するとともに，労働を媒介として自己を倍加する交換価値」というもので
ある (cf. ibid. 183-195)。そしてこの規定を実現するために，貨幣としての資本
は労働との交換を行い，生産過程に入らなければならない。

　資本は，生産と流通をとおして価値増殖を遂げる交換価値の運動であり，こ
れを実現するために自己更新原理として労働を組み込んだ交換価値である。そ
れゆえに労働はそれ自体が物象に包摂される。

第2章 『経済学批判要綱』の貨幣・資本論　103

「貨幣においては交換価値が，すなわち交換価値としての諸商品のあらゆる関連が物として現れるように，資本においては，交換価値をつくり出す活動の，すなわち労働のあらゆる規定が物として現れる」(II/1: 177)

　労働はそれ自体が価値措定活動であるかぎり物象化され，貨幣と同じ「物」として現れる[8]。それは資本の過程に組み込まれた「物」である。マルクスは資本の概念に関して，「資本の概念を展開するためには，労働からではなく，価値から，しかもすでに流通の運動において展開されている交換価値から出発することが必要である」(II/1: 183)と述べた。なぜなら，資本は，たとえ労働によって再生産されるとしても労働によって説明されるものではなく，交換価値によって——しかもこの段階での資本としては，資本と労働との分離という前提において——説明されなければならないからである。つまりマルクスは資本を，交換価値の物象化された運動として，かつ労働と所有との分離という前提において存在する物象化された労働を原理として把握したのである。

　かくて物象化の高次の展相は，何より「自己増殖する価値」としての資本の成立に現れる。この資本の諸過程を，1）資本と労働の交換，2）資本の生産過程，3）資本の流通過程，4）資本の総過程，に分けるならば，それぞれにおいて物象化は高度に発展を遂げる。このことを概括的に示すならば，以下のとおりである。

　第1の過程は，資本と労働の交換である。資本は貨幣の物象化を前提として，価値を労働（剰余労働）によって増殖させる運動である。それゆえ資本はまず何よりも労働との交換関係に入らなければならない。資本家がこの交換において受け取るものは，他人の労働に対する「処分権 [Disposition]」という使用価値である。これに対して，資本との交換に現れる労働は，「対象化されて

8）それゆえ，この段階で交換価値を前提とする労働における強制が語られる。「[ブルジョア社会では]次のことが忘れられる。すなわち，最初から，交換価値を生産システム全体の客観的基礎として前提することはすでにそれ自身において個人に対する強制を含むこと。個人の直接的生産物は各々にとっての生産物でなく，社会的過程においてはじめて各々の生産物となるのであり，一般的な，とはいえ外面的なこのような形態をとらねばならないこと。個人は交換価値を生産するものとして存在するだけであり，それゆえすでにその自然的存在の全否定が内包されていること。かくて個人はまったく社会によって規定されていること [等々が忘れられる]」(II/1: 171)。

いない労働」(II/1: 216), 「あらゆる労働手段と労働対象から, つまり労働の全客体性から分離された労働」(ibid.) であり, 言い換えれば, 「無所有」として存在する労働である。だが他方, この労働は, 労働そのものの「主体的存在」, 「価値の生きた源泉」としての活動であり, 「行為のなかで自己をそのものとして実証する富の一般的可能性」(ibid.) としての一般的富でもある。資本は過程として, 「非資本, つまり資本の否定 [労働] と関連するかぎりでのみ」(ibid. 198), 資本でありうる。資本はこうして「資本の生産力, 資本を再生産する力, 資本そのものに内属する力」(ibid.) を領有する。

第2の過程は, 資本の生産過程である。これは, 何よりも「剰余労働 [surplus Arbeit／Mehrarbeit]」(II/1: 241) による価値増殖過程として把握される。物象化は, いまや労働を媒介として自己増殖する原理を獲得した。資本は「無限の致富衝動」(ibid. 255) として, 剰余価値を増加させようと, 1) 多くの労働をつくり出し, 労働日を自然的に可能なかぎりの限度まで延長すること (絶対的剰余価値の獲得), 2) 労働の生産力をどこまでも増加させること (相対的剰余価値の増大), を目指す (『経済学批判要綱』ではとくに第2の場合が分析される)。剰余労働にもとづく価値増殖こそ, 物象化の高次の展相の根幹をなす。

第3の過程は, 資本の流通過程である。これは, 生産過程において増殖された価値を実現する過程であるが, 同時に「資本の価値喪失過程」(II/1: 315) としても把握される。単純流通では等価交換が前提されていたとすれば, いまや資本は, 等価交換を前提しても, 価値喪失を被る不安定要因を抱え込むに至るのであり, それゆえに市場開拓, 新しい生産部門の創出等に駆り立てられる。かくてマルクスは, 絶対的剰余価値の脈絡から, 世界市場をつくり出す傾向, 資本に照応する生産様式を普及させようとする傾向を語り, 相対的剰余価値の脈絡から, 新しい消費の生産——既存の消費の量的拡大と新しい欲求の創出——と, 質的に異なる生産部門の創出を必要とするという傾向——「資本の偉大な文明化作用」——を語った (後述)。いずれにせよ, 資本は世界市場の開拓と資本に照応する生産様式の拡大を必要とする。このことは物象化の世界規模での拡大を意味する。

そして第4の——『経済学批判要綱』における——資本の総過程では, 資本は「機械装置の自動的体系」を具える大工業をつくり出し, はじめて完全な発

展を遂げる (cf. II/1: 574)。機械装置が固定資本の最も妥当な形態となることによって，労働の諸力がすべて「資本の諸力」(ibid. 577) に転化する。このとき，労働は機械装置そのものの総過程に包摂される。独自の資本主義的生産様式が完成され，資本は自立化し，「能動的な主体，過程の主体」(ibid. 619) として現れる。これが高次の展相の完成をなす。他方，この瞬間から，「生産過程のいかなる中断も，直接に資本それ自体の減少，資本の前提されていた価値の減少として作用する」(ibid. 580)。かくてますます「生産過程の連続性」(ibid.) が資本にもとづく生産様式の外的強制条件となり，直接的形態における労働が富の偉大な源泉であることをやめる。だが，剰余労働の源泉である労働がなくなることは，剰余労働がなくなる事態を意味する。したがってマルクスによれば，交換価値を土台とする資本の生産および所有は崩壊せざるをえない。ここに物象化の限界が示される。

　以上が，資本の諸過程に描かれた物象化の高次の展相に関する概要である[9]。そして，これによってマルクスは資本主義的私的所有の把握ないし剰余価値論の形成という課題を果たしたのである。

ブルジョア社会における人格変容と疎外

　生産関係の物象化は，商品・貨幣次元においても資本次元においても人格変容――〈物象の人格化と人格の物象化〉――を引き起こす。以下では，ブルジョア社会における人格変容を各次元に即して――商品・貨幣次元の人格変容は簡略に――論じる。

　商品・貨幣次元 (単純流通) における〈物象の人格化と人格の物象化〉とは，前節に示したそれと異なるものではない。ただブルジョア社会では，商品・貨幣次元が総体化・全面化することによって商品・貨幣の擬人化が一般化し，それゆえ，人格の物象化もやはり一般化する。

　　「一般的富の物質的代表物としては，個体化された交換価値としては，貨幣は直接的に，一般的労働の，万人の労働の対象，目的であり産物である。……致富欲が万人の衝動として現れ，各人が貨幣を生産しようとすること

9）以上の概括は，渡辺 [2023b] 第 3 章による。

によって，各人の衝動は一般的富を創造するのである」(II/1: 148)

そしてそれゆえに，この次元でも疎外が生じ，かつ一般化する。

「各人の社会的諸関係を各人自身の共同関係的関連として，自らの共同関係的統制に服させる普遍的に発展した諸個人は，自然の産物ではなくて，歴史の産物である。こうした個体性を可能にするための諸力能 [Vermögen] の発展の程度および普遍性は，まさに交換価値を土台とする生産を前提しており，そして，これによってはじめて，個人の自己および他者からの疎外の一般性が生産されるとともに，他方では個人の諸関連および諸能力の一般性と全面性もまた生産されるのである」(II/1: 94; 再引用)

ここでの疎外は，必ずしも労働における疎外を意味しない。「個人の自己および他者からの疎外」とは，物象化が総体的になり，土地と労働そのものが貨幣関係に入った段階を表す。この段階では，人間の労働力が商品化され，物象化され，人間は物象的諸関係に巻き込まれ，物象としての生活を余儀なくされる[10]。

さて資本次元では，資本の人格化としての資本家，労働の人格化としての労働者等，いずれも物象に規定された人格（物象の人格化）が現れ，それに相即して価値増殖欲求その他の形成にもとづく人格変容（人格の物象化）が生じる。『経済学批判要綱』にはなお〈物象の人格化と人格の物象化〉という規定は現れない。しかし，この事態は，各所に明確な指摘があり，基本的視角とみなすことができる。たとえば次の箇所には，資本次元における物象の人格化が明確に指摘される。

「第3。価値が生きた労働力能に対して自立的にそれだけで存在すること，したがって価値が資本として存在すること，客観的労働諸条件が生きた労働力能に対して自存的客観的に没関係的であり，疎遠であること——このことは，以下の地点にまで昂進する。すなわち，客観的労働諸条件が労働者の人格に対立して資本家という人格をとり，固有の意志と利害をもった擬人化として現れ——生きた労働力能からの所有の，すなわち物象的労働諸条件のこうした絶対的分断，分離——，言い換えれば，物象的労働諸条

---

10) 商品・貨幣次元の人格変容に関する詳論は，渡辺 [2023b] および本書第3章をも参照。

件が労働力能に対して，他人の所有として，他の法的人格の実在性，この
人格の意志の絶対的領域として現れること——したがって他方では，労働
が疎遠な労働として資本家に人格化された価値あるいは労働諸条件に対立
して現れること——，つまり所有と労働との，生きた労働力能とその実現
諸条件との，対象化された労働と生きた労働との，価値と価値創造的活動
とのこうした絶対的分離——したがってまた労働の内容の労働者そのもの
に対する疎遠性——，こうした分断がいまや労働そのものの生産物，労働
自身の諸契機の対象化，客体化として現れるのである」(II/1: 361-362)

　資本は，それが価値と価値増殖にもとづくものであるかぎり，個々の人間
（人格）が各人の意志だけによって自立的に形成しうる物象ではない。むしろ，
それは人格を超える関係構造として自立的であり，人格を拘束する。このとき，
資本の擬人化が起こる。

　そしてそれゆえに，それは人格の物象化を引き起こす。資本家は，無限の剰
余価値生産をあらゆる人格的価値に優先させる「固有の意志と利害をもった」
人格に変容を遂げる。労働者もまた自己の労働力を商品として売る商品占有者
として，労働の人格化として資本の指示にしたがって価値増殖を行う人格に転
化する。ブルジョア社会において諸個人は，いかに「自由にして平等」である
と言われようとも，転倒性，反対物への転化という変容を蒙る。下記の引用が
示すのも，資本次元における人格の物象化の事態である。

　　「この種の［ブルジョア社会の］個人的自由は，同様にあらゆる個体的自
　　由の最も完全な廃棄であり，物象的力という形態，否，圧倒的力をもつ物
　　象の——相互に関連しあう諸個人そのものから独立した物象の——形態を
　　とる社会的諸条件の下への個体性の完全な屈服なのである」(II/1: 537)

　それゆえ前項で示した資本の諸過程は，それぞれがそれ自体として資本家と
労働者に人格変容を迫る過程でもある。資本は，まず生産過程において「より
多くの剰余価値をつくり出そうとする不断の運動」(II/1: 249) である。それゆ
えに資本家は，必要労働を制限し，剰余労働を増加させることに躊躇しない。
そして，流通過程において，世界市場をつくり出す傾向，資本に照応する生産
様式を普及させようとする傾向が「資本の偉大な文明化作用」(ibid. 322) である
なら，資本家は，「既存の諸欲求の一定の限界内に自足的に閉じ込められてい

た伝来の充足および古い生活様式の再生産」の一切に対して「破壊的である」(ibid.) ほかはない。また総過程において，大工業の発展により固定資本が増大し，利潤率の傾向的低下が起こるならば，資本の価値喪失を回避するために労働者階級に対して「労働者の生活劣悪化，その生命力のきわめて直接的な消尽」(ibid. 623) という犠牲を払わせることに一切の妥協はしない。他方，労働者もまた「人格化された労働」として人格変容を免れない。労働者は労働力商品として他の商品と同様に物象化された諸関係に翻弄され競争する存在となり，また労働力の発現を資本に委ねる存在，資本の魂を内在化した存在とならねばならない。

注目してよいのは，関係構造に規定された人為的な形態的欲求が現れること（人格の物象化）によって，この欲求と自然的欲求・感覚などからなる個体性との矛盾，すなわち疎外が生じるということである。疎外は，資本家にも労働者にも生じる。資本家の場合も個体性がゼロになるわけではなく，人格上の矛盾が現れるからである。ただし，とくに労働者の場合，疎外は著しくかつ深甚である。かくてマルクスは〈物象の人格化と人格の物象化〉の指摘と同時に，資本の諸過程に即して労働者の疎外を語る[11]。労働者は「人格化された労働」としてあるかぎり，自己を労働力商品として物象化し資本に支配されるのであり，つねに自己を二重化せざるをえない。それゆえ労働者は，自己の二重化によって生じる矛盾のうちを生き，資本の諸過程のいたるところで疎外を経験せずにはいない。

資本の生産過程——価値増殖過程——での労働の疎外はもはや詳論するまでもない。マルクスはこの疎外を2つの契機，すなわち，生産された対象の外化と労働そのものの疎遠性とにおいて描く (cf. II/1: 371, 416)。また資本の流通過程では，マルクスは次のような記述を示す。

「ブルジョア経済学——そしてそれが照応している生産の時代——においては，人間的内実を以上のように完全に形成することが完全な空洞化として，かかる普遍的対象化が総体的な疎外として現れ，そして一切の特定の一面的目的を取り払うことが，自己目的をまったく外的な目的のために犠

---

11) 私見の詳細は，渡辺 [2023b] 第3章5節を参照。

牲にすることとして現れる」(ibid. 392)

普遍的対象化が総体的な疎外と規定される所以は，他方に人間諸力の総体を前提して，しかし諸個人がそれを実現できないという矛盾の現実を表す。ここでも肝要なのは，疎外には人間諸力という人間の内実が関与すること，そしてそれは矛盾のゆえに，各個人に苦痛，苦悩として経験されることである。

資本の総過程においても同様である。この段階では，資本は機械制大工業をとおして能動的な主体，過程の主体として現れる一方，直接的形態における労働を富の偉大な源泉としては廃棄することによって自己増殖の条件を廃棄し，資本そのものの限界に逢着する。かくてマルクスは利潤率の傾向的低下と関連させて資本の所有の困難性 (価値喪失)，労働者の生活劣悪化を指摘し，労働者の疎外を語った。

それゆえ疎外は資本の全過程を貫く。それは，労働が現在の所有形態——所有と労働の分離——にあってはいかなる過程においても分裂的であり，疎外されるからである。この疎外論が，啓蒙主義的理論構成にもとづく解釈とは異なる地平で——すなわち諸個人の物象化された現実的諸関係 (形態的根拠) と個体性 (実体的根拠) との矛盾という現実的関係において——，把握される。

要するに，『経済学批判要綱』の物象化論は，概念的に定式化しえていないとしても〈物象の人格化と人格の物象化〉を実質的に把握し，それゆえに，それから生じる疎外を体系的に論じるところにまで至っていたのである。

生産諸関係の神秘化と粗野な唯物論の呪物崇拝

かくて，『経済学批判要綱』は物象化論の本来的テーマ (第1論点ないし第3論点) を『資本論』段階のそれにも匹敵する水準で開拓していたことが知られる。ところが，これとは対照的に，『経済学批判要綱』は呪物性格や呪物崇拝にまだほとんど論及をしていない。呪物性格概念も物化概念も存在せず，呪物性格論は基本的に未形成である。

もちろん，経済的諸関係の神秘化というテーマが現れていないのではない。たとえば「固定資本と流動資本」項目には，「呪物崇拝 [Fetischismus]」という術語が例外的に1箇所だけ，次のように現れている。

「人間の社会的生産関係と，これらの関係に包摂されたものとして物象が

獲得する諸規定とを，諸物のもつ自然的属性とみなす経済学者の粗野な唯物論は，同様にして粗野な観念論，それどころか呪物崇拝でもあり，社会的諸関連を諸物［Dinge］に内在する規定として諸物に帰属させ，かくて諸物を神秘化するのである」(II/1: 567)

ここではすでに，諸物の神秘化——のちに「物化」と規定される事態——が指摘されており，注目に値する。

また資本の自立化を問題とする段階では，神秘化を問題とする視角がさまざまに示された。たとえば上記と同じ「固定資本と流動資本」項目では神秘化は次のように指摘される。

「諸過程を進行させるもの——それゆえ回転を行うもの——としての資本そのものは，労働する資本とみなされ，それが生み出すと想定される果実は，その労働時間——回転の総通流時間——にしたがって計算される。ここに生じる神秘化は，資本の本性のうちに存するのである」(II/1: 525)

そして「果実をもたらすものとしての資本」項目では，資本そのものが自己増殖する物象として完成される段階が問題とされ，資本は過程の主体としての自己から出発し，「自己に対して自己を増加させる価値に対する態様で関わる」(II/1: 620)と規定された。「一定の価値の資本は，一定の期間のうちに一定の剰余価値を生産する」(ibid.)。いまや資本は，自己を増殖する価値として，つまり労働から独立した富の源泉となり，1）生産過程で生み出す剰余価値に規定されるだけでなく，それを総運動の一契機となし，2）一定の期間において再生産される資本として，労働から独立して「一定の剰余価値を生産する」(ibid.)主体として現れる。このとき剰余価値は「利潤」としてとらえられる。そして利潤に対しては，生産で前提される資本の価値は，「前貸」(ibid. 632)としてとらえられ，利潤は交換によって生じる「前貸を超える超過分」(ibid.)のように受け取られる。ここでは端緒的ながら明確に資本による神秘化——『資本論』段階で示される G—G′ の呪物化——が把握される。

とはいえ，諸物象の諸規定が諸物のもつ自然属性として現れる神秘化や商品および貨幣の呪物性格は，「経済学者の粗野な唯物論」と結びつけて論じられたにすぎなかった。また資本の呪物化も資本の自立化を性格づける脈絡に限定され，一般化されていなかった。

小括

　以上が『経済学批判要綱』における物象化論の概要である。本書序論で示した 6 つの論点に即していえば，第 1 論点ないし第 4 論点（そして論じなかったとはいえ，第 6 論点）に関する展開は，個々に不足はあれ本格的な展開の水準に達していたと見られる。

　ただし，『経済学批判』以後と対比して，2 つのことは限定的である。第 1 は，上述のとおり，商品と貨幣における神秘化というテーマ（第 5 論点）はなお設定されていなかったことである[12]。第 2 は，物象化の存立根拠という本来の脈絡での私的労働概念もまだなお現れていなかったことである。物象化の生成根拠としては，歴史的に共同社会と共同社会の間の交換が示され，貨幣関係を媒介とした私的所有の成立も歴史的に示された。またブルジョア社会での交換を予定する私的労働がすでに示したように私的生産として実質的に把握されていたと見られる。しかし，それでもなお私的労働概念は現れない。なぜか。このことは，以上に示される本格的な物象化論を見たとき，ますます問題として顕現する。

　マルクスは序説において，周知のように，経済学の方法を語った。要点は，3 つあった。[1] 叙述方法における下向と上向の区別。マルクスはこの区別によって，単純な規定・概念から始めて具体的な全体を再現する上向の方法こそ，「具体的なものを精神的に領有し，それをひとつの精神的に具体的なものとして再生産する思考の技法」(II/1: 36) であり，「科学的に正しい方法」(ibid.) であるととらえた。[2] 単純な範疇の歴史性。「より単純な範疇は，より未発展な一全体の支配的諸関係を表現することも，またより発展した一全体の従属的諸関係を表現することもできる」(ibid. 38)。たとえば貨幣は，資本や賃労働が存在するまえに歴史的に現存していたが，貨幣の完全な発展は，「歴史的には社会の最も発展した状態に至って」(ibid.) はじめて現れる。近代経済学の最も単純な範疇をなす「労働」も，「この抽象においてじっさいに真実に現れるのはただ，最も近代的な社会の範疇としてだけである」(ibid. 40)。[3] 経済学的諸範

---

12) 呪物化への着目が萌芽的であることは，それ自体が物象化と呪物化の区別を示唆する。商品と貨幣における神秘化の叙述は，『経済学批判』に現れる（本書第 3 章 4 節）。

112

疇の序列。マルクスによれば，経済学的諸範疇を歴史的に規定的範疇であった順序にしたがって並べることはできない。「経済学的諸範疇の序列は，それらが近代ブルジョア社会でもつ相互関連によって規定されている」(ibid. 42)。肝要なのは，さまざまな社会形態の継起するなかで経済的諸関係が歴史的に占める関係ではなく，「近代ブルジョア社会内部での諸関係の編制」(ibid.) である。

かくて，マルクスが近代ブルジョア社会における諸関係の編制にしたがって諸範疇を抽象的なものから複雑なものへと構成する見識（論理説）をもっていたことは明らかである。しかし同時に『経済学批判要綱』のマルクスは，篇別構成の試行のなかにあり，範疇の歴史的な分析を不可欠の作業としていた。マルクスは，交換→商品生産→貨幣→私的所有の系統を辿りながら，共同社会を土台として古代中世において部分的に商品・貨幣関係（物象化）が進展することを論じた。これに対して資本の諸過程はある程度体系的論理的に叙述されたことも疑いない。しかし，それでもなお，資本の原初的形成などは歴史的過程として組み込み，歴史的叙述を行った。『経済学批判要綱』はこの意味で，なお方法上論理説を徹底することなく，論理＝歴史説的な叙述を示した。このことは，『経済学批判要綱』が，商品概念を篇別構成の冒頭に設定していないこと，物象化の存立根拠としての私的労働を概念化していないことにも示される。では——呪物性格論／呪物崇拝論は措くとして（本書第3章）——，かかる私的労働概念がなぜ『経済学批判』以後に現れるに至ったか。次節ではこの問題を考察する。

4　経済学批判の構想プランと貨幣・資本論

『経済学批判要綱』は物象化の生成を歴史的に把握した。この叙述にあっては必ずしも私的労働が物象化の生成根拠として現れるわけではない。むしろ物象化の生成期では共同体的関係を前提とした歴史的な商品生産が語られたのであり，この生産の基礎を私的労働と性格づけることはできない。他方，私的労働概念は『経済学批判』以後，経済学批判の体系構成を整備する過程で措定されるのであり，ここには認識上の何らかの転換が想定される。以下，この転換をプラン問題[13]と関連づけて考察する。

経済学批判の構想プラン

『経済学批判要綱』には，経済学批判体系に関して3つのプランが提示されている。第1は，序説（ノートM: 1857.8）に示されるプラン。第2は，「貨幣の通流」項目（ノートII: 1857.11）のプラン。第3は，「貨幣の資本への転化」項目（同上）のプランである。

序説によれば，全体の篇別区分は5部門構成からなり，概略，（I）一般的抽象的諸規定，（II）ブルジョア社会の内部編制をなす諸範疇，資本／賃労働／土地所有，三大社会階級，（III）国家の形態におけるブルジョア社会の総括，（IV）生産の国際的関係，（V）世界市場と恐慌，となっている（cf. II/1: 43）。「一般的抽象的諸規定」とは，マルクスが当初構想していた「第1篇　生産一般」[14]か，ブルジョア社会以前の「分業，貨幣，価値などの，いくつかの規定的な抽象的一般的諸関連」（II/1: 36）も包括しうる部門を示唆する。

とはいえ，序説プランに示される「第1篇　生産一般」構想は，当初から限定的であった。たしかにマルクスは「生産一般」を「一つの合理的抽象」（II/1: 23）と認めていた。しかし，むしろマルクスによれば，「生産一般は存在しない」（ibid.）のであり，「生産を問題とする場合には，つねに一定の社会的発展段階での生産——社会的な諸個人の生産を問題とする」（ibid. 22）のでなければならなかった。それゆえ，生産一般を論じる意味は反対に生産の歴史的規定性を際立たせるためであった。

> 「生産一般に妥当する諸規定をより分けておかねばならないのはまさに，統一に囚われて……本質的差異を忘却しないようにするためである。これを忘れるところに，たとえば現代の経済学者たちの，現存する社会的諸関係の永遠性と調和を証明する知恵のすべてがある」（ibid. 23）

---

13) プラン問題に関しては，佐藤［1968］，Rosdolsky［1968］，荒木［1974］，谷野［2000a］などを参照。

14) 「資本と労働との交換」項目（ノートIII: 1857.11-12）には，「第1章は交換価値に先立ち，生産一般を論じなければならない」（II/1: 219）とあり，「労働過程と価値増殖過程」項目（ノートIII）には，「生産一般に関する第1篇と交換価値に関する第2篇第1章」（ibid.: 237）とある。ノートIIの段階で「一般的抽象的諸規定」の篇が除外されており，ここに示されるプランには不整合が存在する（これは説明不能である）が，依然として当初の「第1篇　生産一般」構想が存続していたことは否定できない。

114

　生産一般を論じることによって，ブルジョア経済学では「ブルジョア的諸関係が，社会一般の覆すことのできない自然法則として，まったくひそかに押し込まれる」(II/1: 24)。そして生産一般が個人による自然の領有とされるところから，ただちに「所有のひとつの規定された形態，たとえば私的所有への飛躍」(ibid. 25) が行われる。こうなれば，「[所有の] 対立的形態である非所有をも，[生産の] 条件として想定する」(ibid.) 仕儀に陥る。これはマルクスによれば，「愚かしい」ことである。また，かりに「第 1 篇　生産一般」を設定しても，それからただちに貨幣章や資本章を展開することはできない。生産一般を論じる意味は，本来限定的であったと言うべきであろう。

　「貨幣の通流」項目にある第 2 の構想プランでは，生産一般の諸規定が除外されて，（Ⅰ）交換価値／貨幣／諸価格，（Ⅱ）生産の内部編制 [資本／賃労働／土地所有]，（Ⅲ）国家における総括，（Ⅳ）国際的関係，（Ⅴ）世界市場と恐慌，の 5 部門構成が示される (cf. II/1: 151-152)。そして，「貨幣の資本への転化」項目で示される第 3 の構想プランは，交換価値／貨幣等の諸規定をも「資本」部門に包括して，（Ⅰ）資本，（Ⅱ）土地所有，（Ⅲ）賃労働，（Ⅳ）国家，（Ⅴ）世界市場と恐慌，の 5 部門から構成された (cf. ibid. 187)。

　ここから知られるのは，マルクスが 1857 年 11 月のある時点において，明文で「第 1 篇　生産一般」構想を変更し，むしろ（Ⅰ）資本，（Ⅱ）土地所有，（Ⅲ）賃労働，という篇別区分を基本として資本部門のうちに価値，貨幣を組み込んだということである。このことは，マルクスが，すべての範疇をブルジョア的諸範疇に限定し，いわば叙述の論理＝歴史説から論理説への転換を図ろうと決断したことを意味する。『経済学批判要綱』はすでに述べたように，叙述の論理＝歴史説を完全には払拭していない。それは歴史的に確証しておくべき課題が多く存在したためであろう。しかし，これを果たし終えたときに叙述の論理＝歴史説に拘泥する理由は消失する。かくてマルクスは『経済学批判』第 1 草案 (1858.6) で，第Ⅰ部「資本」第 1 分冊の篇別を，1）価値，2）貨幣，3）資本一般，として確定したのではないだろうか (cf. II/2: 3-7)。

　ただし，ここでも冒頭章はなお「商品」ではない[15]。このことには，マルク

―――――――――――――
15)『経済学批判』における商品論の成立というテーマを扱った研究としては，平田 [1971]

スなりのこだわりが存在したのであろう。『経済学批判要綱』の「貨幣の通流」項目にはこう記されていた。

「諸交換価値，貨幣，諸価格を考察するこの第1篇では，商品はつねに現存するものとして現れる。形態規定は単純である。商品が社会的生産の諸規定を表現することを，われわれは承知している。しかし［商品の場合］，社会的生産そのものは前提である。しかも，商品はこのような規定において措定されるわけではない。たとえば，じっさいに，最初の交換は余剰の交換としてのみ現れるのであり，生産全体をとらえ，規定することはない。生産全体に現存する過剰は，交換価値の世界の外部に存在するものである。だから，なお発展した社会でも，このことは表面上に，直接現存する商品世界として現れる。しかし，商品世界はそれ自身によってそれを超えて，生産諸関係として措定される経済的諸関係を指し示すのである」(II/1: 151)

商品は原初に遡る歴史的商品としても現れうるのであり，したがって前提となる社会的生産は商品においては措定されないことが問題とされる。他方，ここでも「貨幣」に先行して「交換価値」が範疇として設定されており，それが資本主義的商品と結びつけられていたことは明らかである。肝要なのは商品のこの資本主義的限定であった[16]。

そして『経済学批判』第1草案で第I部「資本」第1分冊の構成が示されたのち，『経済学批判』序文 (1859.1) では，（I）資本，（II）土地所有，（III）賃労働，（IV）国家，（V）外国貿易，（VI）世界市場，の6部門構成を基にして，はじめて，第I部「資本」の第1篇「資本一般」は，1）商品，2）貨幣または単純流通，3）資本一般，から構成されるに至った (cf. ibid. 99)。すなわち，商品の資本主義的限定が明確化されたのである。注目すべきは，この『経済学批判』第1篇「資本一般」の構成である[17]。

がある。ただし，平田にあっては，「［『経済学批判』の］商品論はその冒頭から，物神性論展開の構えをもつものであり，そして物神性論に集約される経済理論である」（平田 [1971] 290）とされ，商品論は物神性論に収斂させられてしまう。

16) 『経済学批判要綱』の後半では，「ブルジョア的富が表示されるさいの最初の範疇は，商品という範疇である」(II/1: 740) と規定される。ただし，なお篇別構成は，「1）価値」とされていた。

冒頭商品章の設定と私的労働概念の定式化

　経済学批判体系における冒頭商品章の設定は，以上から推定されるとおり，たぶん「分業」などの一般的抽象的諸規定から「交換価値」→「価値」→「商品」という推移を辿った。問題は，それが最終的に「商品」となったのはなぜか，である。私見によれば，「価値」から「商品」への変更は，いま述べた商品の資本主義的限定がたぶん『経済学批判』の直前になされ，かつ価値措定労働が「抽象的一般的労働」として把握されたこと，つまりマルクス独自の労働価値論が確定されたことによる。このことの証明はむずかしい。とはいえ，ヒントは『経済学批判』原初稿 (1858.8-10) の「単純流通における領有法則の現象」項目に与えられている。マルクスはここで，ブルジョア社会の二重性をさまざまに指摘し，価値措定労働としての私的労働を論じたからである。

　第 1 の二重性は，単純流通と本源的生産の二重性[18]である。ここでは，交換の主体が「さしあたり諸商品の所有者として現れ」(II/2: 47)，商品がつねに現存するものとして流通に入ってくるという事態が想定される。この場合，商品の所有は交換に先立つ所有として，「その商品占有者の労働から直接生じたものとして現れ，労働が領有の本源的様式として現れる」(ibid.)。つまり商品の現存には労働が前提され，「私的所有が流通の前提をなす」(ibid. 48) のであるが，他方，商品の生産過程，それの本源的な領有過程は流通の内部では示されないし，現れもしない。ここでは各人による商品の所有が前提され，「各人は受け取るがゆえにのみ与え，与えるがゆえにのみ受け取る」(ibid.) という交

---

17) プラン問題を詳論することはここでのテーマではない。なお以下，大区分は「部門」とし
て，下位区分に「篇」→「章」→「項目」を設定する。

18) この把握そのものは，『経済学批判要綱』にある。「貨幣の資本への転化」項目によれば，
「流通はブルジョア社会の表層において直接に現存するものとして現れるとしても，それ
が存在するのはたえず媒介されるかぎりにおいてのことである。……したがって流通は，
媒介の全体として，総体的な過程そのものとして媒介されなければならない。それゆえ流
通の直接的存在は純粋の仮象である」(II/1: 177) とされ，「資本の循環」項目では，「交
換価値にもとづく生産の表層では，かの，等価物の自由かつ平等な交換が行われるが，生
産という土台では，それは，交換価値としての対象化された労働と使用価値としての生き
た労働との交換であり，……すなわち労働の外化なのである」(ibid. 416) とされる。い
ずれも，流通を生産の表層にある仮象とする把握である。しかし，たとえ流通が──等価
物の自由かつ平等な交換にもとづくとされる以上──仮象であるとしても，流通によって
実現される商品交換という社会的資料変換は，実在的過程である。

換過程が進行する。かくて，流通過程は「ブルジョア社会の表層」(ibid.) と位置づけられ，商品の生産過程に対立させられる。

もとより商品は事実として，自己労働の対象化以外のものではありえず，ここでは――ブルジョア社会では――「労働と自己労働の成果に対する所有」が根本前提として現れる。流通は，いわば「他人労働の領有」であり，自己労働にもとづく所有を土台とする「第二次的な領有」(II/2: 48) とされる。だからこそ，近代経済学者は，「自己労働こそ本源的な所有権原 [Eigenthumstitel]」，「自己労働の成果に対する所有こそブルジョア社会の根本前提」と言明する (cf. ibid. 49)。かくて，自己労働による商品の領有が第 1 の必然性を表現するとすれば，次にはそれの譲渡，すなわち交換が第 2 の必然性として現れる (cf. ibid. 50)。

第 2 の二重性は，交換と私的労働との対立である。マルクスによれば，「交換には運動の全体に関わるいまひとつの前提がある」(II/2: 50)。それは，「交換を行う諸主体が社会的分業の下に包摂されて生産を行っていること」(ibid.)，しかも，分業一般だけでなく，「分業の特有な発展形態を前提する」(ibid.) ということである。「分業の特有な発展形態を前提する」とは，一方では交換主体が「独立した私的個人として」(ibid. 51)，自発的に自己のために生産を行っていること，他方では私的個人が交換価値，すなわち「一定の社会的過程によってはじめて生成する産物」たる交換価値を生産していること，つまりは私的労働を行っているということである (後述)。要するに，私的個人は，「すでに，ひとつの連関のなかで，歴史的過程によってはじめて生成する生産諸条件および交通諸関係の下で生産を行っている」(ibid. 51) のであり，交換の土台には，以上のような分業の特有な発展形態が存在するということである。

前提される「分業の特有な発展形態」では，私的個人はすでに相互に独立して交換価値を生産している。マルクスはこのことを指摘して，結論的にこう述べる。

　「分業の特有な形態……を分析すれば，次のことが示されるであろう。すなわち交換価値が単純な出発点として表層に現れ，単純流通に展開される交換過程が単純ながらも生産および消費の全体を包括する社会的質料変換として現れるためには，ブルジョア的生産の全システムが前提されるとい

うことである」(II/2: 52)

　それゆえにマルクスが導くのは，諸個人が自由な私的生産者として流通過程で対立しあうためには，「諸個人の自由および独立性と多かれ少なかれ衝突する，いっそう錯綜した他の生産諸条件……が前提される」(II/2: 52) ということであった。他の生産諸条件とは資本による生産諸条件であろう。もとより「単純流通の立場では，この諸関係は消え去ってしまっている」(ibid.)。しかし，それでも単純流通の前提は存在するのであって，交換者は，１）さまざまな商品を生産し，２）各人は万人の生産に依存している［と前提される］。そして，ここに私的労働が対象化された一般的労働と関連づけられて現れるのである。

　　　「生産物は［ここでは商品として］直接にはただ個人の行う独立した私的
　　　労働の対象化でしかないとはいえ，交換価値，つまり対象化された一般的
　　　労働［allgemeine Arbeit］となっている」(ibid. 53)

　私的労働は現実には労働者の疎外された労働としてしか存在しない。しかし同時にそれは一般的労働――抽象的人間労働――であり，ブルジョア社会において価値措定労働として存在する。マルクスが一般的労働概念によってブルジョア社会における価値措定を析出したとき，それに応ずる概念として私的労働は要請された。それはたんなる単純流通に属する商品／貨幣から要請された仮構的概念ではなく，現にたえず生成する現実的な価値を措定する過程を表す概念として，しかも「生産および消費の全体を包括する社会的質料変換」と規定されるに至った交換過程の前提をなす労働の概念として提起された。そしてこの見極めができたとき，商品章という設定も確定したものと思われる。

　私的労働とは，「社会的労働の総体のなかで」(II/2: 53) 行われる商品生産労働である。各個人は「社会的個人として，社会のなかで，社会のために生産する」(ibid. 54) のであるが，このことは同時に自己の個体性を対象化するための単なる手段として現れるのであり，ここに私的人格の独立性が現れる[19]。この

---

19) ここでは貨幣が私的人格を結合する紐帯となる。それゆえそれは「諸個人の共同制度」ととらえられる。「諸個人はただ物象的にのみ相互に存在するにすぎない。貨幣の脈絡では諸個人の共同制度そのものがひとつの外的な，したがって偶然的な物として，すべての人びとに対立して現れるのであり，それがさらに発展して現れるだけである。……諸個人は，ひとつの自然成長的な共同社会の下に包摂されているわけでもなければ，他方で，意識的に共同関係を形成し共同制度を自己の下に包摂しているわけでもないから，共同制度は，

第2章 『経済学批判要綱』の貨幣・資本論　119

場合，1）直接的な生存手段は労働者の労働によっては生産されず，2）どの主体も社会的欲求の一部を充足するにすぎない (cf. ibid.)。ここにあるのは「労働と所有の分離」以後の事態である。

　それゆえ，私的労働は資本関係の下でしか行われない。ただし，それは，剰余価値を生産する労働として規定された労働ではなく，ブルジョア社会の商品に照応して想定される私的個人の対他者労働，交換過程においてはじめて社会的労働であることを媒介的に実証する労働である。ここにおいてこそ，全面的な商品交換が行われ，万人の依存関係が現れ，価値が形成される。この私的労働は「自己労働→自己所有」を想定しない。私的労働は，ブルジョア社会では「たんなる労働」としてしか，このような抽象化された労働としてしか存在しえない。しかし，この労働だけが価値を措定する実体たる一般的労働である。それはブルジョア社会において価値措定労働――剰余価値措定労働と区別される――として存在する。このような労働として，マルクスは『経済学批判』原初稿段階で「私的労働」を概念化したのである。

　冒頭商品は，資本主義以前に存在したとされる「単純商品生産」にもとづく歴史的商品，いわゆる単純商品ではない。あくまで資本主義的生産にもとづく商品であって，それゆえ全面的な商品生産を想定し，さらには土地と労働力を商品取引の対象とするに至った段階で生産された商品である。この商品の価値措定労働が私的労働である。この規定が『経済学批判』以降には貫かれることになる[20]。

　以上の二重性論には，続きがある。マルクスは原初稿で，第3の二重性として，「所有，自由，平等」の等価交換世界と資本主義的生産の不等価交換世界との対立を指摘した (cf. II/2: 60-61)。これは原初稿のひとつのモチーフである[21]。この対立においては，以上の商品世界は仮象と化する。それゆえ，たと

　　独立した主体としての諸個人に対立して，同様に独立した，外的な，偶然的な物象的なものとして，存在せざるをえない。この事情こそがまさに，諸個人が独立した私的人格としてありながら，同時にひとつの社会的連関のなかに存在するための条件なのである」(II/2: 53-54)。

20)『1861-63年草稿』によれば，「商品」は「ブルジョア的生産の最も一般的なカテゴリー」(II/3: 265) と規定される。

21) さらには進んで，第4の二重性として，資本の定在としての商品形態・貨幣形態と資本

えば『直接的生産過程の諸結果』でマルクスは「資本の生産物としての商品」について，1）資本主義的生産こそ，はじめて商品をすべての生産物の一般的形態とすること，2）商品生産が必然的に資本主義的生産になるのは，労働力そのものが一般に商品になる瞬間からであることを示した後で，3）「資本主義的生産は商品生産の土台を，つまり個別化された独立の生産と商品占有者の交換ないし等価物交換とを廃棄するのであり，資本と労働力との交換は形式的なものとなる」(II/4.1: 28) ことを指摘した。

もとより，資本主義的生産は全面的な商品交換にもとづくのであり，各人が商品占有者として私的労働の主体とみなされることは前提である。私的労働の主体は，商品占有者である。商品占有者であるからこそ交換過程に入り，相互に等価交換を果たす。しかし資本主義的生産様式の下では，商品占有者であったとしても，この占有者が生産手段の所有者であるとは限らない。商品占有者としての主体は，法的には「私的所有者」とみなされる。しかし，それはきわめて特異な性格をもつ「所有者」である。それゆえにマルクスはこの所有者を「商品所有者」とは規定せず，さしあたり私的労働の主体[22] として「商品占有者」と規定した。この場合，私的労働はそれ自体として自立したものではなく，資本家に労働力を売り，賃金を獲得して商品交換に入る労働者という形態性を帯びた存在の労働にほかならない。そして，この労働こそ，価値措定労働として，物象化の存立根拠をなすのである。

本書序論でも指摘したとおり，物象化の存立根拠という独自の意味をもつ私的労働概念は，『経済学批判要綱』には現れない。それは，マルクスがまだ『経済学批判要綱』では，ブルジョア社会における価値措定労働を物象化の存立根拠としてとらえるに至っていなかったからである。マルクスは『経済学批判』以後，私的労働によってはじめてブルジョア社会における物象化の存立根拠を説明した。それは，マルクスが以上のような私的労働の性格づけに至ったためであると考えられる。

形態の対立が指摘されうるが，ここでは割愛する。

22) あるいは「労働力の所有者」と規定される。それは，商品所有者と同等な位置をもつ所有者である。

商品次元における物象化論の生成

　以上が示されたこの時点で，すなわち『経済学批判』原初稿の段階で，商品次元における物象化論の生成を考察しておくことが適切である。なぜなら，マルクスは『経済学批判要綱』で本格的な物象化論を叙述した上で，『経済学批判』原初稿で私的労働だけが商品という物象を生産すること（商品次元における物象化）を示したからであり，にもかかわらず，呪物性格論あるいは呪物崇拝論は未形成であり，これらと区別された物象化論を問題にすることができるからである。ここで提起される問題は，第1に，私的労働の性格，第2に，物象化と呪物化の区別である。以下，これらを『経済学批判』の交換価値措定労働論によって考察する。

　マルクスは『経済学批判』第1篇第1章「商品」で「交換価値措定労働［Tauschwerth setzende Arbeit］」(II/2: 113) を，1）交換価値措定労働の単純労働への還元，2）交換価値を措定する労働の社会的労働としての特殊な様式，3）有用労働と交換価値措定労働との区別，という3つの視点から記述した（以下，それぞれを，交換価値措定労働に関する第1の記述，第2の記述，第3の記述，と表記する）。

　第1の記述における「単純労働への還元」は，あらゆる労働を「無差別かつ一様な単純労働」，要するに「質的に同一な労働」(II/2: 110) に還元することであり，ただ労働時間によって量的にのみ区別される一般的人間労働に還元すること[23]を意味し，この抽象は「ある与えられた社会における各々の平均的個人がなしうる平均労働」(ibid.) として実在しているとされる。そしてすでにこの段階で各人がこの労働によって規定されることをマルクスは次のように指摘した。

　　「このように時間によって測られる労働は，じっさいにはさまざまな主体の労働としては現れず，むしろさまざまな労働する個人がかの労働［単純労働］のたんなる諸器官として現れる」(ibid.)

　それは，諸個人が交換価値／価値に規定されて労働をすること（物象の人格化）になるからである。ここには物象化の萌芽に対するマルクスの着目が現れている。

　第2の記述における「労働の社会的労働としての特殊な様式」とは，端的に

---

23) 先取りしていえば，これは『資本論』第1巻商品章第1節に示される内容に照応する。

私的労働の様式を指している[24]。

　　「交換価値措定労働の諸条件は，……労働の社会的諸規定ないし社会的労
　　働の諸規定であるが，それは端的に社会的なのではなく，特殊な様式にお
　　いて社会的なのである」(II/2: 111)

「特殊な様式」といわれるのは，労働が「相互に等しい労働として関連づけら
れ，しかもすべての労働が同等な労働に事実上還元されることによって関連づ
けられる」という様式によって社会的性格を獲得し，「あらゆる個人の労働が
交換価値に表されるかぎりにおいて同等性という上記の社会的性格を有する」
(II/2: 111) からである（そして，この場合に労働時間も一般的労働時間として，
社会的性格をもつ）。これは，明示されていないとはいえ，私的労働の様式を
表している[25]。

　　「交換価値に現れる労働は，個別化された諸個人の労働として前提されて
　　いる。この労働が社会的になるのは，それが直接的な反対物の形態，すな
　　わち抽象的普遍性の形態をとることによるのである」(ibid. 113)

第３の記述における「有用労働と交換価値措定労働との区別」で論じられる
のは，生産関係の物象化および呪物性格・呪物崇拝の現れである[26]。

　　「最後に［第３に］，交換価値措定労働を特徴づけるのは，人格と人格の
　　社会的関連がいわば転倒されて，つまり物象 [Sache] と物象の社会的関
　　連として現れることである[27]。一方の使用価値が自己を他方の使用価値に
　　対して交換価値に対する態様で関連づけるかぎりでのみ，さまざまな人格
　　の労働は相互に同等かつ一般的労働として関連づけられる。……同じ労働

---

24) 第２の記述は，『資本論』第１巻商品章第２節に示される内容に照応する。

25) 『経済学批判』の私的労働概念は，商品章ではなく，貨幣章に現れる。「商品は個別化され
　　た独立の私的労働の直接的生産物であり，この労働はその外化 [他者化] により私的交換
　　の過程で一般的社会的労働であることを確証しなければならない。言い換えれば，商品生
　　産を基礎とする労働は，個人的労働の全面的な外化 [他者化] によってはじめて社会的労
　　働となるのである」(II/2: 156)。

26) それゆえ，第３の記述は，『資本論』第１巻商品章第３節／第４節に示される内容に照応
　　する。

27) 同じ内容が『1861-63年草稿』ではこう記される。「諸矛盾 [価値の自立化等に示される矛
　　盾] は，商品生産の基礎の上では，私的労働が一般的社会的労働として現れ，人格と人格
　　の諸関係が物 [Ding] と物の諸関係として現れることから生じる」(II/3: 1323)。

時間を含む2つの商品の使用価値は，同一の交換価値を表す。したがって交換価値は使用価値の社会的自然規定性として，物［Ding］としての使用価値に属する規定性として現れる。……社会的生産関係が対象の形態をとり，この結果として，労働における人格と人格の関係がむしろ物と物の相互関係および物の人格に対する関係として現れる事態，この事態をありふれたもの，自明のものとして現れさせるのは，ただ日常生活の習慣にすぎない」(II/2: 113-114)

　物象化に関わる第3の記述は，価値形態論 (cf. II/2: 116-119) に先行してなされた。とはいえ，「一方の使用価値が自己を他方の使用価値に対して交換価値に対する態様で関連づける」という部分は価値形態論で論じられるべき事柄である。ここから推察すれば，マルクスは，さしあたり価値形態論の段階で私的労働にもとづく商品生産関係と結びつけて生産関係の物象化を語ったとみなすことができる。この意味で，労働価値論と価値形態論の形成は，物象化論の形成過程でもあった。そして物象化を語ると同時にそれと連接させてマルクスは，交換価値が「使用価値の社会的自然規定性」として，すなわち「物の自然属性」として現れる呪物性格を，これもまた価値形態論に先行させて論じた。

　さて，ここでの論述にもとづくなら，本項冒頭に提起した2つの問題に関して次の結論が得られる。第1に，私的労働の性格について。私的労働は明確に資本主義的生産様式の下における労働に限定される。私的労働にあっては，すべての労働が同等な労働に還元され，同等性という社会的性格によって関連づけられる。私的労働は，その社会的性格からしてブルジョア社会の価値措定労働でしかありえない。第2に，物象化と呪物化の区別について。上記のとおり，たしかにマルクスは『経済学批判』で，生産関係の物象化だけでなく，商品次元での神秘化＝呪物化にも言及した。しかし，いかに連接させていたにせよ，両者を一体的に把握していたとは言えない。労働生産物が商品になること（価値の措定）自体が物象化である。呪物化はこれを前提してしか現れることはできない。かくて『経済学批判要綱』から『経済学批判』までの物象化論の形成を顧みるとき，商品次元において物象化は呪物化に解消されない独自の位相をもってとらえられていたと言わなければならない。

第3章　商品・貨幣と人格変容

　物象化は，資本主義的生産様式に特有の現象ではなく，共同社会と共同社会の間で交換が始まり，商品と貨幣が生成することによって歴史的に成立した。かくて『経済学批判要綱』では，物象化はまず何よりも商品・貨幣の生成から歴史的に把握された。しかし他方，資本主義的生産様式に特有の構造関係としても存立しうるかぎり，物象化は，『経済学批判』以後の著作・草稿——とりわけ『資本論』——では，かかる構造関係として現実的かつ論理的に把握されるに至った。

　本章の課題は，とりわけ『資本論』第1巻第1篇「商品と貨幣」にもとづいて——『経済学批判』以後の著作・草稿を視野に収め——，商品・貨幣次元における物象化論を構造的＝論理的に再構成することにある。以下，この課題を果たすために，物象としての商品（1節），私的労働と労働価値論（2節），価値形態と物象化（3節），商品の呪物性格（4節），商品の交換過程（5節），貨幣次元における物象化論（6節），を考察することにする。

1　物象としての商品

商品の価値とは何か

　『資本論』第1巻商品章によれば，商品は，使用価値と価値の2要因から構成される。価値によって構成される生産物は「物象」と規定される。それゆえ，商品はそれ自体が本質的に物象であり，生産関係の物象化を前提する。あるいは端的に，商品の存在そのものが物象化としてとらえられる。

　では，物象としての商品を構成する価値とは何か。マルクスは『資本論』商品章第1節「商品の2要因」（cf. II/6: 69-74）で，商品の価値を把握するために，まず「交換価値」から考察を始めている。

　交換価値は，「ある種類の使用価値が他の種類の使用価値と交換される量的関係，すなわち割合として現れる」（II/6: 70）。この場合，ある使用価値が他の

使用価値と物々交換される場面は想定されていない。むしろ，各使用価値はそれぞれ数多の交換価値をもち，したがって交換価値として比較可能な数量として現れるのであり，それゆえにある1商品は「きわめて多様な割合で他の物品と交換される」(ibid. 71)。すなわち，1クォーターの小麦は，x量の靴墨，y量の絹，z量の金等々と交換される。x量の靴墨以下は，小麦1クォーターの交換価値を表す。それゆえ小麦はそれだけ多くの交換価値をもつとされる。そしてそれゆえにマルクスは，それぞれの交換価値は「共通の同じもの」を表し，「この第3のものに還元されうる」(ibid.) ということを確認する。

　この第3のものは，商品のもつ自然属性ではありえない。むしろそれは「使用価値の捨象」(II/6: 71) である。かくて「労働生産物の感性的性状がすべて消し去られる」(ibid. 72) 場合，商品体に残るのは「幻のごとき[gespenstig]対象性」(ibid.) 以外のものではありえない。これこそ，価値の実体をなす「抽象的人間労働」(ibid.) であり，そして，この凝固物が「価値」(ibid.) であると規定される。それは，「労働生産物に共通な社会的実体の結晶」(ibid.) である。交換価値は，この「価値の必然的な表現様式ないし現象形態」(ibid.) である。

　価値の社会的実体をなす人間労働は，ある使用価値を生産するために社会的に必要な労働を表す。この場合に肝要なのは，労働一般が――いかなる時代にあっても――価値を措定するわけではないということである。人間労働は，あくまで商品世界における労働であり，人間の労働一般に拡張されない。

　たしかに価値は，「無差別の人間労働の，すなわち支出の形態に関わりのない人間労働力の支出のたんなる凝固物」(II/6: 72) とも，また「人間労働力一般の支出」(ibid. 77)，「生理学的意味での人間労働力の支出」(ibid. 79) とも規定される。それゆえに「人間労働力一般」を社会形態に関わりなく存在する抽象物としてとらえる解釈も提出される (次節)。しかし，それは誤読と言わねばならない。なぜなら，「生理学的意味での人間労働力の支出」を歴史貫通的な規定に拡大すれば，すべての社会形態において労働は価値を措定することになろうが，マルクスがここでいう価値は商品価値であり，中世までの大半の労働はこの価値を措定することがなかったからである。すべての労働は使用価値をつくる具体的有用労働であっても，価値措定労働[1]とは限らない。価値を措定する抽象的人間労働は，交換を予定した歴史的な労働であり，この労働が具体的有

第 3 章　商品・貨幣と人格変容　　127

用労働と区別されて価値を措定するとき，「生理学的意味での人間労働力の支出」と性格づけられているのであるから，これを歴史全体に拡張することはできない。価値が，「人間労働力の支出のただの凝固物」というだけでなく「労働生産物に共通な社会的実体の結晶」とも規定されるのは，そのゆえである。

　各商品の価値はたしかに交換を構成のエレメント［場］として前提し，交換において成立し，実現される。交換のためには，異なる使用価値の生産物は共通の第 3 のもの（価値）に還元されなければならない。しかし，価値の実体は交換によって措定されるのではない。交換が全面化した段階では，価値が交換の基礎になる。この価値の実体は労働によって措定され，交換の前提をなす。この意味で措定される価値の実体として，抽象的人間労働はとらえられる。

　では，無数の形態をとる労働力がいかにして「同一の人間労働力」とみなされるのか。それは，「社会的な平均的労働力」(II/6: 73) という性格をもつかぎりで，したがって「商品の生産において，平均的に必要な，あるいは社会的に必要な労働時間を使用する」(ibid.) かぎりで成立する。社会的に必要な労働時間は，「現存の社会的に正常な生産諸条件，社会的平均度をもつ労働の熟練および強度」(ibid.) によって，あるいは「とりわけ労働者の熟練の平均度，科学と技術的応用可能性の発展度，生産過程における社会的結合，生産手段の規模と作用能力によって，そして自然諸関係によって」(ibid. 74) 規定される。かくて判明するのは，同一の人間労働力は，生産諸条件や労働の形態あるいは労働の生産力により社会的に形成されるということである。そして，社会的な平均的労働力を規定したところで，マルクスはさらに価値量を，周知のように労働の量——事実上，商品章第 2 節に現れる「単純労働の量」——，つまりは「労働の継続時間」(ibid. 72) によって規定した。

　　「ある使用価値の価値量を規定するのは，ただ，社会的に必要な労働の量，あるいはその使用価値を産出するのに必要な労働時間だけである」(ibid. 73)
　歴史的には，価値措定労働は固定的でなく，生成過程において変動を余儀なくされる。しかし，資本主義的生産様式の下では，平均的労働力は一定の恒常

---

1 ）マルクスは『資本論』商品章第 1 節で，「価値の実体を形成する［bilden］労働」(II/6: 73) と規定している。しかし，以下では，『経済学批判』の記述にしたがって「価値措定労働」という表現を基本とする。

128

性を獲得する。こうして資本主義的生産にもとづく商品においては，すでに「回り道」が成立していることになる。商品がもともとから「使用価値と価値の統一」として現れるとすれば，それは，すでに「一定の社会的過程」において生成する一定の交換価値／価値を具有する物象としてとらえられなければならない。マルクスはすでに確定しているブルジョア的商品生産と商品交換の過程を前提として，商品の 2 要因を分析しているのである[2]。

　以上，商品章第 1 節は， 1 ）商品の価値は抽象的人間労働という社会的実体の結晶であり，抽象的人間労働は「社会的な平均的労働力」の形成を前提として把握されること， 2 ）価値量は「平均的労働力の継続時間」で与えられること――実質的に「単純労働の量」であること――を論じた。それでは，商品にはなぜ使用価値と価値の 2 要因，労働の二重性が現れるのか。あるいは，なぜ労働生産物は商品という物象となるのか，それは，価値関係の成立を必要とする社会システムによる。そうであるとすれば，なぜ社会システムは価値関係の成立を必要とするようになるのか（ここに私的労働が関わる）。これは商品章第 2 節で論じられる（次節）。

商品価値論の形成

　前章で示したとおり，資本論の冒頭にはじめて商品章を設定したのは，『経済学批判』であった。ここでは，それ以後の商品価値論の形成を考察しよう。

　『経済学批判』は第 1 章「商品」で，「商品は，商品としては直接に使用価値と交換価値との統一である」(II/1: 120) と規定して， 1 ）使用価値と交換価値の区別から交換価値措定労働として「抽象的一般的労働」を導き， 2 ）価値量

---

[2] 全面的な商品交換を前提するかぎり，商品と商品の直接的な交換はありえず，商品交換は貨幣を媒介として行われる。たしかにマルクスは商品章で，商品と商品との交換を考察の対象とする。しかし，それは，ブルジョア社会ではありえない。それゆえ，冒頭商品において商品と商品の交換が設定されるのは，なお叙述の方法上貨幣を捨象して論じるためと解釈するほかはない。それは単純な虚構ではない。商品と商品の交換は，社会的質料変換の過程として実質がある。向井公敏は「貨幣以前の商品交換」を「現実の商品流通のどこにも根拠をもたない理論的虚構」（向井［2010］151）と述べている。しかし私見によれば，商品交換は社会的質料変換の実質をなすのであり，そうであるかぎり「貨幣を捨象した商品交換」は虚構ではなく，叙述方法上の現実的理論的設定であると考えられる。

は労働時間の分量として与えられること，そして，それが――交換価値措定労働に関する第1の記述（前章4節）では――単純労働に還元されることを示した。それゆえ商品の規定は『資本論』第1巻第2版とほぼ同じ規定で現れる。ただし，無視できない2つの相違が存在した。

第1は，交換価値と価値の区別が明確になされておらず，それゆえ，交換価値措定労働が「抽象的一般的労働」(II/2: 109) ないし「一般的人間労働」(ibid. 110) であると規定されたことである。もとより，価値概念も，「価値量」(ibid.) や価値形態論でテーマとなる各商品の「価値」(ibid. 119) として現れている。しかしなお，交換価値と価値の区別は対自化されていなかった[3]。

第2は，「労働時間による交換価値の規定」(II/2: 110) に関して，「単純労働への労働の還元」を論じ，単純労働を「ある与えられた社会の平均的個人ならば誰もがなしうる平均労働」(ibid.) ととらえながら，なお労働の社会的平均度等に対する立ち入った言及が弱かったということである。それは，「交換価値としては，すべての商品は一定量の凝結した労働時間にほかならない」[4] (ibid.) と規定されるように，価値概念の曖昧さと無関係ではなかったように思われる。

交換価値と価値の区別を明確にしたのは，『1861-63年草稿』である。マルクスはサミュエル・ベイリによるリカードウ論難書『価値の性質，尺度，諸原因に関する批判的研究』(1825) を取り上げ，価値の規定を考察している。以下，ベイリに関する論述を概括して示せば，次のとおりである。[1] ベイリは，リカードウが価値を「相互関係にある諸商品の相対的な属性から絶対的なものに転化している」(II/3: 1313) ことに非難を加える。だが，この点で非難されるべきところがあるとすれば，それは，リカードウが「価値概念の展開にさいしてさまざまな契機［交換価値と価値等］を厳密に分けていない」(ibid.) ことだけである。商品の交換価値について語る場合，まず表されるのは，それと交換されうる「他のすべての商品の相対的な量」(ibid. 1316) である。だが，各商品が固定した割合で交換されるためには，それらは「同じ共通な単位」(ibid.) の表

3）これに関しては，尼寺 [1984] を参照。
4）この一文は，『資本論』第1巻に，「交換価値」を「価値」に変更した上で引用されている（cf. II/5: 21）。

現でもなければならない。これが価値であり，それゆえに交換価値と価値は区別される。価値は「たんに措定されたもの」として，「社会的に必要かつ同等な単純労働時間に対する商品の関係によって規定されて」現れるのであり，「きわめて相対的」(ibid.) なものである。[2]「諸商品は，価値としては，ただ人間の生産的活動における諸関係だけを表す」(ibid. 1317)。価値の概念は生産物の交換を想定している。価値は物の自然的属性 [natürliche Eigenschaft] ではない（価値を物の自然的属性とするのは，呪物化である）。それゆえ，商品はその交換価値に対して貨幣による独立した表現を与える。ただし，商品がその交換価値を自立的に貨幣で表すためには，「すでに商品価値が想定されている」(ibid. 1321) のであり，「諸商品は価値としてすでに同一」(ibid.) でなければならない。この価値は，「社会的労働」(ibid.) によって与えられる。[3] 諸商品が労働量で測られるためには，商品に含まれるさまざまな種類の労働が「等しい単純な労働，平均労働」(ibid. 1322) に還元されていなければならない。「だが，単純な平均労働へのこうした還元だけが，この労働のもつ質の唯一の規定性であるわけではない」(ibid.)。価値の単位をなす労働は，単純な平均労働であるというだけでなく，「一定の生産物に表された私的個人 [Privatindividuum] の労働」(ibid.) であり，同時に価値として，生産物は「社会的労働の体現化」(ibid.) でなければならない。すなわち「私的労働は，直接にその反対物として，社会的労働として表されなければならない」(ibid.)。ここに言われる社会的労働が「抽象的一般的労働」であり，これが価値の実体をなすのである。リカードウは価値の要素をなすこの労働のもつ「独自の形態」(ibid. 1324) を理解しなかった。リカードウは，労働こそが「諸商品の価値の内的根拠」(ibid.) であることをとらえながら，この労働の特定の形態がいかなるものかの研究を等閑視したのである。[4] ベイリは，「価値とは諸商品の交換関係である」という単調な連禱句 [Litanei] に固執する (cf. ibid. 1326)。つまり，価値は「諸商品が相互に交換されるたんなる量的関係から形成され，この関係とは独立の何か [貨幣] に転化する」(ibid. 1330) と把握する。これは，価値を購買力に還元するものにほかならない。だが，交換には交換される諸物に共通の「単一性 [unity]」(ibid. 1329) がなければならない。それこそが価値なのである。

　かくてマルクスは，価値関係が交換において成立するものであることを認め

ながら，それがもっぱら諸商品の交換関係に規定される交換価値なのではなく，むしろ交換そのものを現実化させる共通単位として抽象的一般的労働によって措定されるものであることをとらえたのであり，以後，交換価値と価値とは明確な区別が設定されることになった。

『資本論』第1巻初版第1章第1節「商品」の把握は，『1861-63年草稿』のそれにほぼ従っており，『経済学批判』の水準と対比して進捗が見られる。

第1に，交換価値と価値との明示的な区別。交換価値は「ある種の使用価値が他の種類の使用価値と交換される量的関係，割合として現れる」(II/5: 18) のであり，交換の場面において他の商品との関連で規定されるさまざまな割合であるとされる。しかし，たとえば「1クォーターの小麦＝aツェントナーの鉄」であるとして，この等式を成り立たせるものは交換価値ではない。むしろ等式の両項に共通する「第3のもの」(ibid. 19) によってこそ，交換価値は成り立つ。それが「価値」(ibid.) である。価値こそ，交換を成り立たせ，交換価値を生み出す根拠である。それゆえ諸商品は，「それらの交換関係からは独立して」(ibid.)，たんなる価値として考察されねばならない。では，価値とは何か。第1巻初版では，第2版ほどに明確な規定はないが，ともかく価値を措定するものは労働であると規定される。価値の実体は，労働である。

　　「使用対象ないし財貨としては，諸商品は物体的に異なる物である。これに反して各商品の価値存在 [Wertsein] はそれぞれの単位 [Einheit] をなす。この単位は自然から生じるのではなく，社会から生じる。さまざまな使用価値でさまざまに表示されるしかない共通の社会的実体——これが労働である」(ibid. 19)

価値は，「結晶した労働」(II/5: 19) である。ここでの「労働」という規定は，第2版と比してなお不十分である。ただし，初版巻末に収められた第1章第1節付録「価値形態」では，「抽象的人間労働」概念によって，「上衣が価値であるのは，それが，その生産に支出された人間労働力の物的な表現であり，それゆえ抽象的人間労働の凝固物であるかぎりにおいてのことにすぎない」(ibid. 630) と規定されるのであるから，初版執筆過程で価値の規定とそれに対応する抽象的人間労働の規定が明確にされていったことは確実である。

第2に，労働そのものの尺度単位は「単純な平均労働」(II/5: 20) であると規

定され，それゆえ価値量は単純労働と結びつけられて，「ある商品の価値その
ものが表すのは一定量の単純労働にほかならない」(ibid.) と規定された。そし
て，単純労働は「社会的に必要な労働」ともとらえられ，それがさまざまな生
産要因によって規定される事情が叙述された (cf. ibid.)。ここには，価値関係は
交換において成立するとしても，商品の価値は交換によって措定されるのでは
ない，という認識が明確に示される。

　要するに，『資本論』第1巻初版第1章第1節「商品」の把握は基本的に第2
版と同じ水準に達していたと見られる。

小括

　以上，商品価値論の考察にあたっては，研究史で論争されてきた冒頭商品の
性格づけは括弧に入れた。それは，冒頭商品の性格づけを主たるテーマにせず
とも商品価値論を論じうると判断したからである。ただし，それが商品次元で
の物象化論に関わりがないわけではない。ここでは，冒頭商品の性格規定に関
する諸研究を物象化論と関連づけてコメントし，小括に代える。

　冒頭商品の性格づけに関しては，すでに長い研究史が存在し，サーベイもあ
る程度なされている[5]。中川弘《冒頭〈商品〉の性格規定をめぐる論争》(1984)
は，冒頭商品の性格規定に関する諸説を，1）単純商品生産説，2）流通形態
説，3）単純流通説，の3類型に区分して論じている (cf. 中川 [1984] 337-346)。
諸説は，冒頭商品を「資本主義的生産様式を前提とした商品」と認めることで
は基本的にほぼ一致している。しかし，にもかかわらず，第1に，資本主義
的生産様式を前提とした商品としてのみ冒頭商品を把握するのか否か，したが
って第2には，冒頭商品を歴史的な単純商品と同じものととらえるのか否か，
という論点で対立が生じる。

　単純商品生産説は——中川によれば——，資本主義以前に存在した単純商品
生産の関係にもとづく「歴史上の単純商品」と資本主義的生産にもとづく商品
の区別を前提して，さらに，〔α〕資本主義的生産にもとづく商品を，資本主
義的な形態規定の捨象された論理的な単純商品とする論理的単純商品生産説

5）サーベイとしては，大内 [1977]，清野 [1981]，中川 [1984] などを参照。

（見田［1963］，吉原［1980］等）か，〔β〕論理的単純商品と歴史上の単純商品との同一性を認め，両者を統一的に把握する論理的＝歴史的単純商品生産説（遊部［1973］等）か，〔γ〕論理的単純商品を歴史上の単純商品と「同じもの」ととらえる歴史的＝論理的単純商品説（向坂［1962］，平田喜久雄［1978］等），という細区分があるとされる。単純商品生産説は，論理的な単純商品と歴史的な単純商品とを区別するとしても，いずれにせよ資本主義的生産様式を捨象し，単純商品を措定するかぎり，本質的には，冒頭商品を，歴史上資本主義的生産に先行する生産様式の商品と同一のものとして把握せざるをえない。流通形態説は，いかなる生産関係において生産されたかを問わず，冒頭商品を純粋な「流通形態」に現れる商品であるととらえる解釈（宇野［1947］，鎌倉［1971］，大内［1977］等）である。

　以上の所説に対して単純流通説は，あくまで冒頭商品を資本主義的生産様式にもとづく商品と規定する解釈であり，マルクスがブルジョア経済を表層と深層との二層構造に分けて把握したことに照応するととらえる見解（佐藤［1968］，清野［1981］，頭川［2010］，向井［2010］等）である。たとえば頭川博『資本と貧困』(2010) は，「剰余価値をうむ価値という資本の概念によって，単純流通と剰余価値生産の二つの要素による資本主義の重層性がなりたつ」(頭川［2010］2-3) ととらえ，「単純流通が資本主義の一般的基礎をなす」(同上 5) がゆえに，冒頭商品は資本主義的商品であること，さらに単純流通はすべての生産要素（生産手段と労働力）がともに商品化される「全面的な商品流通」(同上 9) に帰着することを主張した[6]。

　問題は，資本主義的生産様式にもとづく商品生産と資本主義に先行する諸形

---

[6] 中川弘は《『資本論』冒頭篇の性格規定》(1983) で，『資本論』冒頭篇において「生産手段の所有関係」は直接問題とされていないと主張する単純流通説に検討を加え，生産手段の私的所有に関する明示的記述はないものの，「自立的な生産当事者」の生産活動が「相互に独立して営まれる」(cf. II/6: 76) という一句は事実上それを含蓄し，「生産手段の私的所有者」の規定性は「単純商品生産者」に不可欠であると，単純流通説を批判した (cf. 中川［1983］161)。しかし，もし「生産手段の私的所有者」の規定性が「単純商品生産者」に不可欠であるなら，それはブルジョア社会の規定性であることをやめる。ブルジョア社会には，商品占有者は一般に存在しても，「生産手段の私的所有者」は無所有を前提してしか存在しないからである。

態における商品生産の区別を明確にすること，冒頭商品を前者に限定することの意味を明確にすることである。では両者はいかに区別されるのか。資本主義的生産様式にもとづく商品生産は，1）すべての生産要素，とりわけ土地と労働力が商品化（物象化）されていること，2）全面的依存関係が成立していること，そしてそれゆえに，3）価値法則が一定の水準で確立していることによって，先行する歴史的な商品生産とは区別される（cf. 本書第2章3節）。

　1）の「土地と労働力の商品化」は決定的である。まさにこの事態の不在ゆえに資本主義的生産に先行する諸形態では商品化と交換価値が生産の主要目的とならず，物象化は副次的現象にすぎなかった。2）は1）の帰結でもあるが，全面的依存関係とは，すべての個人の生活が商品（物象）によって規定され，各人は万人のために生産し，また万人の生産物の交換によって生活するに至ること（商品次元での物象化）を意味する。3）の論点は以上の帰結として，とくに確認されなければならない。なぜなら，これこそ冒頭商品の2要因，労働の二重性を支える論点であり，マルクスの叙述方法の基礎をなすからである。マルクスは意識的に資本主義的商品生産を措定して『資本論』を叙述した。この事情が『資本論』冒頭商品の性格を規定している。物象化論的視点からとらえても，冒頭商品は資本主義的商品でしかありえない。

2　私的労働と労働価値論

　マルクスは周知のように，『資本論』第1巻商品章第2節「労働の二重性」(cf. II/6: 75-80) で，価値措定労働の性格をさらに立ち入って論じた。ただし，商品章第1節とは異なり，第2節は，価値実体としての抽象的人間労働が「私的労働」(ibid. 75) によって成立し，「私的労働の生産物だけが互いに商品として相対する」という観点から，私的労働の性格とそれによって成立する社会システムを問題とするのである。それは，価値の形成を必要とする社会システムはいかなるものか，あるいはなぜ商品の2要因は成立するのかを解明するためであった。そして，ここに，マルクス独自の労働価値論把握が示されるのである。

私的労働と労働価値論

　まずマルクスが指摘するのは、「さまざまな種類の使用価値ないし商品体の総体のうちには、同様に多様な、類・種・科・亜種・変種からなるさまざまな有用労働の総体——社会的分業が現れる」のであり、「社会的分業こそ商品生産の存在条件をなす」(II/6: 75) ということである。もとより、社会的分業それ自体が必然的に商品生産を生み出すわけではない。それは「古代インドの共同体 [Gemeinde]」(ibid.) の事例によって示される。では、いかなる存在条件において社会的分業は商品生産を生み出すのか。交換が歴史的には共同社会と共同社会の間で始まり、やがて交換が恒常化して商品が成立し共同社会内部でも商品生産が行われるに至ったこと、商品交換とともに貨幣が生まれ、貨幣関係を媒介とした私的所有が成立したことは、すでにマルクスにとって自明である。そして、このことを前提として、マルクスは「ただ相互に独立した自立的な私的労働の生産物だけが相互に商品として相対する」(ibid.) と結論する。それゆえ、かかる私的労働は共同社会解体後の労働であり、この段階での商品の生産システムは、ブルジョア社会における商品の存立構造と解釈される。つまり、マルクスは価値措定労働を論じるために、商品形態が一般化したブルジョア社会における商品生産システムをとらえようとしていると見られるのである。

　「生産物が一般的に商品の形態をとる社会」は、「商品生産者の社会」(II/6: 76) である。この社会がいかにして成立したかは論じられていない。しかし、いずれにせよこの社会では、使用価値を生産する有用労働が「自立的な生産者の私事として営まれ」、社会的分業の発展した「多肢的システム」(ibid.) として成立しているととらえられる。かくてまず第1に確認されるのは、商品生産者の社会は、質的に異なる有用労働がそれぞれ自立的生産者の私的労働として行われているシステムであるということである。

　さて、この社会ではすでに生産者は、自家用の使用価値を生産するのではなく、他者にとっての使用価値を商品として生産する。したがって交換を目的として商品を生産し、かつ商品の価値を交換で実現しなければならない。商品生産者の社会は多様な生産物の交換を必然的に要請する。

　では、商品生産者の社会において異なる生産物が相互に交換される条件は何か。それは価値の同等性によってなされる。マルクスはここで改めて価値を論

じる。

> 「価値としては上衣とリンネルは同じ実体からなる物, 同じ種類の労働の客観的表現である。……生産活動の規定性, したがって労働の有用的性格を度外視するならば, 労働に残るのは, 人間的労働力の支出であるということである。……商品の価値とは, 端的に人間労働を, 人間労働一般の支出を表すのである」(II/6: 77)

商品生産者は, 商品を価値 (人間労働) によってとらえ, 価値量を人間労働力の継続時間によって測って交換可能性をつくり出さなければならない。したがってここでは, すでに示された「社会的平均労働力」という性格をもつ労働力が成立していることが前提でなければならない。商品価値の実体をなす人間労働は「単純な平均労働」(II/6: 77) であり, 現存する一社会では「所与」(ibid. 78) である。かくてすべての労働は価値の単位をなす「単純労働」(ibid.) に還元される。いまや価値はこの段階では「単純労働の一定量」(ibid.) へと還元される。そしてマルクスはこの単純労働が社会的過程によって確定され, 一定の社会的妥当性をもつことを, こう述べている。

> 「さまざまな労働種類がその度量単位としての単純労働に換算される場合のさまざまな割合は, 一つの社会的過程によって生産者の背後で確定され, したがって生産者には慣行 [Herkommen] によって与えられたもののようにみなされる」(ibid. 78)

たしかにマルクスは, 労働の生産力の変動, 文化段階の差異を認める。しかし, さしあたり価値を措定する度量単位としての単純労働は, 一定の社会的過程によって確定されたものとして現れるのであり, それが『資本論』第1巻商品章でも前提されるのである。

かくて第2に, 商品生産者の社会は, 単純労働が成立し, 私的労働が相互に一定の価値措定労働として認められるシステムである。価値の実体をなす抽象的人間労働は, このようなシステムによって成立する。

ここでは, 価値の実体が, 私的労働にもとづく社会システムから説明された。かくて, マルクスの労働価値論は, 1) 有用労働と区別される抽象的人間労働を価値の実体ととらえ, 2) 価値が私的労働にもとづく社会システムにおいて存立するものと把握する独自の学説であったと言いうる。

私的労働が『資本論』商品章第4節呪物性格論でも物象化と関連づけて論じられたことは，すでに本書序論に引用したとおりである。そしてそれを根拠に，研究史では，私的労働の社会的諸関連が「物象と物象の社会的関係として現れる」という物象化は呪物化・呪物崇拝と一体的に把握されてきた（詳細は本章4節）。しかし生産物が私的労働の生産物ゆえに商品になることは，上述したように，商品章第2節で論じられたのであり，私的労働に関する商品章第4節の叙述も私的労働の存立構造を問題とした箇所として解釈されなければならない。

私的労働は「二重の社会的性格」(II/6: 104) をもつ。すなわちそれは，一方では，「特定の有用労働として一定の社会的欲求を充足し，かくて総労働の，社会的分業の自然成長的システムの構成部分であることを［交換によって］実証する」(ibid.) という使用価値関係をもち，他方では，「いかなる特殊的かつ有用な私的労働も他の種類の有用な私的労働と交換可能であり，それゆえ後者と同等と認められるかぎりにおいて，各々自身の生産者のもつ多様な欲求を充足する」(ibid.) という価値関係をもつ。かくて私的労働は，対他者的な有用労働であり，かつ交換をとおして価値を実現し私的労働主体の欲求を充足するさいの根拠となる活動である。いずれにせよ，私的労働は交換関係において存立するかぎり，それが人間労働力の支出としてもつ共通の性格へと還元されて，価値性格をもつ労働として現れる。少なくともこれまでの叙述によって把握すれば，私的労働は，全面的な商品交換を前提して互いに独立に行われる価値措定労働である（ただし，この私的労働は，生産手段の私的所有者を想定していない）。

結論的にいえば，商品章第2節はたんに「労働の二重性」を分析的に示しただけの節ではない。むしろマルクスは商品章第2節において，商品生産者の社会を「労働の二重性」に対応させてとらえ，一方では社会的分業が成立した有用労働の「多肢的システム」として，他方では価値措定労働を生み出す私的労働の生産システムとしてとらえ，このシステムから商品という二面性をもつ物象が生産されることを論じたと言いうる。これは，なお価値形態に立ち入っていないのであるから，商品の物象化を十全に把握したとは言いがたいであろう。しかし，少なくとも商品を生み出す，したがって価値を措定するシステム

を提起するかぎり，商品の物象化を対自化しえていたことは疑いない。

　ところで，「私的所有者」という概念が『資本論』第1巻第2章「交換過程」にはじめて現れること (cf. II/6: 114) から，ときに，冒頭商品章には商品に関わる主体は現れないかにとらえる解釈がなされることがある (久留間 [1957]，荒木 [1977b] 等)。たしかにマルクスは交換過程論で，「諸人格は，ここではただ互いに商品の代表者としてのみ，したがって商品占有者としてのみ現存する。総じて言えば，われわれは展開の進行において，諸人格の経済的な扮装がただ経済的な諸関係の擬人化にすぎないこと……を見出すであろう」(II/6: 114) と述べている。ただし，物象の人格化に関する記述が交換過程論においてはじめて現れたという解釈は事実に反する。マルクスは，すでに商品章第1節から「諸商品の交換関係」(ibid. 72)，「商品世界」(ibid. 73) を問題としており，第2節では，「商品生産者」(ibid. 76)，すなわち互いに独立して商品生産を私事として営む「自立的生産者」(ibid.) に，そして何よりも第3節の価値形態論では「商品占有者」(ibid. 92, 95, 96) に言及して論じている。少なくとも商品という物象を生み出す私的労働にもとづく生産者の諸関係は，商品章第2節までに明確に把握されていた。ここで現れる私的労働は，生産者としての労働者の労働であるほかはない。労働者は生産手段の無所有という条件の下で，私的労働を営む[7]。これが労働の二重性をつくり出す現実的根拠である。それゆえ，それは——自立的生産者と規定されながら——自立的に存立しえているのではなく，つねに資本の支配下にある。『資本論』冒頭商品とそれを生み出す私的労働は，物象化の極北たる資本を前提に存立する労働でしかありえない。この労働が，商品生産を可能にする次元において，資本関係を捨象して論じられた。このとき，商品生産者ないし商品占有者として諸個人が現れることは何ら不可解ではない。

---

7) マルクスによれば，「資本主義時代を特徴づけるものは，労働力が労働者自身にとって自己に属する商品という形態をとり，したがってその労働が賃労働の形態をとるところである。他方では，この瞬間にはじめて，労働生産物の商品形態が一般化されるのである」(II/6: 186)。つまり，全面的商品関係の成立は，労働力の商品化と一体的に把握されねばならない。

第3章　商品・貨幣と人格変容　139

労働価値論の形成

　価値の実体をなす抽象的人間労働，単純労働への還元，平均的労働の継続時間としての価値量，私的労働にもとづく社会システムにおける価値措定などを要素とするマルクスの労働価値論は，『経済学批判』以後に明確に定式化された。以下，『経済学批判』と『資本論』第1巻によって労働価値論の形成過程を考察する。

　『経済学批判』は，第1章「商品」の交換価値措定労働に関する第2の記述（前章4節）で，社会的労働としての特殊な様式——私的労働にもとづく交換価値措定——を論じた。ここで問題とされたのは，労働の「ある特有な種類の社会性」(II/2: 111) である。第1に示される性格は，「さまざまな個人の労働が同等なものとして，しかもすべての労働が同種の労働に事実上還元されることによって，相互に関連づけられること」(ibid.) である。各個人の労働は交換価値を措定する労働であるかぎり同質性をもち，他のすべての個人の労働と同等な労働として関連づけられる。第2の社会的性格は，「個々の個人の労働時間が直接に一般的労働時間として現れ，個別化された労働のこの一般的性格がその労働の社会的性格として現れる」(ibid.) ことである。マルクスが問題とするのは，個別化された個人の労働が社会的な必要労働となっており，これによって交換価値を措定するということである。かくて，それは「私的労働」(ibid. 113) と規定された。

　肝要なのは，マルクスが交換価値措定労働を考察する場合に，必ず「労働の社会的規定」を論じ，社会的生産システムを論じたということである。『資本論』第1巻第2版の叙述と異なり，社会的分業の発展した「多肢的システム」，「商品生産者の社会」は明確に提示されない。しかし，『経済学批判』でも，各個人が商品生産と商品交換を前提として，それぞれ交換価値を措定する私的労働のシステムが想定されていたことは疑いない。

　『資本論』第1巻初版では，マルクスは第1章「商品と貨幣」で，使用価値と価値の区別→価値の実体としての労働（単純な平均労働）→社会的に必要な労働時間による価値量の規定を示したのちに，商品の二面性に応じて「商品に含まれる労働もまた二面的であること」を指摘し，「商品生産者の社会」(II/5: 23) における有用労働と価値措定労働を論じた。これは趣旨においてすでに第2

版と異なるものではない。しかし，労働価値論の形成と関連して初版に特徴的なところが2つある。

1つは，価値措定労働としての私的労働を，有用労働の社会的分業の脈絡で論じると同時に価値形態論の形態 III でも再論したことである。有用労働の社会的分業の脈絡では，「社会的分業こそ商品生産の存在条件をなす」(II/5: 22) こと，「ただ相互に独立した自立的な私的労働の生産物だけが相互に商品として相対する」(ibid.) こと，「生産物が一般的に商品の形態をとる社会」(ibid. 23) は商品生産者の社会であることなどが，ほぼ第2版と同様に確認される。他方，価値形態論では，一般的等価形態の箇所で，価値形成と関連づけて「私的労働の社会的形態」が示された。

> 「私的労働は，直接に社会的な労働ではないから，第1に，［私的労働の］社会的形態は現実の有用労働の現物形態から区別された，それとは疎遠な抽象的形態であり，第2に，すべての種類の私的労働がその社会的性格を得るのはただ対立的に，すなわちそれらすべての私的労働が，排他的な一種類の私的労働に，ここではリンネル織りに等置されることによってなされることになる。これによって後者の排他的私的労働は，抽象的人間労働の直接かつ一般的現象形態となる」(ibid. 42)

かくて商品生産者の社会は，私的労働にもとづくシステムとして，抽象的人間労働を実体的基礎とする価値を媒介に形成され，かつすべての生産物の関連において成立する。ここに商品生産者の社会が物象化される根拠がある。私的労働の記述は，1)『経済学批判』では労働の二重性を論じた箇所 (cf. II/2: 113) に，2)『資本論』第1巻初版では労働の二重性および商品生産者の社会を論じた箇所 (cf. II/5: 22) と価値形態論の形態 III の箇所 (cf. ibid. 41f.) に現れ，そして，3)『資本論』第1巻第2版では労働の二重性および商品生産者の社会を論じた箇所と価値形態論，そして呪物性格論に現れた。私的労働論は，著作改訂ごとに位置を価値実体論→価値形態論→呪物性格論に移動させているように見える。しかし，いずれにせよ，私的労働が労働の二重性を措定する社会システム（商品生産者の社会）との関連において現れること，また私的労働が価値形態に接続されていたことは基本的に変わらない。かくて，ここでも価値を媒介に生産関係が形成される物象化の事態は価値形態論以前に示されていたこと

が確認される。

　もう1つは，『経済学批判』では交換価値措定労働に関する第3の記述（前章4節）として価値形態論に先行させて示していた商品次元の物象化および呪物化に関する叙述が，『資本論』初版では価値形態論および呪物性格論に移されたこと，具体的には，初版付録「価値形態」における等価形態の特異性，一般的価値形態などに示されたことである（例示は，本章3節および4節に譲る）。ここで指摘されてよいのは，商品次元の物象化および呪物化の記述も，私的労働の記述と同じく，『経済学批判』→『資本論』第1巻初版→同巻第2版にしたがって価値実体論→価値形態論→呪物性格論に移動したように見えるにもかかわらず，事柄に即していえば，基本的に，1）商品次元の物象化は基本的に価値措定労働が把握されたのちの価値形態論において論じられ，2）呪物化は価値形態論に続く部分でなされていたということである。このことを，『経済学批判』の上記第3の記述を改めて引用の上，考察しよう。

　「最後に［第3に］，交換価値措定労働を特徴づけるのは，人格と人格の社会的関連がいわば転倒されて，つまり物象［Sache］と物象の社会的関連として現れることである。一方の使用価値が自己を他方の使用価値に対して交換価値に対する態様で関連するかぎりでのみ，さまざまな人格の労働は相互に同等かつ一般的労働として関連づけられる。……同じ労働時間を含む2つの商品の使用価値は，同一の交換価値を表す。したがって交換価値は使用価値の社会的自然規定性として，物［Ding］としての使用価値に属する規定性として現れる。……社会的生産関係が対象の形態をとり，この結果として，労働における人格と人格の関係がむしろ物と物の相互関係および物の人格に対する関係として現れる事態，この事態をありふれたもの，自明のものとして現れさせるのは，ただ日常生活の習慣にすぎない」(II/2: 113-114; 再引用)

　こうしてマルクスは『経済学批判』で，たしかに商品次元の物象化および呪物化を価値形態論に先立って記した。しかし，記される事柄は叙述の与える印象とは異なるところがある。第1に，上記第3の記述は物象化の前提として価値形態論のテーマに立ち入っている。そもそも「一方の使用価値が自己を他方の使用価値に対して交換価値に対する態様で関連する」ことは価値形態で問

142

題とされる事象である。また，それによって「さまざまな人格の労働が相互に同等かつ一般的労働として関連づけられる」ことも，基本的に価値形態（とくに一般的等価形態）で論じられるべき事柄である。それゆえ，上記第3の記述は単純に商品次元の物象化および呪物化だけを示したものではなかった。そして第2に，さまざまな人格の労働を相互に同等かつ一般的労働として関連づける価値形態論は，「人格と人格の社会的関連が物象と物象の社会的関連として現れる」ことをとらえる物象化論と接合された。それゆえ『経済学批判』でも，価値形態論こそが商品次元における物象化論として現れていたと判断することができる。第3に，交換価値が「使用価値の社会的自然規定性」として現れる呪物性格は，以上の物象化の結果として叙述された。社会的生産関係がひとつの物の特有な属性（社会的な自然規定性）として表されるという神秘化＝呪物化をマルクスは把握するに至っている。しかし，それはやはり，価値形態論に示される物象化を前提にとらえられていたと言うことができる。ここから判断すれば，『経済学批判』の叙述はやや整合性を欠いていたのであり，少なくとも呪物性格論は価値形態論の後に論述されるべきことになる。かくて，この叙述の順序が『資本論』第1巻初版以後の基本となったと考えられる。

小括

　マルクスが『資本論』第1巻商品章第2節「労働の二重性」で論じた抽象的人間労働については，従来，周知のように，それを超歴史的なカテゴリーととらえる解釈（中野［1958］，宇野［1962］，山本二三丸［1962］，見田［1963］，吉原［1980］等）と，資本主義的生産に固有な特殊歴史的カテゴリーであると解釈する研究（遊部［1949］，安部［1951］，宮川實［1949-50］，平田清明［1971］，向井［2010］等）とに分かれて論争がなされてきた[8]。ここでは，小括を兼ねて，物象化論と関連するかぎりで以上2つの解釈にコメントする。

　まず前者の解釈について。この解釈をとる研究は，すべて一律であるわけではないとしても，「生理学的意味における労働力の支出」としての抽象的人間

8）抽象的人間労働に関しては，ベーム＝バヴェルクとヒルファーディング以来の論争がある。これには立ち入らない。サーベイとしては，正木［1977］，種瀬［1984］等を参照。

労働を超歴史的なカテゴリーととらえることでは共通している。たとえば中野正『価値形態論』(1958) は，ブルジョア社会における特定の形態をとった人間労働が価値の実体となるという歴史的規定性を否定していないとはいえ，他方では，一般的人間労働を「いかなる社会形態にあっても，生産活動の量的側面を制約する」(中野 [1958] 360) ものと規定して超歴史的カテゴリーに転化させる。それゆえ中野によれば，一般的人間労働は価値の質料をなすとしても，「ただちに価値の実体となるのではない」(同上 360) とされる。見田石介『資本論の方法』(1963) もほぼ同じ解釈を示す (cf. 見田 [1963] 85-92)。しかし，これらの解釈は，「抽象的人間労働が商品価値の実体をなす」というマルクスの定式に適合せず，しかも資本主義的生産に先行する諸形態では生産が必ずしも価値を形成しないのであるから，そもそもこの段階に「価値の質料としての一般的人間労働」を想定することは不整合である。

　次に，後者の解釈について。この解釈もそれぞれに差異がある。しかし，「抽象的人間労働は資本主義的生産に固有な特殊歴史的カテゴリーである」とする了解においては共通している。たとえば遊部久蔵『価値論争史』(1949) は，「なぜ抽象的労働が価値となるか」(遊部 [1949] 140) という問題を設定し，それが商品生産者の労働の「独自的・社会的性格」(同上 143) ——すなわち「交換＝流通過程において価値として実現すること」(同上 145) があらかじめ前提されている私的労働の性格——によること (抽象的労働の実現規定) を論じて，抽象的労働が「すぐれて資本制経済に特有の規定」(同上 151) であることを主張した。また平田清明『経済学と歴史認識』(1971) は，『経済学批判』に示される交換価値措定労働の記述 (前章 4 節) に即して，1）抽象的人間労働という抽象が単純労働として実在性をもつこと，2）価値措定労働が私的労働であり，かつ社会的労働であることのゆえに，「共同体成員の労働とはまさに正反対な形態」，すなわち「抽象的な一般性の形態」にある労働として，「歴史的社会的概念」であること，3）価値措定労働のもつ社会性が物象性における社会性であることを示し (cf. 平田清明 [1971] 262-267)，以上をもって労働の二重性の区別が歴史的なものであること，それゆえに抽象的人間労働が歴史的カテゴリーであることを主張した。

　抽象的人間労働は何よりも価値の実体をなす労働として，価値措定労働とし

144

て把握されなければならない。この意味では，歴史的カテゴリーとする後者の解釈以外にとらえようがない。ただし，歴史的解釈においても個人の行う労働がそれ自体として価値を措定しうるととらえる実体主義的把握がありうるのであり，価値は，1）社会的に交換において生成すること，2）私的労働のシステムにおいてなされる抽象的人間労働によって措定されるものであること，という2つの性格がつねに前提としてとらえられる必要がある。

3　価値形態と物象化

　商品は，使用価値と価値という2要因から構成される物象である。商品の使用価値とは他者にとっての使用価値であり，商品の価値とは抽象的人間労働という社会的に成立する実体の凝固物であった。商品はこうした社会的関連においてはじめて存在しうる物象であり，それを捨象すれば，たんなる労働生産物にすぎず，2要因を喪失する。とりわけ価値は，他の諸商品との関連においてしか社会的に成立しないのであり，しかも，他の諸商品との関連なしにはそれ自体を表現することすらもできない。これを表現するのが，価値形態である。価値形態は，商品の存立に関わる。そして商品関係はその価値を表現する形態が形成される過程で商品と貨幣の対立を生み出し，生産関係の物象化を顕現させる。商品章第3節「価値形態または交換価値」(II/6: 80-102) はこの意味で商品次元における物象化論としても把握されなければならない。

物象化論としての価値形態論

　資本主義的生産様式の下での商品は，商品価値を貨幣で表現するのであり，必ず貨幣を媒介にして存立する。交換過程論ではこう言われる。

　　　「商品占有者は，ただ，各人の商品を一般的等価物としてのある別の商品
　　　に対立的に関連づけることによってのみ，各人の商品を相互に価値として
　　　関連づけ，それゆえ商品として関連づけることができる」(II/6: 115)

　この「第3の商品」(II/6: 117) は社会的行為によって一般的等価物として除外され，貨幣になる。この貨幣なしに全面的商品交換は存立することができない。しかし他方，商品章の段階は，叙述方法上，貨幣を前提しない。貨幣はむ

しろ商品交換から把握されるべき対象として存在する。それゆえに商品章では，貨幣を捨象して，商品の価値形態を論じなければならない。価値形態論は，「商品概念」を確定する作業のうちに存在するのであり，したがって商品の2要因の分析から商品の存立にとって価値形態が不可欠の要素をなすことを証明する議論であった。

　諸商品は——たとえ無数の商品として共在するとしても——，それぞれひとつの個物である。だが，個物としてそれだけでとらえられた場合には，それはたんなる労働生産物であり，商品ではない。したがって商品としては，労働生産物は必ず他の労働生産物との何らかの社会的関連のなかで存在し，かつこの関連のなかで成立する価値を獲得していなければならない。商品としてあるかぎり，それは使用価値と価値をもつ。ただし，商品の価値は，商品生産が行われるとき必ず生成・存立するのであるが，それ自体は自然的対象ではない。それゆえ，たしかに商品は「価値対象性」(II/6: 80) をもつはずであるとしても，価値は個別の商品をいかにひねくり回してもとらえることができない。では，商品の価値はいかにしてとらえられるのか。ここでマルクスは，「人間労働という同じ社会的な単位の表現であるかぎりでのみ価値対象性をもつ」こと，すなわち「商品の価値対象性は純粋に社会的であること」(ibid.) を想起させて，価値対象性が「商品と商品との社会的関係のうちにしか現れないこと」(ibid.)を確認し，したがって，諸商品の「交換価値から出発した」のも，商品の価値を追跡するためであることを認めた。つまり，価値形態論は，商品の2要因のうち，価値について「価値の現象形態」(ibid.) を主題とするものであった。

　商品は社会的実体である価値を，それ自体では表すことができない。商品特有の価値表現が必要である。価値表現とは，さしあたり「20 エレのリンネル＝1 着の上衣」という等式である。これが価値の現象形態を表す価値形態である。それを獲得することなしに，商品は商品として，つまり2つの性格をもつ個物として現実に存立しえない。

　　「商品は，それが二重形態を，すなわち現物形態と価値形態をもつかぎり
　　でのみ，商品として現れるのであり，商品という形態をもつのである」
　　(II/6: 80)

　それゆえ商品は概念として，価値形態を生み出さなければ存立しえない。あ

るいは価値形態を生み出してはじめて，商品は自らの価値を対象化し，他の商品との交換に入ることができるのであり，はじめて現実的な商品という形態を獲得する。『資本論』第1巻冒頭商品は交換可能性をもつ「概念としての商品」である。そして商品の価値を対象化して表す形態，価値形態をつくり出してこそ，商品は二面性を対象化し反省的に商品として存立するのであり，この関係が商品に固有の概念的関連として，商品章で分析される。いまここでのテーマは，商品のもつ価値がいかにして価値形態を獲得するかである。

『資本論』第1巻第2版は価値形態を，周知のとおり，1）単純な価値形態，2）全体的な価値形態，3）一般的価値形態，4）貨幣形態，という4つの価値形態において論じている。価値形態論本来の課題は，すでに全面的な商品交換で生成している「商品と貨幣」の関係を前提し，商品の交換価値が貨幣によって表現される事態の存立を解明することである。このとき，それに適合する価値形態は，一般的価値形態でしかありえない。ここから推せば，マルクスがさしあたり設定している単純な価値形態——「商品Aと商品Bの価値関係」——を設定すべき場面は存在しないことが判明する。この意味では単純な価値形態にある各等式は非現実的である。「20エレのリンネル＝1着の上衣」は，現実の交換を表さない。しかし他方，各商品と貨幣との価値関係が最初に設定されることも非現実的である。「20エレのリンネル＝2オンスの金」という等式は，何らかの媒介なしには設定されないからである。むしろそれは商品の価値形態を前提する。かくて，「20エレのリンネル＝1着の上衣」という単純な価値形態がすべての価値形態の原基として設定されるのである。

　　　「あらゆる価値形態の秘密が，この単純な価値形態のうちに潜んでいる」
　　　(II/6: 81)

第1の「単純な価値形態」(II/6: 81) は，それ自体は「偶然的かつ一時的な交換によって商品にされる」(ibid. 97) 初期の段階に照応するように見られるとしても，歴史的な物々交換の形態ではない。それ自体もまたすでに「使用価値と価値」という2要因を備えた2商品の価値関係である。そして「20エレのリンネル＝1着の上衣」は，すべての商品の交換可能性を拓く原基形態として分析対象とされる。すなわち，これら2つの労働生産物が交換される条件が判明すれば，この条件はすべての労働生産物の交換条件を示すものとなる。

さて，単純な価値形態における２つの商品の位置価は異なる。「20 エレのリンネル＝１着の上衣」では，リンネルの価値が一定量の上衣によって示されるのであり，前者の価値が相対的価値として表示され，後者は等価物として機能する。肝要なのは，「リンネルの価値は相対的にしか，すなわち，他の商品でしか表現することができないこと」(II/6: 81) である。「20 エレのリンネル＝１着の上衣」では，リンネル自身の「価値存在 [Werthsein]」(ibid. 83) が，「価値物 [Werthding]」(ibid.) としての上衣との関連において顕現する。商品章第１節では，マルクスは分析によって商品の価値を「人間労働の凝固物」ととらえ，「価値抽象に還元」(ibid.) した。しかしいまやマルクスは，このいわば実体論的分析は商品に「現物形態と異なる価値形態をいささかも与えない」(ibid.) ことを指摘し，価値形態論で，「商品の価値性格が他の商品に対する固有の関連によって顕現してくること」(ibid.) を把握しようとする。

価値形態論は，この意味で，商品 A の価値存在を価値物としての他の商品 B によって顕現させる形態が商品に固有の構造であることを把握する議論であった。いかなる商品も自ら自己の価値を表すことはできない。商品はつねに他の商品を価値物とするという関連において，両者に共通の人間労働を表現し，このような「回り道」(II/6: 83) をして，「人間労働の凝固物」としての自己の価値を表す。肝要なのは，x 量商品 A ＝ y 量商品 B，という単純な価値形態においても，商品 A は商品 B との関連により価値表現を得ているということである。このことは，「商品 B の現物形態が商品 A の価値形態となる」(ibid. 85) とも言われる。

ここで価値形態について，１つだけ確認しておくべきことがある。それは，「商品の価値形態ないし価値表現は商品価値の本性から生じるのであって，反対に価値および価値量が交換価値としてのその表現様式から生じるのではない」(II/6: 92) ということ，言い換えれば，価値は価値形態（他の商品との関連）から生じるのではなく，人間労働を価値の実体として，ここから凝固物として措定されるのであり，価値形態はそれの表現に関わるということである。それゆえマルクスは，「［単純な価値形態では］使用価値と価値という商品に包み込まれた内的対立は，外的対立によって，すなわち２つの商品の関係によって表される。……商品の単純な価値形態は，使用価値と価値という商品に含

まれる対立の単純な現象形態である」(ibid. 93) と述べる。価値形態論は, 交換
過程の前提をなす商品価値の形態分析を課題とするのであり, さしあたり価値
を実現する過程としての交換過程を想定しないのである。

さて単純な価値形態は, すべての発展した価値形態の可能性を拓く。あらゆ
る商品は, さまざまな個別的価値形態をもちうる。とはいえ, 単純な価値形態
は断片的な価値形態でしかない。それは自ずと無数の商品との価値関係に拡大
される。この「全体的な, または展開された価値形態」では, 商品 A の価値が
「商品世界の無数の他の要素で表現される」(II/6: 94)。

　　x 量商品 A ＝ y 量商品 B または＝ z 量商品 C または＝ u 量商品 D または
　　　＝ v 量商品 E または＝ w 量商品 F または＝その他

かくて商品 A の価値は, 「はじめて真に無差別な [unterschiedlos] 人間労働
の凝固物」(II/6: 94) として現れる。そして, この価値形態によってはじめて商
品 A は, 商品世界に対して社会的関係に立つ。同時に, 無限の連鎖をとおし
て, 商品価値が, 価値形態をになう使用価値の特殊的形態とは「没関係的なも
の」(ibid. 95) として顕在化する。ここでは, 「交換が商品の価値量を規制する
のではなく, 逆に商品の価値量が商品の交換関係を規制する」(ibid.) ことが明
白になる。なぜなら, 諸商品の交換関係はすでに生産によって生成する価値量
を前提して成り立つからである。

ところで, この場合, 他の商品もまた, 各々を相対的価値形態として, 自己
の価値を全体的価値形態で表しうる。たとえば商品 B について, 次のような
等式が成立する。

　　y 量商品 B ＝ z 量商品 C または＝ u 量商品 D または＝ v 量商品 E または
　　　＝ w 量商品 F または＝ x 量商品 A または＝その他

こうした価値表現は, 他の商品すべてについて成立する。かくて, それぞれ
の商品について多彩なモザイクをなす無数の価値表現が生じる。ただし, 各商
品は「特殊的等価形態」(II/6: 95) をもつにすぎない。ここでは人間労働は上記
の特殊的現象形態の全範囲においてその完全な現象形態をもつとしても, まっ
たく「統一的な現象形態」(ibid. 96) はもっていない。つまり, この段階でも価
値形態を与えることはなお「個別商品の私事」(ibid. 97) でしかない。交換は個
別的であり, 偶然性に左右されるのであり, 統一的な過程を実現できない。統

一的な価値表現を獲得するには，無数の特殊的な等価形態のうちに事実上表現されている同一の「価値対象性」を表現することが求められる[9]。それは，商品世界から1商品を等価物商品として除外し，それによってすべての商品の価値を表すときにはじめて可能になる。これが「一般的価値形態」(ibid. 96) であり，「一般的等価物」を q 量商品 R とすれば，次のように表現されうる。

x 量商品 A　　 ＝ q 量商品 R

y 量商品 B　　 ＝ q 量商品 R

z 量商品 C　　 ＝ q 量商品 R

u 量商品 D　　 ＝ q 量商品 R

v 量商品 E　　 ＝ q 量商品 R

w 量商品 F　　 ＝ q 量商品 R

等々の他商品＝ q 量商品 R

　一般的価値形態は，各商品の全体的価値形態について，等価物を1つの商品 R に統一して合成したものにほかならない。それゆえ，全体的価値形態から一般的価値形態への移行にあたっては本質的に，全体的価値形態における等式の両辺を逆転させる必要はない。マルクスの例示でいえば，リンネルが一般的等価物になる必然性はない。ただし，一般的等価物を設定することは理論的な作業ではなく，交換過程で実践的に成し遂げられる過程であるから，理論的に移行を証明できないだけであり，ここに価値形態論と交換過程論との接点が存在しよう。

　こうして，「諸商品の価値対象性は，これらの物のたんなる「社会的定在」であるがゆえに，各々の全面的な社会的関連によってのみ表現されうる」(II/6: 98) のであり，いまやそれが一般的等価物において顕現するのである。

　　「新たに獲得された形態［一般的価値形態］は，商品世界の価値を，商品世界から切り離された1つの同じ商品種類で，たとえばリンネルで表現

─────────────

9）理論的作業としてなしうるのは，全体的価値形態において商品価値を使用価値に没関係的なものとして顕在化させるところまでである。それを一般的等価物として設定しうるのは，「商品世界の共同の仕事」(II/6: 97) である。そしてこれを成立させる根拠は何かといえば，「全体的価値形態」に実質的に照応する全面的商品交換において現れる矛盾の存在である（後述）。

し，かくてすべての商品の価値を，その商品とリンネルとの同等性によって表す。……したがって，この形態こそがはじめて現実に諸商品を相互に価値として関連づけ，諸商品を相互に交換価値として現れさせるのである」(ibid. 97)

「一般的価値形態は，……それ自身の機制 [Gerüste] によって，それが商品世界の社会的表現であることを示す」(II/6: 98)。そして一般的価値形態ないし貨幣形態が現れてこそ，商品は現実に商品として存立するようになる。このことを明らかにしたのが価値形態論である。商品が価値を表現するこのような構造あるいは機制は，現に存在する全面的商品交換のうちにつねに存立している。『資本論』第1巻商品章は，使用価値と価値の統一である商品が，価値を他の商品との関連において——交換における価値の実現はさしあたり措いて——価値形態という現象形態で顕現させ，この回り道を通して自己の価値と関係する構造を明らかにした。それは，現在の商品世界でも存立する構造であり，価値形態論の課題はこの構造を明らかにすることであった。

以上を要するに，価値形態論は，一般的等価形態／貨幣形態による商品世界の存立を論証するものであった。これによって，使用価値と価値という商品の2要因は，商品と一般的等価形態／貨幣形態との対立として現れ，商品は一般的等価形態／貨幣形態という物象的形態を媒介として関係せざるをえないことが示された。それは，商品次元における物象化論であった。

商品次元における人格の物象化

さて，商品次元において生産関係の物象化が成立するとき，これによって〈物象の人格化と人格の物象化〉が生ずる（第3論点）。マルクスが『資本論』で〈物象の人格化と人格の物象化〉に言及したのは，貨幣章「商品変態」項目における次の1箇所——商品流通における販売と購買の分裂を論じた箇所——だけである[10]。しかし，これは内容的に，商品に内在する対立に，しかもほぼ私的労働に関わり，したがって生産関係の物象化に関わるものであり，ここで

---

10) マルクスが〈物象の人格化と人格の物象化〉をはじめて定式化したのは，たぶん『1861-63年草稿』である（本書第4章2節を参照）。

参照するに値する。

　「商品に内在する対立，すなわち使用価値と価値という対立，私的労働が
　同時に直接に社会的労働として現れなければならないという対立，特殊的
　具体的労働は同時に抽象的一般的労働としてのみ認められるという対立，
　物象の人格化と人格の物象化という対立——これらの内在的な矛盾は，商
　品変態の諸対立において，その発展した運動形態を獲得する」(II/6: 138)

〈物象の人格化と人格の物象化〉は，商品に内在する対立である。では，そ
れは商品章のどこで論じられたのか。

　まず，物象の人格化とは，物象の論理で行為する人格，物象の担い手の現れ，
すなわち物象の擬人化を，ここでは商品の擬人化を表す。それは具体的には，
商品生産者，商品占有者等のことであり，それゆえ，商品次元における物象の
人格化は，前節で指摘したように，『資本論』商品章第3節までに現れていた
とみなすことができる。

　続いて，商品次元で起こる人格の物象化について。人間（人格）は本来，自
然的存在として使用価値に対する感性的欲求をもち，使用価値を生産する。こ
こでは人格と物象との関わりは生じない。しかるに，労働生産物が商品（価
値）として現れるとき，商品占有者の人格のうちには価値に対する形態的欲求，
商品価値実現欲求が生成する。商品占有者は商品占有者として，自己の商品が
他の商品（貨幣）と交換され，その価値が実現されることを欲する（この欲求
は商品占有者の意志と意識を超えるのであり，それをもたない人格は商品占有
者ではない）。人格はいまや，意志と意識をもって物象たる商品の機能を遂行
する人格として，物象の人格化に相即して商品価値実現の欲求を形成する。こ
れはさしあたり使用価値に対する感性的欲求とは異なり，人為的形態的なもの
である。これが「人格の物象化」と規定される人格変容である。では，商品次
元における人格の物象化はどこに現れたのか。

　マルクスが商品次元における人格の物象化を論じた部分は，さしあたり『資
本論』商品章の呪物性格論や第2章交換過程論における商品占有者に関する記
述に見出される。呪物性格論の「商品生産者の社会」に関する記述ではこう言
われる。

　「商品生産者の一般的社会的な生産関係は，［各生産者が］その生産物に

対して商品に対する態様で，それゆえ価値に対する態様で関係することにあり，この物象的形態において各人の私的労働相互を同等な人間労働として関連づけることにある」(II/6: 109；再引用)

これは，呪物性格論に現れる記述であるとはいえ，商品生産者の生産関係を論じているのであり，商品次元における物象化に関わる叙述とみなすことができる。ここでは商品生産者および商品占有者は，生産物に対して商品＝価値に対する――「商品＝呪物に対する」ではない――態様で関係する（このことが商品占有者における人格の物象化である）。そして，「私的労働相互を同等な人間労働として関連づけること」は価値形態論においてなされたのであり，それゆえに商品次元における人格の物象化は，商品占有者の現れ（物象の人格化）とともに，価値形態が問題となる場面で現れていたととらえられるであろう。

では，交換過程論では人格の物象化はどのように現れるのか。ここでは「商品保護者 [Waarenhüter] はその意志をこれらの物に宿す人格として関係しあう」(II/6: 113-114) ことが指摘され，こう言われる。

「商品占有者にとっては，その商品は直接にはただ，交換価値の担い手，かくて交換手段であるという使用価値しかもたない」(ibid. 114)

商品占有者にとって肝心なのは，自己の商品の価値を交換過程で実現することである。これは，物象の人格化と一体的に現れる人格の物象化，すなわち人格が物象（商品）の論理にしたがって行為することを意味する。そして，分業が商品の貨幣への転化を必然のものとし，かつ偶然のものとするならば，商品占有者は，いずれにせよ「命がけの飛躍」(II/6: 131) を果たすべく，商品販売者として自己の商品を貨幣に転化させる意志をもたねばならない（商品占有者は自己の商品に対して消費欲求をもたない）。これは，人格が自然的存在であるかぎりもつことのない形態的欲求を自己のうちに生成させ，人格変容を遂げることを意味する。かくて交換過程では人格の物象化が商品価値の実現として問題となっていたとすれば，このような価値への関わりは，すでに即自的には価値形態論で現れていたと言うことができる。結論的に，商品次元における人格の物象化は基本的に価値形態論に現れていたのである。

価値形態論は商品占有者という物象の人格化を前提し，かつその価値表現を問題としたのであり，各個人に形成される形態的欲求を度外視したのではない。

マルクスは価値形態論で，リンネルが上衣を通して表現する「商品語」について語っている。

「労働は人間労働という抽象的属性においてリンネル自身の価値を形成するということ［商品価値の分析が語ったこと］を，リンネルは［商品語で］，上衣はリンネルに等しい，それゆえそれが価値であるかぎり，上衣はリンネルと同じ労働から成っていると語るのである」(II/6: 85)

つまりマルクスが商品価値の分析によって示したことを，ここではリンネルそのものが，価値物としては上衣と同一であると語る。商品語は，物象と物象が形成する価値関係を表す言語であり，商品（物象）の人格化としての商品占有者が語る言語である。それはもはや素材的な関係をもたず，商品占有者が商品占有者としてもつ形態的欲求を基礎に成り立つ価値世界の言語である。商品語の存在は，価値形態論がまさに商品次元における物象化を，それゆえ〈物象の人格化と人格の物象化〉を問題としていたことを証明するものであろう。

価値形態論の形成

価値形態論が示したのは，私的労働の下で価値が社会的に形成されるかぎり，この価値は一般的等価物（貨幣）とされる物象の媒介によって表現されるほかないということである。それゆえに商品の生産関係は，つねに一般的等価物（貨幣）に媒介された他の商品との社会的関係において存在する。ここに商品次元における物象化が現れる。この物象化を最初に論じたのは『経済学批判』であった。以下，『資本論』第1巻初版までの価値形態論の形成を考察しよう。

『経済学批判』における価値形態論は，価値実体，私的労働，価値量，商品次元の物象化および呪物化が論じられたのちに簡略に示されるだけであり，なお本格的な価値形態論とは言いがたい端緒的なものである。ただし，価値形態論の課題は明確に提起されていた。

「商品の交換価値は，商品自身の使用価値のうちには現れない。だが，一般的社会的労働時間の対象化としては商品の使用価値は他の商品の使用価値との関係において措定され，かくて商品の交換価値は他の商品の使用価値に自己を顕現させる。……この個別的商品の交換価値は，他のすべての商品の使用価値が等価物として現れる無限に多くの等式［Gleichung］で

はじめて余すところなく表現される。つまりこれらの等式の総和において
のみ，ある商品が他の各商品と交換可能となるさまざまな割合の総体にお
いてのみ，この商品は［逆に］一般的等価物として余すところなく表現さ
れるのである」(II/2: 117)

ここではとくに展開された価値形態と一般的価値形態の区別も判然とせず，
貨幣形態への転化も示されない。ただし，商品の価値は他の商品の使用価値に
自己を顕現させるほかないこと，それゆえ等価物による価値表現という価値形
態が必然的であることの認識は明確であり，そして等価物による価値表現こそ
物象化であるとすれば，マルクスはここではじめて商品次元の物象化論を示し
たことになる。

では，『資本論』第1巻初版は価値形態をいかに論じたのか。マルクスは初
版第1章の「商品」項目においても，価値実体と価値量を考察したのちに——
そして呪物性格論に先立ち——，前節で述べたように，商品の価値形態を私的
労働と関連づけて論じた (cf. II/5: 27-43)。

マルクスによれば，商品 (たとえばリンネル) は，「他の商品［上衣］を自己
に価値として等置することによって，自己を価値としての自己自身に関連づ
け」，「自己の価値量を……上衣によって表現することによって，自己の価値存
在に，その直接的な定在とは区別される価値形態を与える」のであり，こうし
て「はじめて現実的に自己を商品——すなわち有用物であると同時に価値でも
ある商品——として表す」(II/5: 29)。注目すべきは，商品がここで「はじめて
現実的に自己を商品として表す」という表現である。商品の価値は他の商品と
の関係においてのみ現れる。ここでは，等価物たる商品［上衣］が「その物的
姿態において，その使用形態において他の商品に対して価値として認められ
る」(ibid.)。商品は価値形態を獲得することによって物象として概念に適合し
た現実存在を獲得する。初版付録「価値形態」の次の叙述はそれを示す。

「価値形態は，その一般的性格によってはじめて価値概念に照応すること
になる。価値形態は，商品が無差別にある同様な人間労働のたんなる凝固
物として，すなわち同じ労働実体の物的表現として相互に現れるさいの形
態でなければならない。いまやこのことは達成された。というのは，すべ
ての商品が同じ労働の具象物として，リンネル［一般的価値形態とみなさ

れる商品］に含まれている労働の具象物として，あるいは同一の労働の具象物，つまりリンネルとして表現されているからである」(ibid. 643)

　価値形態が価値概念に照応するようになり，「すべての商品が同じ労働の具象物として表現される」に至れば，すべての商品は「同じ労働実体の物的表現として相互に現れる」ことができる。ここではじめて商品は，他の諸商品および一般的等価形態との関係において物象として現実的に現れる。これこそ，商品次元における物象化である。

　　「諸商品は物象である。諸商品は物象的に，それらが現にあるところの［使用価値と価値の統一という概念に適合した］ものでなければならず，それを固有の物象的関連において示さなければならない」(II/5: 30)

　それゆえマルクスは商品の物象化を価値形態論において示し，そして一般的価値形態論の段階で，この物象化を私的労働と関連させてこう述べたのである。

　　「じっさいにすべての使用価値が商品であるのは，それらが互いに独立した私的労働の生産物であるからにほかならない。とはいえ，私的労働は分業の自然成長的システムの，自立化しているとしても特殊な分肢として素材的には相互に依存しあっている。……私的労働の社会的形態とは，私的労働の同等な労働としてもつそれぞれの相互関連である。……いかなる社会的な労働形態であっても，さまざまな個人のなす労働は人間労働として相互に関連づけられる。しかし，ここ［資本主義的生産様式］ではこの関連そのものが，労働に特有の社会的形態とみなされる」(II/5: 41)

　私的労働は直接には社会的な労働ではないから，必ず交換によってその社会的性格を実証しなければならない。このさいに私的労働のとる社会的形態が価値であり，これが一般的価値形態において一般的等価物として現れることによって獲得される。かくて価値形態論は，私的労働によって措定される価値が一般的価値形態をとる必然性の証明として，商品の現実存在論にして商品価値存立構造論をなすのである。

　マルクスは『資本論』第1巻初版の価値形態論を，次のような文章で締めくくった。

　　「商品の分析が解明したのは，これらの形態［一般的相対的価値形態／一般的等価形態等］が価値形態一般として，それゆえどの商品にも属する価

値形態として，あくまで対立的であり，その結果，商品 A があるひとつの形態規定にあるならば，商品 B，C 等々は別の形態規定をとるということである。ともあれ決定的に重要なのは，価値形態と価値実体および価値量との必然的な内的連関を発見すること，すなわち理念的に表現すれば，価値形態が価値概念から生じることを証明することであった」(II/5: 43)

価値形態は商品の価値概念から生じる。この意味で価値形態論は価値概念解明，ひいては商品概念解明の枠内に属し，したがって価値措定労働と関連づけて商品価値の措定・存立構造を考察するものであった。私的労働は，マルクスが価値実体概念——「抽象的人間労働」——を確定する過程で，ブルジョア的生産体制における実在的な価値措定労働を表すものとして要請された概念である。それは自立して存立するわけではない。明らかに資本主義的私的所有を前提して——その労働が無所有にもとづくか否かを捨象しても——私的形態でしか存在しない労働であり，この意味で社会的形態規定性を帯びて存在する。

『資本論』第 1 巻第 2 版でマルクスは価値形態論を大幅に改訂した。しかし，以上の性格，すなわち価値形態論が商品次元における物象化論を開示するものであったという基本的性格は変わらないと思われる。

小括

価値形態論を巡っては戦後長い間論争がなされてきた。それに関してはすでにさまざまなサーベイ[11]がなされており，論争史に立ち入る必要はない。ここではただ，これまでの論述と関連して，価値形態論に関する宇野 = 久留間論争の一論点，すなわち価値形態における商品占有者の「欲望」の問題を——価値形態論と交換過程論の関連や回り道の問題等を措いて——考察することによって，本節の小括としたい。

宇野弘蔵は，周知のように，雑誌『評論』主催の資本論研究会 (1946-47) で，単純な価値形態「20 エレのリンネル＝1 着の上衣」についてリンネル所有者の「欲望」という問題 (cf. 向坂／宇野編 [1948]) を提起して以来，『価値論』(1947)，

---

11) 降旗 [1977]，永谷 [1977a]，永谷 [1977b]，米田 [1980]，武田 [1984]，廣田 [1984]
等を参照。

『価値論の研究』(1952) 等で価値形態を論じ，大略，以下のような見解を示した。[1]「20 エレのリンネル＝1 着の上衣」という価値形態において，「リンネルが相対的価値形態にあって上衣が等価形態にあるという場合，リンネルは何故上衣を等価形態にとるに至ったか，それにはリンネルの所有者の欲望というものを前提しないでもよいだろうか」(向坂／宇野編 [1948] 157)。ここでは，「リンネル所有者は自己の要求する一定量の上衣に対して，リンネルの幾何を提供するか」(宇野 [1947] 144) という問題が設定される。[2] 相対的価値形態と等価形態の対立関係を考えるならば，「リンネルと上衣が両極に立って，リンネルが今能動的に価値を表わそうとすることは何を意味するか。リンネルの所有者が上衣を欲しいということがなければ，上衣の使用価値という形で表すことが出来ない」(向坂／宇野編 [1948] 162)。「商品は元来その所有者にとって商品なのである」(宇野 [1947] 139-140)。商品所有者は自らその商品 [リンネル] の価値を表現しなければならないがゆえに，欲望の対象たる上衣に関わるのである。[3] 単純な価値形態から拡大された価値形態，一般的価値形態と展開されるにしたがって，商品の価値表現もますます明確に，それゆえまた等価物の地位も漸次に貨幣形態に近づいてくる (cf. 宇野 [1952] 171)。かくて，「等価物に対する相対的価値形態にある商品所有者の関係もまた変化せざるをえない」(同上)。個別的な単純な価値形態では直接的に相手の商品に対する欲望が重要な地位を占めるが，「貨幣形態は勿論のこと，一般的価値形態でも已にそうはいえないものになる」(同上)。

　これに対して久留間鮫造は論文《価値形態論と交換過程論》(1950-56) で批判を行い，著作『価値形態論と交換過程論』(1957) にまとめた。基本的な主張は下記のとおり。[1]「価値形態の固有の課題は，商品所有者の個人的欲望が演じる役割が明らかにされた後になお残る問題であり」(久留間 [1957] 6)，ここでは「商品所有者の欲望が演じる役割が捨象されている」(同上 46)。「等価形態に置かれた上衣がリンネルの価値を表現しうるのは，[上衣が] リンネル所有者の欲望の対象であるからではない」(同上 71)。[2]「マルクスは価値形態論で，所有者などちっとも考えないで，価値表現の形態としての方程式そのものの分析から」(同上 80)，相対的価値形態と等価形態との対立関係を考えている。価値形態論は，X 量の商品 A＝Y 量の商品 B という方程式を「所与のもの」(同

上 82）として受け取ることによってはじめて設定される問題である。[3]「価値
表現の関係においては，商品所有者ではなくて商品自身を主体に考えること」
（同上 89）が方法的に正しい。「価値表現の必要はもともと商品そのものの本性
から発する」（同上）のであり，それにもとづいて商品所有者が行為しているに
すぎない。「商品のほうがもともと主体なのであり，所有者は商品のいわばロ
ボットにすぎないのである。「人格の物化および物の人格化」[12]といわれるゆえ
んである」（同上 90）。

　ここで肝要なのは，2 つある。1 つは，価値形態論では商品という物象の人
格化として商品占有者が前提されていたということである。もう 1 つは，商
品占有者の欲求は商品の価値実現欲求であり，自然的欲求ではないということ
である。商品占有者は，商品という物象の人格化として，自己の商品の価値を
実現しようとする欲求をもつ。これが価値を表現しようとする根拠である。価
値形態論で問題となるのは，価値であって使用価値ではない。リンネルと上衣
が交換されるとして，決定的なのは，リンネルと上衣という，使用価値のまっ
たく異なる 2 つの商品が交換されるという事実である。なぜ両者は交換可能
なのか。交換では，たしかに質料的に交換する当事者双方の具体的欲求が前提
される。しかし，問題は，いまや双方の具体的欲求ではなく，まずリンネル商
品占有者のもつリンネル価値実現欲求であり，そしてこのために価値形態を見
出すことである。この場合，リンネルの交換対象が上衣である必要はない。こ
の意味で上衣に対する自然的欲求は想定されない。価値形態論は価値に関わる
のであり，使用価値に，それゆえ商品占有者の具体的欲求に関わるのではない。

　宇野弘蔵は，価値形態においてリンネル商品占有者の上衣に対する「欲望」
を前提として要請したが，これは「欲望」を自然的欲求としてとらえるかぎり，
問題の核心から外れていると言うべきである。宇野は単純な価値形態に限って
「リンネル商品所有者の上衣に対する欲望」を想定しながら，展開された価値
形態以下では「欲望」を本質的契機として認めていない。このことは，等価形
態にある商品に対する「欲望」にこだわる根拠の一般性を疑わせる。商品の価

12）マルクスに即してこの対表現の定式は不正確である。「物象の人格化と人格の物象化」と
　　規定されるべきである。

値実現欲求であれば展開された価値形態以下でもつねに存在するのであり，宇野の議論を活かすならば，等価形態にある商品に対する「欲望」ではなく，価値形態論に相応しい商品の価値実現欲求こそ注目すべきであった。

　他方，久留間鮫造は上述のとおり，価値形態論では或る一定の方程式を所与のものとして仮定し，そのうちに含まれている価値表現の関係を分析することが問題なのであり，商品 A の所有者の商品 B に対する「欲望」を考慮することは必要ないと主張した (cf. 久留間 [1957] 52)。この主張は，「欲望」を自然的欲求とするかぎり，妥当である。ただし，価値形態論では――商品概念が確定すれば，当然それの担い手たる商品占有者が想定されるわけであるから――商品占有者自身のもつ商品の価値実現欲求を前提として，その価値をいかに表現するかという問題が設定される。ここでは価値の欲求が当然価値形態論の前提になければならない。このことの認識は，久留間には存在しない。それゆえ久留間は価値形態論ですでに商品占有者という主体が現れており，商品占有者における人格の物象化，すなわち商品占有者としてもつ商品価値実現欲求の存在が問題となりうることをとらえず，かえって価値形態論における主体の存在を問題とすることができなかった。他方，久留間は「価値表現の関係においては，商品所有者ではなくて商品自身を主体に考えること」が方法的に正しいと指摘して，価値形態論において「所有者は商品のいわばロボットにすぎない」と人格規定を提起し，「人格の物化および物の人格化」を問題とした。これは事実上価値形態論における物象化された人格 (商品占有者) の存在を要請することであり，整合性を欠く。価値形態論ではすでに〈物象の人格化と人格の物象化〉が問題となっており，商品占有者の固有の形態的欲求が基礎にあることを確認すべきであった。

4　商品の呪物性格

　諸商品は，価値形態をとおして自己の価値を一般的等価物で表現し，各々を価値として関連づけるに至る。このとき，諸商品に表される人間労働の同等性はさまざまな労働生産物のもつ同等な価値対象性という形態を受け取り，商品を生産する労働力の継続時間は労働生産物のもつ価値量という形態を受け取る

ようになる。かくて人間が商品生産において形成する諸関係は商品という物象のもつ社会的関係として現れ，それゆえに商品は，社会的に形成された価値対象性を商品自身のうちに反転せしめ，それ自体が2つの性格，すなわち使用価値と価値を備えた物として現れる（第5論点）。商品章第4節「商品の呪物性格とその秘密」(II/6: 102-113) では，この商品性格が「呪物性格」として問題とされるのである。

呪物性格と呪物崇拝

商品の呪物性格において問題となるのは，「商品の神秘的性格」(II/6: 102)，「労働生産物の謎めいた性格」(ibid. 103)，換言すれば，商品価値という社会的性格を商品の自然属性に転化させる経済的神秘化ないし呪物化である。このことは，たとえば『資本論』第3巻主要草稿の次の一文でも確認される。

> 「われわれはすでに，資本主義的生産様式の最も単純なカテゴリー，商品と貨幣において，次のような神秘化する性格を証明した。すなわち，それは，社会的諸関係を——生産における富の素材的要素がこの諸関係の担い手として役立つところから——，これらの物それ自体の属性に転化させる（商品）性格，さらに明確には，生産関係それ自体をひとつの物に転化させる（貨幣）という性格である。すべての社会形態は，商品生産と貨幣流通に行き着くかぎり，この転倒に関与する」(II/4.2: 848-849)

つまり呪物性格論では，社会的諸関係（価値）が商品や貨幣の自然属性に転化され神秘化される性格がテーマとなり，かくて商品が「感性的にして超感性的な物」(II/6: 102) として諸個人に現れることが問題とされるのである。

では，なぜ商品はこのような神秘的な性格——呪物性格——をもつのか。マルクスによれば，それはもちろん「商品の使用価値から生じるのではない」(II/6: 102)。これは当然である。また，それは「価値規定の内容から生じるのでもない」(ibid.)。価値規定の内容とは価値の実体と価値量を意味するとすれば，価値の実体は抽象的人間労働という「人間的有機体の諸機能」に求められ，価値量もまた「社会的に必要な労働の量」，あるいは「社会的な平均的労働力」の継続時間として規定されるかぎり，たしかに，それぞれは現実的諸要因に——そして私的労働が相互に一定の価値措定労働として認められる社会的シス

第3章　商品・貨幣と人格変容　161

テムに——関連づけられ，神秘的性格をもたない。かくて商品の呪物性格は商品の形態そのものから生じるとされる。

　「労働生産物が商品形態をとるや帯びる謎めいた性格はどこから生ずるのか。明らかにこの形態そのものからである。〔α〕人間労働の同等性は労働生産物のもつ同等な価値対象性という物象的形態を受け取り，〔β〕継続時間によって測られる人間労働力の支出度量は労働生産物のもつ価値量という形態を受け取り，最後に，〔γ〕生産者の労働に関して前述の社会的規定を確証するさいの基底となる彼らの諸関係は労働生産物のもつ社会的関係という形態を受け取るのである」(ibid. 103;〔　〕は補足)

　このパラグラフは，商品の呪物性格が生じる根拠に関して論じた箇所である。そしてそれゆえに，このパラグラフにしたがって，これまでの研究史は呪物性格論を物象化論と一体的に把握してきた。しかし，はたしてそうであろうか。「価値規定の内容」から判断すれば，上記引用の〔α〕は価値実体（人間労働の同等性）に，〔β〕は価値量に，〔γ〕は価値形態に関わる命題[13]であり，いずれも価値形態論までの叙述に照応する。すなわち，上記引用〔α〕の「人間労働の同等性」は，「諸商品は人間労働という同じ社会的単位の表現であるかぎりでのみ価値対象性をもつ」(II/6: 80)とされる価値実体の規定であり，〔β〕の「人間労働力の支出度量」は，ある使用価値の価値量を規定する「社会的に必要な労働時間」(ibid. 73)を表す表現，そして〔γ〕の「[価値量の基底となる]生産者の諸関係」は，「商品占有者は，ただ，各人の商品を一般的等価物としてのある別の商品に対立的に関連づけることによってのみ，各人の商品を相互に価値として関連づけ，それゆえ商品として関連づけることができる」(ibid. 115)という価値形態論（物象化）の命題に関わるものである。ただし，マルクスは上記引用で，それぞれについて必ず「労働生産物のもつ」という限定を加え，物象化を呪物化につなげた。価値は抽象的人間労働を基礎に把握され，価値量はその継続時間によって測られるにもかかわらず，ここではそれぞれは労働生産物の属性となって現れる。かくてマルクスは，何よりもまず価値実体，

───────────

13)　以下でも同じ命題が繰り返される場合には，〔α〕,〔β〕,〔γ〕の記号を補足するものとする。

162

価値量，価値形態——商品の物象化——を前提して呪物性格を論じたのであり，上記パラグラフに続けて「商品形態の秘密をなす所以」を次のように述べたのである。これは，物象化と呪物化の区別を明確に示すものであった。

「商品形態の秘密をなす所以は，端的に次の点にある。すなわち商品形態が人間に対して，各人自身の労働の社会的性格を労働生産物そのものの対象的性格として，これらの物の社会的自然属性として反映し返すところ，したがってまた総労働に対する生産者の社会的関係を彼らの外部に存在する諸対象の社会的関係として反映し返すところにある。この反転［quid pro quo］によってこそ，労働生産物は感性的にして超感性的な物，すなわち社会的な物［Dinge］たる商品になるのである」(ibid. 103)

ここで問題となっているのは，各人の労働の社会的性格を物としての商品の自然属性として反映し返す「反転」である。そしてこの反転は，『資本論』第3巻主要草稿で次のように論じられるとおり，「物化」とも規定されうる。

「すでに商品に内包され，そして資本の生産物としての商品にはなおさら内包されていることは，社会的生産規定の物化［Verdinglichung］と生産の物質的基礎の主体化であり，これこそが資本主義的生産様式の全体を特性づけているのである」(II/4.2: 897-898)

かくて呪物化ないし物化とは，「ただ人間そのものの特定の社会的関係が，人間にとって諸物の関係という幻影的な形態をとる」(II/6: 103) こと，つまりは，物としての商品が価値対象性を自然属性とする呪物（商品呪物）として現れる神秘化が成立することである。そして呪物化ないし物化においては，諸物の関係が人間から自立化して，それ自身が生命をもつものとして人間に現れ，人間はそれに対して呪物に対する態様で関係する。これをマルクスは「呪物崇拝」(ibid. 103) と名づけ，「人間の頭脳の諸産物が固有の生命を与えられ，相互の間に，また人間との間に関係を結ぶ自立的な姿態に見える」(ibid.) という，宗教世界の夢幻境と類比的に論じた。ここでは，私的労働の特有な社会的性格は「労働生産物のもつ価値性格の形態をとる」(ibid. 105)。そして，このことが，商品生産の諸関係に囚われている人びとにとっては——「労働生産物は，それが価値であるかぎりでは，その生産に支出された人間労働の物象的表現でしかない」(ibid.) という「科学的発見」がなされたのちにも——，究極的なものに

見えることになる。

　商品次元における呪物化は，商品の価値をはじめて生成させる根拠なのではない。それは，価値実体，価値量，価値形態の形成を前提として，これらが労働生産物の自然属性に反転する過程を表す。この意味で呪物化は物象化を前提した副次的な現象にすぎない。使用価値として欲求の対象となる場合，商品はさしあたり呪物の対象としては現れない。使用価値として消費過程にあるかぎり，商品は価値と呪物性格を失う。人間労働の凝固物として価値をもつことさえ，商品を呪物に転化するものではない。商品は価値をその自然属性として帰属させてのみ，呪物性格をもつ。商品は価値を一般的等価形態（貨幣）によって表現する。そしてこれによって反省的に価値を自己に帰属させる。かくて商品は呪物（商品呪物）となる。呪物崇拝は，商品占有者が商品に対して呪物に対する態様で関係することである。『資本論』第1巻商品章に現れる「商品の呪物性格」，「商品呪物」，「呪物崇拝」は，以上のように関連づけて理解される。

呪物性格論の形成

　呪物性格論は『経済学批判』以後に形成された。ここでも『経済学批判』と『資本論』第1巻によって，呪物性格論の形成過程を反省しておこう。

　すでに述べたとおり，『経済学批判』においてマルクスが商品次元の神秘化に言及した注目すべき部分は，交換価値措定労働を論じた第3の記述に現れていた（前章4節）。この記述では，「人格と人格の社会的関連が物象と物象の社会的関係として現れる」物象化と，社会的生産関係がひとつの物の特有な属性として表されるという神秘化がいかに区別されていたのか，必ずしも判明ではない。マルクスはこの段階ではまだ「物化」も「呪物性格」も——「呪物崇拝」(II/2: 114)は見られるとはいえ——概念化していない。それゆえに物象化と呪物化を連接させて理解していたとも言いうるが，ただし，両者を一体的に把握していたとは考えられない。なぜなら商品の神秘化は「日常生活の習慣」の脈絡で論じていたからである。そして，さらに『経済学批判』は，呪物性格論の項目を設定していなかったにもかかわらず，交換過程論において社会的生産関係の神秘化を商品次元にまで拡張して，次のように論じた。このことは『経済学批判要綱』段階とは異なる水準を示す。

「社会的生産関係が諸個人の外部に存在する対象として現れ，かつ諸個人が社会的生活の生産過程においてとり結ぶ特定の諸関連がひとつの物の特有な属性として現れること，このような転倒と想像によらぬ散文的実在的な神秘化とは，交換価値措定労働がもつすべての社会的形態を特徴づける。貨幣ではそれが商品におけるよりもあからさまに現れるにすぎない」(ibid. 128)

同じ趣旨の叙述は，『1861-63年草稿』でも次のようになされる。

「社会的生産過程のいかなる前提も同時にその結果であり，いかなる結果もまた同時に前提として現れる。したがって，この過程の運動が行われるさいのすべての生産関係は，その生産物であるとともにその条件でもある。後者［条件］の形態では……過程はますます自己を固めるのであって，この結果，かかる条件は過程から独立して過程を規定するものとして現れ，過程のうちで競争する人びと自身の諸関係は各自にとって物象的条件として，物象的力として，物のもつ諸規定性として現れる。このことは，資本主義的過程では，いかなる要素も，たとえば商品のような最も単純な要素でさえも，すでにひとつの転倒であり，人格と人格の間の諸関係を物の属性として，そしてこの物の社会的属性に対する諸人格の関係として現象させるだけに，ますます顕在化することになる」(II/3: 1505)

さて，『資本論』第1巻初版は呪物性格論において進捗を示した。すなわち，それは呪物性格論を独自に設定し，かつ価値形態論→呪物性格論という第2版と同じ順序で叙述したのである。ここでもマルクスは，商品の神秘性を社会的規定が——物象化を基礎に——物の自然規定性として現れること，すなわち諸物の自然属性として現れるところに求めた。

「商品の神秘性は，私的生産者にとって各人の私的労働の社会的諸規定が労働生産物のもつ社会的自然規定性として現れるところ，人格と人格の社会的生産諸関係が物象と物象の相互関係および物象の対人格関係として現れるところから生じる」(II/5: 47)

こうして初版の呪物性格論は内容上でも第2版のそれに接近している。ただし，初版には注目すべき叙述が2箇所あり，補完的説明が必要である。第1は，「私的労働の社会的諸規定が労働生産物のもつ社会的自然規定性として現

れる」という呪物化が，物象化と明示的に区別されたということである。初版は，「労働生産物が商品の形態をとるや帯びる謎の性格は，どこから生じるのか」(ibid. 46) と提起したのちに，まず諸関係の物象化と商品の神秘性を関連づけて次のように論じた。

　　「人びとが各人の生産物を相互に価値として関連させており，これらの物
　　象が同等な人間労働のたんに物象的外被として妥当するかぎり，ここには
　　同時に逆の関係が，すなわち各人の異なる労働は物象的外被のうちで同等
　　な人間労働としてのみ妥当するという関係が現れる。……人格的関連は物
　　象的形態によって隠されている。……人びとの関係が各人にとって存在す
　　る仕方，あるいはそれが各人の頭脳に反映される仕方は，関係そのものの
　　本性から生じる」(ibid.)

　この引用で注目すべきは，「生産物を相互に価値として関連させる」という関係そのものと「各人の異なる労働が物象的外被のうちで同等な人間労働としてのみ妥当する」という逆の関係が区別され，後者は前者の本性から生じるとされていることである。このことを前提すれば，次の引用でも，前半の物象化と後半の神秘性が連接させられながら区別されていることが知られる。

　　「私的生産者は各人の私的生産物，物象を媒介してはじめて社会的な接触
　　に入り込む。各人の労働の社会的関連は，労働における人格の直接に社会
　　的な関係として存在しかつ現れるのではなく，人格と人格の物象的関係な
　　いし物象と物象の社会的関係として存在しかつ現れる。……／それゆえ商
　　品の神秘性は，私的生産者にとって各人の私的労働のもつ社会的規定が労
　　働生産物の社会的自然規定性として現れ，人格と人格の社会的生産関係が
　　物象相互の，および人格に対する物象の社会的関係として現れるところか
　　ら生じる」(II/5: 47)

　かくてマルクスは物象化を呪物化と連接させて把握するとしても，必ず二段階的に区別して論じたのであり，ここからしても，商品の物象化論は価値形態論までに提起されていたという結論が確認されるであろう。

　第2は，第1巻初版の付録「価値形態」では，単純な価値形態における等価形態の「第4の特異性」としてすでに「商品形態の呪物崇拝」(II/5: 637) が論じられたということである。

「今日の交易内部では，生産者にとって各人自身の労働がもつこれらの社会的性格［人間労働としての同等性，価値量の労働時間による規定性］は労働生産物そのもののもつ社会的自然属性すなわち対象的規定として現れ，〔α〕人間労働の同等性は労働生産物のもつ価値属性として，〔β〕社会的必要労働時間によるという労働の度量は労働生産物のもつ価値量として，最後に，〔γ〕生産者の労働によって結ばれている彼らの社会的関連はこれらの物の，すなわち労働生産物のもつ価値関係あるいは社会的関係として現れるのである」(ibid.;〔 〕は補足)

「ところでこの呪物性格は，等価形態におけるほうが相対的価値形態におけるよりいっそう顕著に現れる。商品の相対的価値形態は媒介的に，つまりその商品の他の商品に対する関係によって存在する。……等価形態の場合は反対である。等価形態とは本質的に，商品の身体形態ないし現物形態が直接に社会的形態として妥当し，他の商品に対する価値形態となるところにある。それゆえ今日の交易内部では，等価形態をもつことは……，物の社会的自然属性として，自然によって物に具わる属性として現れる」(ibid. 638)

かくて第1巻初版は，商品の価値形態と呪物性格を連接させて表現した。マルクスが呪物性格を商品自体に付着するものととらえていたことは否定されない。ただし，ここでも，商品の価値は，社会的労働によって形成され価値形態によって表現されてはじめて物の自然属性として現れる，とされるかぎり，商品の価値形態と呪物性格は相対的に区別される。要するに，呪物性格は，商品が使用価値と価値の統一として価値存在をもち，価値形態を生み出すという物象化の結果として生じることが認識されていた。第1巻初版が価値形態論と区別して呪物性格論を記述しながら，巻末付録「価値形態」のなかで商品の呪物性格を指摘したのは，価値措定労働と物象化を呪物化の前提としてとらえる趣旨からすれば，ややミスリーディングであるとはいえ，区別が不明確になったわけでもない。肝心なのは，呪物化が価値の存在（物象化）を前提し，それを生産物の自然属性として反転させることにおいて生じる結果であるということである。

小括

　以下，廣松渉の物神性論把握を検討することによって，マルクスの呪物性格論[14]に関するまとめを行うことにする。

　廣松渉は『資本論の哲学』(1974) において，物神性を，「商品が，……商品世界内的意識に対しては，価値実体・価値量・価値形態といった規定性を自体的に具えた或るものとして思念されている事態」(廣松 [1974b] 203) ととらえ，これを「倒錯視」——マルクスのいう Quidproquo——あるいは「物象化的錯視」(同上 205) と規定した。物神性論に関する廣松の見解は，要約すれば以下の 3 点に示される。

　第 1 は，マルクス価値規定に関する「価値の実体論的規定」(廣松 [1974b] 164) という性格づけである。廣松によれば，『資本論』第 1 巻商品章は第 3 節まで価値について日常的私念にしたがう実体論的規定を行っているのであり，商品の 2 要因を論じ労働の二重性を指摘する行文においては，マルクス自身が「そのような日常的私念に仮託するかたちで議論を進めていた」(同上 200)。価値の実体をなすとされた抽象的人間労働は，「単なる生理学的な意味での人間的労働力の支出」と規定されており，「社会的関係規定とは裁断され」(同上 220)，実体化された。価値は，それ自体を「自存的な実体」という客観的定在とみなすとき，その存在性格が超感性的なものとなる (cf. 同上 202-203)。「価値実体，価値量，価値形態，これらが商品体そのものに内属すると考える通念」(同上 203) こそ，物象化的錯視の基礎をなすのであり，商品の物神性を形成する[15]。この把握によれば，商品章第 3 節までの「価値実体，価値量，価値形態」に関する規定は，それ自体が実体論的であり，「物象化的錯視」を免れないものととらえられ，否認される。

---

14) 呪物性格論についても，すでにさまざまなサーベイがなされている。さしあたり荒木 [1977a]，西野 [1984] などを参照。

15) 廣松渉『マルクス主義の地平』(1969) によれば，商品価値に関して「抽象的人間労働の凝固物」として説明される事態こそ，「実は，商品の物神性の根本現象にほかならない」(廣松 [1969] 224)。それゆえ，廣松は「商品の物神性がまさにこの価値の本質 (規定) において体現されていること，抽象的人間的労働の「凝結」という表現がそもそも物神化論的な表現であり，いわば比喩的表現であって，決してマルクスの究極的・最終的な規定ではないこと」(同上 225) を主張する。

第2は，「物神性論における価値の関係論的再措定」である。廣松によれば，マルクスは，「商品そのものが，価値実体，価値量，価値形態という諸規定性をそれ自身で具えているかのように論考を進めてきたうえで，第4節 [物神性論] にいたって，それが実は人々の一定の社会的諸関係の物象化的仮現であることを説く」(廣松 [1974b] 258) のであり，「物神性論においては，当の抽象的人間的労働，すなわち，かの同等な人間的労働として措定されているものの実態が，行論の途次で再措定的に解明されている」(同上 213) とされる。抽象的人間労働の再措定的解明とは何か。それは，マルクスが物神性論に至ってはじめて，「抽象的人間的労働の“凝結”と言い，価値対象性と言っても，真実態においては，社会的生産・交通の或る歴史・社会的な編制……の反照規定だということ」を明らかにする (同上 216) ところに示される。要するに廣松は，マルクスが，実体論的に把握された価値ないし価値対象性を交換によって形成される社会的諸関係の反照規定としてとらえ，実体論を関係論に転じたというのである。

かくて第3は，交換過程による「商品の現実的生成」である。廣松が提起するテーゼは，交換過程においてこそはじめて商品は「商品として現成する」ということである。

> 「マルクスは，商品なるものが，あたかもそれ自身で，使用価値と価値という2要因を具えた「矛盾的統一体」であるかのように扱いつつ，価値形態の場面で，当の「内在的矛盾」が2商品の相関的分立のかたちで「外在化」することを論じていた。しかるに，使用価値と価値とをそれ自身で具えた商品なるものは自存せず，それは社会的関係の反照規定であったことが告知される。商品なる主語的主体＝主体的主語が内在的矛盾にもとづいて自己展開していくのではなく，事実問題としては「交換過程」においてはじめて，生産物が「商品」としての商品に現成するのである」(廣松 [1974b] 258-259)

以上，廣松渉の物神性論把握に関する要約である。たしかに商品は，それ自体としては自存しえない。そして，それは交換過程においてはじめて——現実には貨幣による媒介を前提して——使用価値と価値の統一として現れる。かくて廣松は，「使用価値と価値との矛盾的統一としての商品なるものがアン・ウ

ント・フュア・ジッヒに既在したわけではなく，またその内在的矛盾が発展の原動力となって価値形態や交換過程を実現するわけではない」(廣松 [1974b] 247) と指摘する。だが，価値形態論までの価値実体，価値量，価値形態を実体論的錯視であるとした場合，交換過程において商品として——交換の結果ではなく，交換の前提をなす商品として——現成するとされる商品の価値はいかにして生成するのか。なぜ生産物は交換過程において商品，つまり特定の使用価値と価値を具えた物象として現成しうるのだろうか。ブルジョア社会は，交換が始まり，商品がはじめて生成する社会ではない。すでに初めから，生産物はすべて商品として生産され，この商品がすでに商品として交換過程に入り，価値として実現されることを想定する社会である。それゆえ，むしろ商品の価値は交換過程の前提として生産され，交換過程において実現される。廣松は，商品の価値をいわば流通主義的に把握した。しかし，「物象化的錯視」とされた価値が現実的価値に転化する論理は示されない。それゆえ廣松は，剰余価値生産も資本の運動における価値の移転も現実化しえない理論構成を余儀なくされることになる。

　問題は，価値措定の根拠である。廣松は『資本論』第1巻商品章第3節までの価値論を実体論的であるとして退け，商品（価値）を交換過程においてはじめて現成する事象としてとらえた。マルクスはたしかに「交換の内部においてはじめて労働生産物は……社会的に同等な価値対象性を獲得する」(II/6: 104) と述べる。このことは当然である。私的労働および交換なくして価値は歴史的論理的に生成しようがないからである。だが，価値の実体，価値量の前提なくして，いかにして交換によって価値が措定されるのであろうか。マルクスはさきの命題に続けて，こう記したのである。

　　「有用物と価値物への労働生産物の以上の分裂が確証されるのは，じっさいにはただ，交換がすでに十分な拡がりと重要性を獲得し，かくて有用物が交換のために生産され，それゆえ物象の価値性格がすでに生産そのものにおいて考慮されるに至ったときだけである。この瞬間から，生産者の私的労働は，事実上二重の社会的性格を獲得するのである」(ibid.)

マルクスが分析対象とするブルジョア社会ではすでに商品生産と商品交換は商品の価値性格を前提として成立するのであり，呪物性格論でも交換過程論で

も，価値の存在は前提である。だから，マルクスは交換において価値が成立することを当然ながら認めるとしても，価値の実体をなすのは抽象的人間労働であるという価値実体論を崩さない。廣松も，価値実体論などを物象化的錯視として退けたのちに，交換によって現成するという「価値」に，価値形態論までに規定されていた実体論的な価値と異なる規定を与えることはできていない。ただ，呪物性格論における次の命題を「極めて重大な」提題として示すだけである (cf. 廣松 [1974b] 206)。

> 「人びとが各人の労働生産物を互いに価値として関連づけるのは，これらの物象が各人において同種の人間労働のたんなる物象的外被とみなされるからではない。逆である。人びとは彼らの異種の生産物を相互に交換において価値として等置することによって，彼らの異なる労働を相互に人間労働として等置するのである」(II/6: 104-105)

マルクスの言うのは，こうである。商品 (生産物) を交換するさいに，人びとは当然生産物を価値として等置するのであるが，それはそれぞれが人間労働として同等であると認識した上で行うわけではない，逆に交換において価値として等置することによって，[フュア・ウンスには] 人間労働として等置していることになるのだ。ここでは，あくまで交換の前提に価値が存在する。ところがこの箇所を廣松は，反対の脈絡で解釈する。すなわち，抽象的人間労働なるものは何かしら自存的なものではなく，「商品生産者たちが価値としての生産物に関わりあい，この物象的な形態において彼らの私的諸労働を同等な人間的労働として関連させる」という，機能的な等置関係における相等性，無差別性を反省的に分析して措定されるものとしてとらえるのである (cf. 廣松 [1974b] 213-214)。だが，上記の叙述でも，マルクスは交換による価値措定を説いているわけではない。あくまで価値を前提として，「価値として等置する」と述べるのであり，この価値を新たに措定するわけではない。かりに廣松の言うように，交換によって価値が反照規定として措定されるとして，それはいかになされるのかと問題を設定すれば，改めて商品の価値が抽象的人間労働と関係づけて論じられなければならない。廣松は『資本論』第1巻商品章第3節までの価値論を退けることによって，価値の措定に失敗している。

研究史では，すでに繰り返し指摘したとおり，物象化は呪物化と一体的に把

握される傾向があった。それゆえに，商品段階での物象化および〈物象の人格化と人格の物象化〉のレベルと商品の呪物化および呪物崇拝のレベルとが本質的に区別されず，一般に物象化は神秘化に帰着した。しかしマルクスは，第1に，価値実体，価値量，価値形態に関する分析をとおして商品次元における物象化をとらえ，この物象化論にもとづいて，第2に，呪物化と呪物崇拝を物象化の反転として一般的に把握していたのであり，このことは，『経済学批判』以後深められた認識であったと見られる。

　以上を総括していえば，マルクスは商品次元における物象化に関して，4つの位相（本質的には2つ）を設定するに至ったように思われる。すなわち，1）生産関係の物象化，2）物象の人格化と人格の物象化，3）呪物化，4）呪物崇拝，である。第1位相と第2位相は，とくに労働の二重性論および価値形態論において論じられた。第3位相の呪物化は，商品が「社会的諸関係をその物の自然属性に転化させる」呪物として現れる位相，呪物化の位相ととらえることができる。そして第4位相は，商品が呪物化したとき，商品に対して呪物に対する態様で関係する態度として現れる位相である。

5　商品の交換過程

　『資本論』第1巻第2章「交換過程」(II/6: 113-121) は，商品価値を前提として商品占有者相互の交換行為による価値実現過程を問題とする。「ここでは各人格は相互に商品の代表者としてのみ，それゆえ商品占有者としてのみ現存する」(ibid. 114)。そして各人格は商品占有者として──〈物象の人格化と人格の物象化〉にもとづいて──交換行為を行うのである。ここで設定されるのは，各商品占有者が相互に交換行為に入り，商品の価値を実現する次元，つまり商品概念を前提して──つまり生産物を，他者にとって有用な使用価値をもち，かつ一定の価値をすでに確定させている商品として前提して──，商品価値を実現する次元であり，交換過程論は商品交換のかかる実在的側面を論じるのである。

交換過程論の位置

交換過程論で考察対象となるのは，資本主義的生産様式における交換過程である。資本主義的生産様式において商品と商品が直接に交換されることはない。この段階では，すでに固定した価値を実現することが課題となるのであり，本来，交換過程は貨幣を前提とする。しかし，ここでもなおマルクスは叙述方法上貨幣を捨象して，全面的な商品交換を論じる。このとき指摘されるのが，商品の交換過程における矛盾である。

交換過程論において第1に指摘される矛盾は，商品の使用価値および価値の実現における矛盾である。あらゆる商品は占有者にとって直接には「非使用価値」であり，使用価値となるのは「非占有者」にとってである。それゆえ，各人は商品を全面的に交換しなければならない。この場合，商品は一方ではまず，自己を「使用価値として実現できる前に価値として実現しなければならない」(II/6: 115)。つまり価値を実証し，特定の価値量として交換を実現しなければならない。他方，商品は自己を，「価値として実現できる前に使用価値であることを実証しなければならない」(ibid.)。かくて商品交換は，一方で使用価値の交換であるかぎり他の個人の自然的欲求に依存する個人的過程であり，他方では社会的に成立する価値の実現として社会的過程である。ところが，すべての商品が私的労働によって生産されているかぎり，以上の過程がすべての商品占有者に同時に起こることはありえない。なぜなら，商品占有者は自己の商品Aを，己れの欲求を満たす商品Bと交換しようとしても，商品Bの占有者が商品Aと交換する意志をもつとは限らない，等々だからである。

第2に指摘される矛盾は，一般的等価物の不在を前提とした場合，どの商品占有者にとっても他人の商品はいずれも「自己の商品の特殊的な等価物」(II/6: 115) であり，自己の商品は「他のすべての商品の一般的等価物」(ibid.) であるが，この事態はすべての商品占有者に妥当するのであり，したがって，いかなる商品も一般的等価物とならず，一般的等価物の不在ゆえに，価値が異なる諸商品は相互に価値として交換されない結果に陥るということである。

以上は，いずれも全面的な商品交換で一般的等価物が存在しないときに起こる矛盾である。それゆえ交換過程は実践的に，一般的等価物を，つまりは貨幣を生み出し，それによって商品交換を可能にしなければならない。これは実践

第3章　商品・貨幣と人格変容　173

的に解決される。「ただ社会的行為だけが1つの特定商品を一般的等価物になすことができる」(II/6: 115)。かくて，「貨幣結晶は交換過程の必然的な所産である」(ibid. 116)。貨幣は，商品の全面的な交換過程に内在する上記の諸矛盾に対して交換を現実的に可能にする解決を与える。

　この場合，貨幣は全面的商品交換のうちに存在する矛盾を解決するにしても，矛盾そのものを消失させるわけではない。つねに前提されるこの矛盾を貨幣がたえず解決していくことによって交換過程は存立する。この意味で，交換過程論は貨幣の存在を前提せずに上記の矛盾を描き，交換過程がつねに商品とともに貨幣を存立させているという，商品交換の存立構造を論じたものととらえられる。そして，これこそ交換過程論の本来のテーマであった。

　貨幣結晶は歴史的にも交換の必然的な所産である。だから，「交換の歴史的な拡がりと深まりは，商品の本性に眠っている使用価値と価値との対立を発展させる」(II/6: 116)。商品の二面性は歴史的に，商品と貨幣への商品の二重化として現れる。かくて交換過程論は歴史的な貨幣生成を論ずる。だが，これは歴史的説明であり，『資本論』第2章「交換過程」の本来のテーマではない[16]。この意味で交換過程論後半に示される歴史的な貨幣生成論は付論でしかない。かくてマルクスは，商品と貨幣の対立という完成段階を設定することによって交換過程論をこう締め括った。

　　「すでに，x量商品A＝y量商品Bという最も単純な価値表現において見たように，他の物［A］の価値量を表示する物［B］は，その等価形態をこの関連から独立に，社会的自然属性としてもっているように見える。われわれはこの誤った仮象の固定化を追跡した。この仮象は，一般的等価形

───────────────
16) マルクスはここで交換の始まりについて，次のように言及している。「商品交換は，共同社会が果てるところで，つまり共同社会が他の共同社会あるいは他の共同社会成員と接触する地点で，始まる」(II/6: 116)。そして「交換の不断の繰り返しは，交換を一つの規則的な社会的過程とする。したがって時間の経過とともに，少なくとも労働生産物の一部は意図的に交換を目的として生産されなければならなくなる。この瞬間から，一方では直接的需要のための諸事物の有用性と交換のための有用性との分離が固定化してくる。諸事物の使用価値は諸事物の交換価値から分離する。他方では諸事物が交換される量的な関係が，それらの生産そのものに依存するようになる。慣習は，諸事物を価値量として固定する」(ibid. 117)。この歴史的説明で重要なのは，ブルジョア社会では慣習が「諸事物を価値量として固定する」に至っている事態の指摘である。

態が特殊な商品種類の現物形態と合生すれば，すなわち貨幣形態に結晶すれば，完成を遂げる。……媒介の運動はこの固有の結果のうちでは消失し，痕跡を残していない。諸商品は，自らは何の関与もすることなしに，自己の価値姿態を完成した形で，それぞれの外部に，それぞれと並存する商品体として，眼前に見出すのである」(ibid. 120-121)

これが資本主義的生産様式の下で存立する単純流通の過程をなす。そして，それゆえに交換過程論は貨幣論——単純流通過程論——と接続される。

交換過程論はこれまで——商品章の価値形態論との関連において——，貨幣の歴史的生成の脈絡で問題とされてきた (後述)。ここでは，価値形態論と交換過程論との関連を理論的に考察する。

まず確認してよいのは，価値形態論は歴史的な貨幣生成論ではないということである。形態とは社会的妥当性をもった様式のことである。価値形態論はあくまで，商品の価値を前提し，それがいかに社会的な妥当性をもった様式で存立するか，あるいはその様式をいかにして獲得するか，つまり交換の前提をなす価値を規定し，それがいかなる形態で存立するのかをテーマとしている。マルクスによれば，価値は交換によって生成するものではない。交換に先立ち，交換を可能にする価値と価値形態を論じる所以である。そして価値形態論は，価値形態が価値概念に固有の現象形態，したがってまた商品概念に固有の要素であることを確認したのである (前節)。

では，交換過程論は価値形態論といかに区別されるのか。価値形態が完成を遂げて，商品から独立した一般的等価形態ないし貨幣形態を獲得した段階，すなわち人間各個人自身の生産諸関係が「各人の制御や各人の意識的な個人的行為から独立した物象的姿態」(II/6: 121) をとった段階では，上記の矛盾が解決され，全面的な商品交換が実現する。交換過程は本来，一般的等価形態ないし貨幣形態にもとづいて商品が価値を実現する過程であるはずである。しかし，交換過程論はかかる形態の存在を前提せずに上記の矛盾を描き，交換過程の存立構造を論じた。要するに，それは貨幣の歴史的生成論ではなく，現在の全面的商品交換の下における矛盾と一般的等価形態ないし貨幣形態による解決を解明する商品交換の存立構造論——あえて言えば，論理的な貨幣生成論——であったととらえねばならない。

交換過程論の形成

交換過程は，『経済学批判』と『資本論』第1巻初版でいかに論じられたか。『経済学批判』の交換過程論は，価値形態論の端緒的な提示がなされたすぐ後に——呪物性格論を差し挟まずに——記述される。

> 「商品は，商品としては直接に使用価値と交換価値の統一であり，同時に他の諸商品に対する関連においてだけ商品である。商品相互の現実的関連は，それの交換過程である」(II/2: 120; 一部再引用)

そして周知のように，二重の困難が指摘される。第1は，「商品は，自己を交換価値として，対象化された一般的労働時間として表すためには，予め使用価値として外化［他者化］され，人手に渡っていなければならないが，反対に使用価値としての商品の外化［他者化］は交換価値としての商品の存在を前提する」(II/2: 122) という困難であり，第2は，「商品は，一方では対象化された一般的労働時間として交換過程に入って行かねばならないのに，他方では各個人の労働時間を一般的労働時間として対象化することそのものは交換過程の所産にほかならない」(ibid. 123) という困難である。

マルクスは，これらの困難ゆえに，「いかなる商品も，その使用価値の，つまりその本源的存在の外化［他者化］によってそれに照応する交換価値としての存在を得るほかはない。だから，商品は交換過程においてその存在を二重化しなければならない」(II/2: 123) と指摘したのち，「特殊な1商品は，いかにして直接に対象化された一般的労働時間として表されるのか」(ibid.) という問題を提起して，1商品の交換価値を表す「諸等式の無限の総和」の逆転にもとづいて一般的等価物が交換過程をとおして生成することを論じた。

一般的等価物が成立して，商品が商品と一般的等価物に二重化すれば，「商品が商品として内包する矛盾，すなわち特殊な使用価値であると同時に一般的等価物である……という矛盾は解決される」(II/2: 127)。解決は，貨幣によって与えられる。

> 「かくて商品占有者が相互に，各労働に対して一般的社会的労働に対する態様で関連しあうという事態は，各占有者が，それぞれの商品に対して交換価値に対する態様で関連すること，商品の交換価値としてもつ相互関連が，交換過程においては，それぞれの商品が全面的に特殊な商品に対して

交換価値の十全な表現に対する態様で関連することとして現れるのであり，そして以上は逆に，かかる特殊な商品がもつ他のすべての商品に対する特有な関連として，それゆえ1つの物がもついわば自然成長的な社会的性格として現れるのである。この特殊な商品こそ，……——貨幣にほかならない。それは，交換過程そのものにおいて形成される諸商品の交換価値の結晶である」(ibid. 127-128)

マルクスは『経済学批判』で『資本論』第1巻第2版とほぼ同じ水準で交換過程を論じた。それは，貨幣の歴史的生成ではなく，商品が今日でも抱える矛盾の一般的等価物（貨幣）による不断の解決として論じられた。たしかに，二重の困難から貨幣の形成を示したあとに，共同社会と共同社会の間における交換の始まり，貨幣形成の前提としての交換価値の発展などを論ずるものの，わずかな叙述であり，交換の歴史的形成を本格的に論じたものとは言えない。交換過程論は，最初から商品交換の存立構造論として叙述されたことが知られる。

『資本論』第1巻初版は，交換過程論を第1章「商品と貨幣」の第2項目として，第1項目「商品」（価値形態論や呪物性格論を含む）と区別して構成した。篇別構成は異なるとはいえ，内容は第2版第2章「交換過程」とほぼ同一であり，交換過程論は初版で完成されていたとみなすことができる。

小括

交換過程論に関しては，周知のように，価値形態論との関連においてこれまで多数の解釈および論争が存在しており，サーベイもさまざまになされてきている[17]。研究史では，価値形態論も交換過程論も一般に「貨幣の生成」ないし「貨幣の必然性」を論じたものとしてとらえられ（久留間[1957]，武田[1982]，富塚[1984]，大谷[1993a]／[1993b]等），それゆえに両者の関連がとくに問題とされたのである。この場合，かかる貨幣生成論はいかなる性格をもっていたのか。すなわち歴史的な貨幣生成論なのか，それとも論理的な貨幣生成論なのかが問われる。

たしかに，マルクス自身が，「貨幣形態の生成[Genesis]を立証すること」

---

17) たとえば，荒木[1974]，米田[1980]，武田[1984]など。

は「ブルジョア経済学によってかつて試みられたことがない」(II/6: 81) と述べており，価値形態論は貨幣形態の歴史的生成を論じたものとして理解されがちである。しかし，それでは方法的な不整合をきたすであろう。なぜなら，『資本論』では，貨幣形態は全面的商品交換に照応する一般的価値形態から導かれるが，歴史的にはむしろ商品交換の発展とともに貨幣関係が生成し，貨幣資産形成を前提に資本主義的生産様式が形成されるとともにはじめて全面的商品交換は成立したのだからである。貨幣関係を前提してこそ全面的商品交換は成立する。それゆえ価値形態論は，あくまで資本主義的生産様式の下にある商品について，価値形態をこの商品に不可欠のものとして証明する議論として，したがって価値形態の存立構造を証明するものとしてとらえられなければならず，そして交換過程論も同様に，商品交換の存立構造論としてとらえられなければならない。しかし，これまで，とりわけ単純商品生産説や流通形態説では一般に，冒頭商品が歴史的に拡張されるがゆえに，交換過程論もまた歴史的な貨幣生成論としてとらえられる傾向が生まれたように思われる。

　以下，価値形態論と交換過程論の関連に関して，久留間鮫造の見解を検討しよう。予め久留間説の要旨を記せば，こうである。[1] 価値形態論では，商品はもっぱら価値の観点から考察される (cf. 久留間 [1957] 14)。価値形態論の目的は，「貨幣形態の謎」(同上 4) を解くことにあり，マルクスはこの謎を，「商品の価値はそれに等置される他商品の使用価値で表示されるということ」(同上 5) をもって，すなわち「価値表現の廻り道」によって解明した。[2] これに対して交換過程論では，商品の 2 つの実現過程，すなわち「[他人にとっての] 使用価値としての商品の実現の過程」と「価値としての商品の実現 [販売]」の過程が問題とされる (同上 14-15)。かかる過程は，相互に前提しあう関係であるとともに「相互に排斥しあう矛盾の関係」(同上 17) にあり，この矛盾ゆえに交換過程は，「貨幣の形成が必然とされる場」(同上 20) となる。交換過程論はこの意味で，「貨幣の形成の必然を論じる」(同上 23) という固有のテーマをもつ。[3]「価値形態論でも貨幣の形成が論じられるが，そこでの問題は貨幣形成の「如何にして」であって，「何によって」ではない。……価値形態論では貨幣の「如何にして」が論じられ，物神性論ではその「何故」が論じられるのに対して，交換過程論ではその「何によって」が論じられる」(同上 40)。

マルクスはたしかに『資本論』第 1 巻第 2 章「交換過程」で，「困難は，貨幣が商品であることを把握するところにあるのではなく，いかにして，なぜ，何によって商品が貨幣であるのかを把握することにある」(II/6: 120) と記した。だが，「いかにして」「なぜ」「何によって」を，価値形態論，呪物性格論，交換過程論に振り分けるのははたして妥当か。そもそも価値形態論と交換過程論は主要に貨幣生成を論じるものであるのか。価値形態論も呪物性格論も交換過程論も，いずれも商品に関する議論である。「いかにして商品が貨幣となるか」が価値形態論の「廻り道」と価値形態の展開に示されたことは明らかである。しかし，それすらも貨幣生成論をもっぱらテーマとしていたかといえば，そうではなく，商品次元で価値が価値形態を生み出し，物象化——そして〈物象の人格化と人格の物象化〉——を生成せしめることを論じていたと見るべきではないか。また呪物性格論は，物象化根拠を私的労働に求める議論に言及しているにせよ，物象化を前提として呪物性格と呪物崇拝を主題としたものである。それゆえ，「いかにして，なぜ，何によって商品が貨幣であるのか」はむしろ，すべて交換過程論で論じられていたのではないか。すなわち，「なぜ」は全面的商品交換の下での二重の矛盾において示され，「いかにして」は「商品世界の共同作業」(ibid. 97)，「社会的行為」(ibid. 115) をとおした結果において，そして，「何によって」は，一般的等価形態を排他的に「特別な商品種類の現物形態」(ibid. 120) に結晶させることにおいて示されたのではなかろうか。そもそも上記の問題設定の「商品が貨幣であるのか」という表現に，交換過程の存立構造を問題とするという示唆が与えられているように思われる。

　交換過程論は商品章における商品の概念把握を受けて，現実に商品の実在的側面，すなわち交換による商品価値の実現を論じたものと見られる。そして全面的商品交換を前提したとき，全面的商品交換の矛盾と貨幣形成はつねに必然的であり，ブルジョア社会における現実の交換は貨幣を基礎として存立していることを交換過程論は論じた。交換過程論はこの意味で歴史的な貨幣形成論ではなく，現実の交換過程の存立構造を論じたものであった。そもそも，もし貨幣形成を歴史的に論じたのであるとすれば，それを成立させた商品交換は，資本主義的生産以前であると考えざるをえず，前提と矛盾する。ところが，多くの研究はこのことを不問に付し，歴史的な貨幣生成論であることを解釈の基本

第3章　商品・貨幣と人格変容　179

としてきたように思われる[18]。

6　貨幣次元における物象化論

　貨幣が成立することによって生産関係の物象化は基礎を固める（第1論点）。しかも貨幣は，商品から生成するかぎり，それ自体が呪物であり，呪物崇拝を免れない。しかし，呪物であるとしても，貨幣はたんなる倒錯視の結果とだけとらえることはできない。貨幣は一般的等価物であり，流通手段等であるかぎり，実在性を失わない。この実在性が『資本論』第1巻第3章「貨幣あるいは商品流通」（II/6: 121-164）では，貨幣の3つの機能に即して論じられる。以下，まずは貨幣における物象化を考察し，貨幣次元における人格変容，呪物としての貨幣を論じる。

貨幣の諸機能と物象化

　貨幣は周知のように，1）一般的等価物としての価値尺度，2）交換過程を成立させる流通手段，3）貨幣としての貨幣，という3つの機能をもつ。前2者は，価値形態論および交換過程論に対応する貨幣の機能であり，さしあたり貨幣は商品価値を表し実現する手段としてとらえられる。

　第1の価値尺度の機能についてまず確認されるのは，「商品は貨幣によって共約可能になるのではない」（II/6: 121）ということである。

　　「すべての商品は価値として対象化された人間労働であり，それゆえにそれ自体として共約可能であるからこそ，各価値を共同関係的に同じ特有の商品で測り，これによってこの商品を，各商品の共同関係的価値尺度すなわち貨幣に転化するのである」（ibid.）

---

18) 以上と異なる見解もある。大内秀明は『価値論の形成』（1964）において，「価値形態論の発展を，なによりもまず資本主義的商品の価値の表現形態として」（大内［1964］181）明らかにし，「あくまで，商品価値が使用価値契機を処理する場合の運動の形態として価値形態を理解すればたりるのであって，商品経済が自立的に運動すると同時に，不断に再生産されている商品と貨幣の形態的関連として理解すればいい」（同上 227）と述べて，価値形態を，商品の全面的交換の要求にもとづく価値表現の展開としてとらえた。これは，本書の商品存立論とほぼ一致する。

いまや，諸商品の一般的な価値形態は，「x 量商品 A = y 量貨幣商品」という単純な姿態をとる。この場合，貨幣商品は各商品の価格を示す。商品は，貨幣を一般的等価物として排除することによって，使用価値と価値の対立を商品と貨幣との対立にまで展開する。かくてすべての商品の価値は，貨幣で価格として表現される。

商品の価格は，「たんに観念的な，あるいは表象されただけの形態」であり，ここでは価値は各商品そのもののうちに存在する (cf. II/6: 122)。「価値尺度という機能においては，貨幣は，ただ表象された，あるいは観念的な貨幣として役立つだけである」(ibid. 123)。

さて，「価格形態は，貨幣との引き替えによる商品の譲渡可能性とこの譲渡の必然性を含んでいる」(II/6: 129)。かくて商品は貨幣を媒介とする交換過程に入る。

> 「交換過程は，商品および貨幣への商品の二重化を生産するのであり，この外的対立において諸商品は使用価値と価値という，それに内在的な対立を表すのである」(ibid. 130)

このときに現れる貨幣の第 2 の機能が，流通手段である。貨幣は，既述のとおり，交換過程論に示された諸矛盾を廃棄するわけではない。ただ諸商品の運動を可能にする形態を創造する。それが貨幣形態であり，かくて諸商品の交換過程は，「社会的質料変換」(II/6: 129-130) として位置づけられる。マルクスが考察するのは，このうち商品の形態変換だけである。ここでは購買と販売が区別され分離される。考察されるのは，商品流通の直接的形態 W—G—W と貨幣通流の形態 G—W—G という過程である。

W—G—W は，質料的にみれば，貨幣を媒介とした商品と商品の交換であり，社会的労働の質料変換である。かくてここに物象化された関係が成立する。しかも，分業は自然成長的な生産有機体であり，生産物は，社会的欲求の不適合，供給過剰等により，売れない可能性もあり，第 1 変態 (販売) W—G は「商品の命がけの飛躍 [salto mortale]」(II/6: 131) であることが指摘される。

> 「社会的生産有機体が分業システムのうちに示すのは，引き裂かれた四肢 [membra disjecta] であり，その量的編制は質的編制と同様に，自然成長的偶然的である。それゆえ，わが商品占有者は，彼らを独立した私的生産

第3章　商品・貨幣と人格変容　　181

者とする同じ分業が，社会的生産過程とこの過程における彼らの諸関係を
彼ら自身から独立したものとすること，諸人格相互の独立性が全面的な物象
的依存関係のシステムにおいて補完されていることを発見するのである。／
分業は労働生産物を商品に転化し，これによって労働生産物の貨幣への転
化を必然のものとし，同時に，この実体転化［Transsubstantiation］の成
就如何を偶然なものとする」(ibid. 133)

　社会的生産有機体は，私的生産のシステムゆえに「引き裂かれた四肢」であ
り，物象的な依存関係のシステムを形成する。そして，命がけの飛躍を成し遂
げた商品は，貨幣と交換されたのち，この「1回の位置変換」(II/2: 167) で流通
から脱落して消費の過程に入る。他方，貨幣は，第2変態 (購買) G―W では，
「商品が自己を転化させる固い価値結晶として現れ，それから商品のたんなる
等価形態として消え失せる」(II/6: 136) のであり，ここでの商品はいまや貨幣
占有者にとっての使用価値となり，そして流通から脱落して消費に入る。

　かくて各商品の変態系列が描く循環は「商品流通」として現れる。この流通
過程は，永続性を――商品生産を前提として――獲得する。かくて商品交換に
よって，「行為する人格には制御不能な，社会的な自然連関の全範囲」(II/6:
137) が発展を遂げる。

　続いて，G―W―G の過程。指摘されるのは，貨幣が流通においてつねにあ
る商品占有者の手から他の商品占有者の手に移っていくこと，すなわち貨幣の
通流［Umlauf］が起こることである。ここでは貨幣の運動に特有の変化が現れ
る。貨幣の通流が示すのは，同じ過程の不断の単調な反復である。商品はつね
に販売者の側にあり，貨幣はつねに購買者の側に，購買手段としてある。貨幣
は商品の価格を実現することによって，商品を販売者の手から購買者の手に移
し，同時に自らは購買者の手から遠ざかり販売者の手に移って，別の商品と同
じ過程を反復する。貨幣の運動のこの一面的形態が，商品の二面的な形態運動
［販売と購買］から生じていることは，覆い隠される。かえって商品流通その
ものの本性はそれと反対の外観を生み出す。

　　「かくて運動の連続性は，まったく貨幣の側に帰することになり，商品に
　とっては2つの対立した過程［W―G と G―W］を含む同じ運動が，貨幣
　自身の運動として，つねに同じ過程を，つまりつねに他の商品を相手に行

う貨幣の位置変換を含むことになる。したがって商品流通の結果は，つまり商品と他の商品との代替は，商品自身の形態変換によって媒介されるのではなく，流通手段としての貨幣の機能によって媒介されて……現れる」
(II/6: 139)

　商品流通において，貨幣は商品を流通させるものとして自立化する。そして，貨幣は「商品の自立化した価値」として，それ自体が富の存在形態となる。価値尺度および流通手段として機能する貨幣（金銀）は，それ自体の機能により「唯一の価値姿態あるいは交換価値の唯一の適合的な存在として，たんなる使用価値たる他のすべての使用価値に対立して固定される」(II/6: 152)。

　かくて生まれるのが，貨幣の第3の機能，「貨幣としての貨幣」の機能である。ここで重要なのは，貨幣が，あらゆるものを購買する力として，それ自体が富の一般的形態をなす，ということである。富の一般的形態としての貨幣について，マルクスは歴史的に，商品流通の拡大につれて「貨幣の力」(II/6: 153)が増大することなどを指摘する。

　　「商品流通そのものの最初の発展とともに，第1の変態［販売］の産物，すなわち商品の転化した姿態ないし商品の金蛹を固持する必要と熱情が発展を遂げる。［この場合］商品が売られるのは，商品を買うためではなく，商品形態を貨幣形態に替えるためである。この形態変換は，質料変換のたんなる媒介から自己目的になる」(ibid. 152)

　貨幣は，「いつでも即応可能な [schlagfertig]，絶対に社会的な富の形態」(II/6: 153) である。すなわち，「商品であろうとなかろうと，一切が貨幣に転化され，一切のものが売れるものとなり，買えるものとなる」(ibid.) という意味で，貨幣は，「質料的な富の一般的代表者」(ibid. 155) となる。それゆえに貨幣の力は商品流通の拡大とともに増大する。それだけではない。貨幣は一定の外的な物であるがゆえに，個人の「私的所有」になり，その力は私人の力となる。このことが『資本論』でも確認される。

　　「貨幣は，それ自身が商品であり，いかなる個人の私的所有にもなりうる外的な物である。かくて社会的力は，私的人格 [Privatperson] のもつ私的な力となる」(ibid. 154)

　商品流通が拡大するにつれて私的所有は貨幣を媒介として，あるいは貨幣を

対象としてなされるに至る。これは，たんに歴史的な叙述ととらえることはできない。むしろブルジョア社会においてこそ一般化する事象であり，『資本論』第1巻貨幣章もまた，このことを示していると思われる。

かくて貨幣としての貨幣に成立するのが，蓄蔵貨幣である。蓄蔵貨幣とは，「変態系列が中断され，販売が後続する購買によって補完されなくなる」(II/6: 152)ことによって不動化した貨幣である。ここでは蓄蔵貨幣形成が自己目的に転化する。これは，商品生産の発展から求められる要請である。それゆえ，蓄蔵貨幣の機能は，資本主義的生産様式の下でも失われることはない。

商品世界は，いまや貨幣を媒介として，また貨幣を「富の一般的代表者」として形成するに至った。かくて私的労働の社会的諸関連が「人格と人格の物象的関係として，そして物象と物象の社会的関係として現れる」事態は，貨幣を媒介として存立する物象化[19]を表す。貨幣は物象化の発展した形態である。

貨幣次元における人格の物象化

貨幣という物象が成立することによって，貨幣次元に〈物象の人格化と人格の物象化〉が生ずる（第3論点）。繰り返しを厭わずに言えば，貨幣次元において物象の人格化とは，貨幣（物象）の担い手としての貨幣占有者，蓄蔵貨幣形成者等という貨幣の擬人化であり，人格の物象化とはかかる人格が貨幣（物象）の論理にしたがって貨幣欲求，致富欲等の形態的欲求を形成し，それに囚われること——人格変容——を意味する。

商品流通では，商品占有者と貨幣占有者は販売者と購買者となり，互いに等価交換を行う。これらの人格は貨幣関係の発展とともにいくつか注目すべき変容を見せる。

第1に，商品占有者は貨幣を「商品の自立化した価値」として，商品形態から貨幣形態への転換そのものを自己目的とし，貨幣欲求を形成する。貨幣はい

---

19) 『経済学批判』原初稿の貨幣章「支払手段としての貨幣」項目には，次のような記述がある。「交換価値を土台とする社会的質料変換の完全な物象化，外面化［Äußerlichwerdung］は，金属的自然形成物が生産用具としては，つまり富の産出における作動因としてはまったく無意味でありながら，その生産費用にあらゆる社会的諸関係が依存しているという事態に，まことに端的に現れる」(II/2: 23)。

まや，価値尺度や流通手段という機能を超えて，それ自体が価値を表す物であり，諸人格は貨幣に対する形態的欲求を発展させる。これこそは，まさに人格の物象化である。

　第2に，貨幣は一定の外的な物であるがゆえに，個人の私的所有になり，その力は私的人格の力となるとすれば，ここに貨幣を蓄積して私的所有とする人格が現れ，以後，貨幣関係を媒介とした私的所有者が成立する。諸個人は私的所有者として自らの存在根拠たる貨幣の私的所有に執着する。

　第3に，貨幣としての貨幣の段階で，貨幣欲求は，「黄金欲［Goldgier］」（II/6: 153），致富欲ないし蓄蔵貨幣形成欲求に転化する。それゆえ当然，ここでは貨幣占有者はとくに蓄蔵貨幣形成者となって現れる。

　　　「商品を売るのは，商品を買うためではなく，商品形態を貨幣形態に置き換えるためである。この形態変換が，質料変換のたんなる媒介から自己目的になる。［貨幣としての貨幣の段階では］商品の外化された姿態は，絶対に譲渡可能な姿態として，あるいはただ一時的でしかない貨幣形態として機能することを妨げられる。こうして貨幣は蓄蔵貨幣に石化し，商品販売者は蓄蔵貨幣形成者となる」（ibid. 152；一部再引用）

蓄蔵貨幣形成者は，貨幣に対して富一般の代表者に対する態様で関係する。

　　　「蓄蔵貨幣形成の衝動は，本性上限度がない。質的には，あるいは形態からすれば，貨幣は無制限である，すなわち質料的な富の一般的代表者である。なぜなら，いかなる商品にも貨幣は直接に転換可能だからである。だが同時に，いかなる現実的な貨幣額も量的には制限されており，したがってまた制限された効力をもつ購買手段でしかない。貨幣のもつ量的制限と質的無制限というこの矛盾によって，蓄蔵貨幣形成者はつねに蓄積のシシュフォス労働へと駆り立てられる」（II/6: 154-155）

　かくて蓄蔵貨幣形成者は，金を貨幣として，つまり蓄蔵貨幣形成の要素として堅持するために，金が貨幣として流通すること，購買手段として享受手段に解消することを阻止しなければならない。

　マルクスは貨幣の機能を論じると同時に，以上のように商品占有者，貨幣占有者の欲求形成をさまざまに指摘している。これこそ，貨幣における人格の物象化——人格変容——を意味する。肝心なのは，かかる人格変容において疎外

が現れることである。たとえば黄金欲に言及した箇所でマルクスは,「金は素晴らしいものだ。それを占有する者なら誰でも,望みのもの一切の主人である」というコロンブスの言葉を引き,貨幣によって「商品であろうとなかろうと,一切が貨幣に転化され,一切のものが売れるものとなり,買えるものとなる」(再引用) と述べた。このことは,貨幣によるあらゆる人身売買,人格否定,権力・地位の買収等の所業を含意する。これが疎外でなくて何であろうか。貨幣は,人格において自然的に存在する諸欲求——個体性——を歪め,転倒させ,人間を翻弄する。個体性と貨幣欲求等は現実的に矛盾しうる。これが貨幣次元における疎外にほかならない。

貨幣次元における呪物化と呪物崇拝

これまで,貨幣は実在的機能において考察された。しかし,すでに示したように,マルクスは『資本論』第3巻主要草稿で,「生産関係それ自体をひとつの物に転化させる」という神秘化=呪物化の性格を商品・貨幣にまで拡張してとらえていたのであり (本章4節)[20],当然ながら『資本論』第1巻貨幣章においても,貨幣が自立化した価値として現れる段階で貨幣次元における呪物化 (第5論点) を論じた。

貨幣は2つの脈絡において自立化した価値として把握された。第1は,流通手段としての貨幣の脈絡。第2は,蓄蔵貨幣形成の脈絡。それゆえ,いずれにおいても貨幣の呪物性格が顕著となるこの段階では,貨幣は——貨幣欲求の対象としてだけでなく——呪物 (貨幣呪物),すなわち価値を内属させた物としても現れることになる。

流通手段としての貨幣の脈絡では,貨幣は何よりも「商品の自立化した価値」と規定される。

> 「貨幣に流通手段の機能が属するのは,それが諸商品の自立化した価値だからである。したがって流通手段としての貨幣の運動は,じっさいには,商品固有の形態運動である」(II/6: 140)

---

20) さらに『資本論』第1巻商品章でも,「貨幣呪物の謎は,可視的になり目を眩ますようになった商品呪物の謎にすぎない」(II/6: 121) と指摘されていた。

商品は使用価値と価値の対立物の統一である。価値はあくまで商品に内属する。だが，商品流通が貨幣を媒介として行われるようになると，「貨幣の運動は商品流通の表現にすぎないにもかかわらず，逆に，商品流通が貨幣運動の結果にすぎないものとして現れる」(II/6: 140) のである[21]。このとき，貨幣はそれ自体が価値を表す呪物として現れる。

> 「自然は貨幣を生産しない。それは，銀行家や為替取引人を生産しないのと同様である。しかしブルジョア的生産は，富を呪物として，個別的な物の形態で結晶化させずにはいないので，金銀がこの物に相応しい化身となる」(II/2: 215)

蓄蔵貨幣形成の脈絡では，いまや貨幣は「質料的な富の一般的代表者」として現れ，自立化した。こうなれば，貨幣はそれ自体が致富欲の対象となり，また貨幣呪物として顕現する。マルクスは——『経済学批判要綱』におけると同様に——，「蓄蔵貨幣形成者は黄金呪物のためにその肉体的欲望を犠牲にする」(II/6: 155) と述べる。この蓄蔵貨幣形成を，ブルジョア社会も免れるわけではない。

> 「近代社会は，すでにその幼年期に，プルトン［冥界の神］を地中から諸_{もろ}とも引きずり出してしまったがゆえに，黄金の聖体をその最も固有な生活原理の光輝く化身として賛美するのである」(ibid. 154)

これが典型的な呪物崇拝を表すことは言うまでもない。

小括

以上の考察にもとづくなら，貨幣次元における物象化に関してもマルクスは，4つの位相（本質的には2つ）を区別していたと見られる。すなわち，1）生産関係の物象化としての貨幣，2）貨幣次元における物象の人格化と人格の物象化，3）貨幣における呪物化，4）呪物崇拝，である。貨幣が成立して商品と貨幣という物象が対立的に現れるとき，まさに生産関係の物象化は一定の完

---

21) 『経済学批判』によれば，「商品占有者たちの労働の質料変換を媒介する彼ら自身の全面的運動は，ひとつの物の特有な運動として，金_{かね}の通流として彼らに相対する」(II/2: 169) ようになり，貨幣そのものが流通のうちで「たえず流転する [umhertreiben]」(ibid.) 運動として現れる。

成をみせ，〈物象の人格化と人格の物象化〉を顕現させる。それゆえ貨幣次元の物象化においても肝要なのは，貨幣の人格化によって起こる人格の物象化，要するに人格変容である。それは，貨幣という物象を至上の対象・目的としてとらえ，諸個人の具体的な個体性を否定する傾向さえも生み出す。この傾向は，たんなる呪物化や呪物崇拝の位相に現れるものではなく，その土台となる人格を変容させ，諸人格に疎外をもたらす。これが貨幣次元における物象化論の大要である。

では，これまで諸研究は貨幣次元における物象化をいかに論じてきたのであろうか。とりわけ問題なのは，貨幣次元において〈物象の人格化と人格の物象化〉がいかに論じられたのかである。貨幣論の研究は『資本論』の一大テーマであり，おびただしい蓄積があることはもちろんである[22]。以上に指摘した貨幣欲求の形成，致富欲ないし蓄蔵貨幣形成欲求，貨幣呪物等について諸研究がさまざまに言及してきたことも否定されない。しかし，概していえば諸研究においては貨幣機能の分析が中心をなしていたのであり，貨幣次元における人格変容という位相は――たしかに貨幣による人格支配への言及はなされながら――，一部の研究 (宮川 [1949-50]，山本広太郎 [1985]，大谷 [2001][23]，佐々木 [2011][24]等) を除いてはほとんど論じられなかったように思われる。これまで

---

22) 貨幣論に関するサーベイとしては，櫻井 [1977]，小林威雄 [1977]，竹村 [1984] などを参照。

23) 大谷禎之介は『図解 社会経済学』で，「貨幣は，貨幣物神として人びとを支配する圧倒的な力をもつものとなる。こうして，人びとは貨幣によって引きずり回され，物によって，貨幣によって支配される (貨幣による人間支配)」(大谷 [2001] 78) と貨幣による人間支配を指摘し，貨幣次元の人格変容を貨幣呪物と関連づけて貨幣を「黄金崇拝」や「拝金思想」の根拠ととらえた。ここでは，貨幣次元における〈物象の人格化と人格の物象化〉が実質的に問題とされている。しかし，それが貨幣の呪物化と異なる位相において設定されたわけではなかった。

24) 佐々木隆治は『マルクスの物象化論』(2011) で，貨幣次元における物象の人格化によって，歴史的に貨幣欲求が生まれるだけでなく，黄金欲や致富欲，蓄蔵貨幣形成欲求，さらには「際限のない蓄積衝動」(佐々木 [2011] 224) が生じることを論じ，「欲望のあり方が根底的に変化している」(同上 226) こと，「諸個人が貨幣の人格的担い手となることによって，人間の素材に対する態度の変容が起きる」(同上) ことを指摘した。ただし，物象化において，1) 人格の物象化 (本来の物象化)，2) 物神崇拝，3) 物象の人格化，という3 つの位相を区分した上で (cf. 同上 147-150, 230)，前 2 者を前提に物象の人格化をとらえ，しかも「物象の人格化においては，まさに具体的な意志と欲望を持つ諸人格が問題

の研究は，貨幣次元の物象化，とりわけ呪物化と呪物崇拝をさまざまに論じな
がら，かかる次元における〈物象の人格化と人格の物象化〉に立ち入ることが
意外にも少なかったのではあるまいか。

とされた」（同上 253）とする概念構成をとっており，貨幣欲求と具体的欲求との関連や貨
幣次元における〈物象の人格化と人格の物象化〉がいかに把握されるのか，分明ではない。

189

第4章　資本の諸過程と人格変容

　1860 年代に，商品・貨幣次元における物象化論を形成することによって，マルクスは資本次元における物象化論をも完成させた。第 1 に，労働価値論にもとづく剰余価値論の彫琢によって物象化の高次の展相を明確にし，第 2 に，〈物象の人格化と人格の物象化〉を概念化して人格化された資本／労働による人格変容を再規定し，第 3 に，商品・貨幣に拡張した呪物化論を資本次元にも一般化して呪物化論を完成させ，そして第 4 に，ブルジョア経済学を基本的に物象化と呪物化に囚われた経済学ととらえるに至った。本章では，これらをそれぞれ，資本次元における物象化（1 節），人格化された資本／労働と疎外（2 節），資本次元における呪物化（3 節），ブルジョア経済学と物象化（4 節），として論ずることにする。

1　資本次元における物象化

　資本次元における物象化は，すでに『経済学批判要綱』に基本的把握が示されていた。マルクスが『経済学批判』以後それを本質的に変更した形跡はない。ただし，前章で見た商品・貨幣次元と同じく，資本次元でもさまざまに概念的整備を図り，労働価値論にもとづく剰余価値論を資本の総過程まで貫くことによって，マルクスは物象化論を完成させた。ここでは，資本に関するマルクスの 1860 年代の把握を——内容的には周知の事柄に属するにせよ——物象化の高次の展相という視点から概観する。

価値増殖構造の歴史的発見
　マルクスは『1861-63 年草稿』や『資本論』第 1 巻等で，貨幣の資本への転化を論じた。ここでは，周知のように，資本の一般的定式 G—W—G′ が商品貨幣関係における等価交換原則を前提にしては成立しないという矛盾が示され，それゆえに，資本の価値増殖が生産過程における剰余労働の創出によって説明

された。肝要なのは，資本の価値増殖構造を物象化の高次の展相の根幹として把握することである。

テーマは，いかにして貨幣は資本になるのか，である。この場合，資本とは，G―W―G′の諸過程を進行させる価値（貨幣），すなわち「流通から出てきて流通のなかに入り，流通において自己を維持し，かつ自己自身を増殖する価値，つまり剰余価値を措定する価値」(II/3: 14) である。問題は，剰余価値の措定，価値増殖がいかにして可能か，にある。

資本は，すでに歴史的に，商人資本および利子生み資本として現れた。商人資本では，運動 G―W―G′ が明白に現れる。商人資本の目的は価値の増殖にある。しかし，商人は商品が流通のなかで経過すべき諸段階の媒介者として現れるにすぎず，商人における価値の増殖は，関わりをもつ当事者からの「詐取 [Übervortheilung]」(II/3: 25) から，つまり非等価交換から説明されなければならない。利子生み資本の場合は，商品との交換なしに運動の結果 G―G′ が現れる。ここでは資本は，「貨幣あるいは商品の，一般に価値の展相 [Potenz] として前提され，また完成され」(ibid. 26)，「高次の展相をもつ価値」として流通に投じられる。だが，マルクスによれば，それは資本の発展を前提した二次的形態にすぎない。

では，資本独自の剰余価値はいかにして生じるのか。マルクスによれば，この研究こそ，「重農学派から最近時にいたるまで経済学の最も重要な問題をなしてきた」(II/3: 23)。さしあたりは，学説史に立ち入る必要はない（本章4節）。ともあれ肝要なのは，マルクスが剰余価値学説史にもとづいて，問題をこう設定するに至ったことである。すなわち，それは，流通過程における等価交換（価値法則）を前提として，資本の生産過程においていかに価値増殖を説明するか，である。資本による価値増殖という事実は否定されない。他方，流通過程における等価交換も否定されない。「資本は富の固有の形態であり，価値の展相である」(ibid. 23)。この展相が等価交換を前提にして展開されなければならない。「貨幣の資本への転化は，商品交換に内在する諸法則を基礎として展開されるべきであり，かくて等価物どうしの交換が出発点をなすのである」(II/6: 182)。これを前提して生産過程における価値増殖はいかにして成し遂げられるのか。それは，独自の性状をもつ労働力商品の発見によるほかはない。

マルクスの至った結論は，周知のとおりである。

「資本に転化すべき貨幣の価値変化が，この貨幣そのものに起こることは
ありえない。……同様に価値変化は，第２の流通行為である商品の再販
売［W―G］からも生じることはできない。……それゆえ，この変化は，
第１の行為 G―W で買われる商品によって起こらなければならないが，
しかし，その商品の価値によってではない。というのは，等価物どうしが
交換されるのであり，商品はその価値どおりに支払われるからである。か
くて，この変化は，その商品の使用価値そのものから，すなわち，その商
品の消費から生じうるのみである。ひとつの商品の消費から価値を引き出
すためには，わが貨幣占有者は流通部面の内部，市場において，ひとつの
商品を，使用価値そのものが価値の起源となる特異な性状をもつようなひ
とつの商品を，それゆえその現実的消費がそれ自体労働の対象化をなし，
価値創造をなすようなひとつの商品を幸運にも発見するのでなければなら
ないであろう。そして貨幣占有者は，市場で，かかる特有の商品を，労働
力能あるいは労働力を見出すのである」(ibid. 183)

「使用価値そのものが価値の起源となる特異な性状をもつようなひとつの商
品」とは，労働力商品でしかありえない。労働価値論によれば，抽象的人間労
働こそが価値措定労働である。それゆえ価値増殖が起こるとすれば，それは第
１に，生産費を超えてなされる価値措定労働としての剰余労働によってしか現
実化しない。これが「資本の価値増殖構造」をなす。しかも，それは第２に，
所有（資本）と労働の分離という歴史的条件が形成されてはじめて，歴史的に
「発見」される構造であった。マルクスはこのことを次のようにも記している。

「資本は，生産手段および生活手段の占有者が，自己の労働力の売り手と
しての自由な労働者を市場に見出した場合にのみ成立するのであり，この
歴史的条件はひとつの世界史を包括する」(II/6: 186)

労働力商品による価値創造にもとづく資本という価値増殖する物象は貨幣占
有者によるひとつの「発見」にもとづく。ただし，それは貨幣占有者の偶然的
恣意的な創案ではない。資本の「発見」は貨幣が価値増殖を成し遂げる構造の
発見なのであり，現に価値増殖を図ろうとする貨幣占有者が必然的に生産の内
部に組み込むべき価値増殖機能の発見であったと言うべきであろう。したがっ

て，資本は資本家から独立に，資本家を拘束する構造として存立する。

マルクスは，貨幣の資本への転化において，必ず資本家の関与に言及する。

「この［資本の］運動の意識的担い手として貨幣占有者は資本家になる。
その人格が，否むしろ，そのポケットが貨幣の出発点であり帰着点である。
かの流通の客観的内容——価値の増殖——が，その主体的目的をなすので
あり，抽象的富の領有を増大させることがその働きの唯一の推進動機をな
すかぎりでのみ，貨幣占有者は資本家として，あるいは意志と意識を付与
され，人格化された資本として機能するのである」(II/6: 171)

ここでは，資本の運動内部において，人格化された資本の機能が要請される。
この機能なしに資本は運動することができない。しかし，資本は，資本家がい
かようにも考案して創出することのできる構造ではない。むしろ，貨幣占有者
（資本家）は，内部に「価値増殖機能を構造的に組み込んだ貨幣」としての資本
を発見することによって，物象化の高次の展相としての資本をつくり出す。だ
から資本は資本家の思惑を超え，資本家に前提される。資本があってはじめて
資本家が存在する。資本家は人格化された資本である（次節を参照）。マルクス
はこの意味で，資本次元における物象化を，人格化された資本に先行して把握
したのである。

資本の諸過程と物象化の展開

マルクスは資本次元における物象化の展開を——『経済学批判要綱』と同様
に——，1）資本と労働の交換，2）資本の生産過程，3）資本の流通過程，
4）資本の総過程，という4つの脈絡で考察している。このさいに注目すべき
は，物象化がとくに資本の自立化という視点から，それゆえに最初から呪物化
と関連づけて考察されていることである。

第1の脈絡は，資本と労働の交換である。言うまでもなく，資本主義的生
産様式は所有（資本）と労働の分離——労働者の無所有——を，それゆえに労
働力が商品化することを前提して，資本と労働の交換がなされることによって
成立する。

「［資本と労働の交換において貨幣や商品に資本の性格を与えるのは］こ
の貨幣と商品が，この生産手段と生活手段が，自立的力として，それらの

占有者において人格化され，あらゆる対象的富を取り上げられた労働力能
に対立している事情，それゆえ労働の実現に必要な物象的諸条件が労働者
そのものから疎外されており，むしろ固有の意志と固有の魂を付与された
呪物として現れる事情，商品が人格［労働者］の買い手としての役割を演
じるという事情である」(II/4.1: 78)

　ここに示される「疎外」や「呪物」は次節以下で考察する。ここでは資本と労
働の交換において，すでに資本と労働の分離の下に資本の自立性がとらえられ
ていること，そして「商品が人格の買い手となる」という過程が資本の性格と
して指摘されていることを確認すればよい。

　第2の脈絡は，資本の生産過程，すなわち価値増殖過程である。流通過程
では，等価交換を前提とするかぎり，価値は増殖しない。それゆえ資本は生産
過程においてはじめて価値増殖の運動を成立させなければならない。そして，
それは剰余労働の生産によって果たされる。

　　「資本としての資本がもつ本来の特有な機能は，剰余価値の生産であり，
　　……剰余価値の生産は現実の生産過程における剰余労働の生産，不払労働
　　の領有にほかならず，これが剰余価値として表され対象化されるのであ
　　る」(II/4.1: 54)

　この場合，剰余価値生産は剰余労働によって果たされるとはいえ，すでに労
働の生産力は資本独自の生産力として資本の自立性が現れるのであり，たとえ
ば『1861-63年草稿』によれば，こう言われる。

　　「生きた労働は──資本と労働の交換によって──資本に合体されており，
　　資本に属する活動として現れるのであるから，労働過程が始まるや，社会
　　的労働のすべての生産力は資本の生産力として現れる。これは，労働の一
　　般的な社会的形態が貨幣においてひとつの物の属性として現れることとま
　　ったく同様である。いまや社会的労働の生産力およびその特殊的形態は，
　　資本の，つまり対象化された労働の，物象的労働条件の生産力および形態
　　として……現れる。ここにまたも存在するのは関係の転倒であり，すでに
　　貨幣制度の考察のさいに，呪物崇拝をかかる事態の表現として示したとお
　　りである」(II/3: 2160)

　かくて資本において物象は，自己増殖という運動を引き起こす物象に転化す

る。これは資本という物象の特有の属性であり，物象化の高次の展相である。マルクスは，この資本の生産過程を，絶対的剰余価値の生産，相対的剰余価値の生産，蓄積過程（再生産過程）等として論じた。

　まず絶対的剰余価値の生産。資本の生産過程は，商品の生産過程であるだけでなく，剰余価値の生産過程でもなければならない。価値増殖は，必要労働を超える剰余労働の創出，すなわち労働力の搾取によって生じる。資本はこれを領有しなければならない。ここでは，「［資本としての］生産手段は他人の労働を吸収する手段に転化する」のであり，もはや「労働者が生産手段を充用するのではなく，生産手段が労働者を充用する」(II/6: 309)。資本の単純再生産ではこう言われる。

　　「この過程［生産過程］に入る前に労働者自身の労働は労働者自身から疎
　　外され，資本家に領有され，資本と合体させられているのであるから，そ
　　の労働は，過程のなかで，つねに疎遠な生産物に対象化される」(ibid. 527)

　相対的剰余価値の生産では，資本が「労働過程の技術的および社会的諸条件を，それゆえ生産様式そのものを変革し」(II/6: 313)，労働の生産力を増大させることによって剰余労働時間を増加させ，剰余価値の増大を図る。ここでも資本による物象化の高次の展相が現れる。──第1に，それは労働の生産力を高めることによって「労働力の価値を引き下げる」(ibid. 314)。これは，「資本の内在的衝動であり，絶えざる傾向」(ibid. 317-318) である。第2に，資本は協業によって「初めから社会的平均労働を動かす」に至り，はじめて完全に「価値増殖一般の法則」(ibid. 321) を実現する。ここでは労働の社会的生産力は「資本の内在的生産力」(ibid. 330) として現れる。第3に，機械（自動体系）の充用によって資本は，1)「女性労働・児童労働」(ibid. 384) を導入して労働力の価値全般を引き下げ，2) 必要労働時間を短縮する一方で，機械そのものの起こりうべき価値喪失ゆえに，また特別剰余価値獲得のためゆえに，「労働日の限度のない延長をもたらす新たな強力な動機」(ibid. 396) を得ると同時に，3) 一部の労働力を遊離させ（→過剰人口），労働者階級を従属させることによって労働時間短縮のための最も強力な手段を反対の手段に転換し，「労働者とその家族の全生活時間を資本の価値増殖のために自由に使える［disponible］労働時間に転化する」という「経済的パラドクス」(ibid.) を生み出す（→労働者

の貧困化）。そして，4）労働者を工場における部分機械の一部とすることによって「工場全体への労働者の絶望的従属」(ibid. 409) を完成するだけでなく，5）可変資本から不変資本への転化により労働者を駆逐する (cf. ibid. 422f.)。かくて「資本の下への労働の実質的包摂」(II/3: 2141) と規定される事態が完成する。第4に，市場の開拓による物象化の拡大。剰余価値が増加すると同時に生産物のいっそう大きな部分が「剰余生産物」(II/6: 427) になり，剰余生産物の価値実現のために新しい世界市場の開拓を，したがって世界経済の物象化を必要とする (cf. ibid.)。これが相対的剰余価値の生産の結果として資本に要請される。

　蓄積過程では資本は，剰余価値を追加資本に転化せしめることによって，資本を創造する。かくて「蓄積過程は，それ自身，資本主義的生産過程のひとつの内在的契機をなす」(II/4.1: 126)。それは，既存の資本の実現および価値増殖の手段としての賃金労働者の新たな創出を含む資本の再生産過程をなす。資本は価値増殖の基礎を固めるのである。

　第3の脈絡は，資本の流通過程である。「資本は，その生産物を必然的に商品として生産する」(II/4.1: 27)。この段階の商品は，「前貸資本の価値＋剰余価値」(ibid. 33) からなる商品量であり，すでに価値増殖された資本の転化した形態で現れる。資本の流通過程における問題は，この価値の実現である。

　『資本論』段階での資本の流通過程論は，『経済学批判要綱』のそれに比して，世界市場論，資本の生産力論などを欠く。しかし，それでも資本の循環，流通費，資本の回転，社会的総資本の再生産など，基本的テーマは継続していると見られる。かくて流通過程における資本の運動でも，物象化と関連していくつかの指摘が示される。

　第1は，市場の拡大である。剰余価値を実現するためには，本質的に「不断の市場の拡大」(II/4.1: 46) が必要とされる。これは，「資本主義的生産様式のひとつの必要」(ibid.) であり，それ自体がすでに指摘された物象化の世界的規模での拡大を意味する。

　第2は，流通時間および資本の回転の短縮である。資本の通流時間はそれ自体としては剰余価値を生まないのであり，生産時間を制約するかぎり，価値増殖に影響を与える。それゆえ，資本は通流時間の短縮を迫られる。そして，

これは資本の回転の短縮を要請することは言うまでもない。

「一定の価値量からなる資本の通流時間が大きくなれば，それだけ資本の自己増殖は小さくなる。流通部面内部での資本の形態転化が観念上のものにすぎなくなればなるほど，すなわち形態転化の時間持続がゼロに近づけば近づくほど，剰余価値率を一定とした場合，それだけ資本の生産的機能はその最大限に達する」(II/11: 53)

第3は，神秘化——呪物化と呪物崇拝——の完成である。たとえば『資本論』第2巻草稿 (1868-70)「固定資本と流動資本」項目には，神秘化に関して次の記述がある。

「労働者が自らの賃金で買う生活手段が，直接に流動資本の素材的姿態として，原料などとともに同じ項目に組み込まれ，労働手段と対置されることになれば，後者の物の価値，生産手段の価値が労働過程において生産物に移転される場合，前者の物の価値，生活手段の価値は，それを消費する労働力のうちに再現し，労働力の確証によって同じく生産物に移転させられる。これらすべての場合に一様に問題となるのは，生産に前貸しされた諸価値が生産物に再現することである。……生産手段および生活手段という姿態で生産に前貸しされた資本価値は，一様に生産物の価値において再現する。かくてこの段階で，資本主義的生産過程の神秘化は完成され，生産物に存在する剰余価値の起源はまったく視界から消え失せる」(II/11: 176)

最後に，第4の脈絡，資本の総過程においても，物象化はさらに展開を遂げる。この段階では，剰余価値の利潤への転化，利潤率の傾向的低下，利子生み資本，利子と企業者利得，超過利潤の地代への転化，三位一体的定式等において，経済的諸関係の神秘化 (呪物化) が起こる。たしかに商品と貨幣が神秘的性格を具える以上，資本がそれ自体として [an und für sich] 神秘的性格をもつことは否定できない。しかし，それでも資本の生産過程および流通過程は，現実的な価値増殖と価値実現の過程であり，神秘化が必ずしも全体を覆い尽くすことはない。資本の総過程では，これがさまざまに顕現する。たとえば剰余価値の利潤への転化では，マルクスは利潤によって剰余価値の秘密が隠蔽され神秘化が起こることをこう述べた。

第 4 章　資本の諸過程と人格変容　　197

　「剰余価値では，資本と労働の関係が露わにされている。ところが資本と
　利潤の関係，すなわち資本と剰余価値――［利潤という］一方では流通過
　程で実現された商品の生産価格の超過分として現れ，他方では総資本に対
　する関係により立ち入って規定される超過分として現れる剰余価値――の
　関係では，資本は自己自身に対する関係として現れ，この関係では資本は
　それ自身が措定した新価値に対する本源的価値額として区別される。資本
　がこの新価値を，生産過程および流通過程の運動中に産出すること，この
　ことは意識されている。しかし，このことがいかに起こるかは，いまや神
　秘化され，資本そのものに属する神秘的［occult］性質から由来するもの
　のように見えるのである。」(II/4.2: 64)
　ここでは資本が物として現れる。この神秘化傾向を端的に表すのが利子生み
資本である。「利子生み資本では，資本関係はその最も外面的かつ呪物的な形
態に達する」(II/4.2: 461)。

　「資本＋利子では，資本は利子の，つまり資本自身の増殖の神秘的かつ自
　己創造的な源泉として現れる。物（貨幣，商品，価値）はいまや物として
　資本であり，資本はたんなる物として現れ，生産過程および流通過程の全
　成果が物に内在する属性として現れるのであり，貨幣を貨幣として支出す
　るか，資本として貸し付けるかは，貨幣の，すなわちつねに交換可能な形
　態にある商品の，占有者の意思による」(ibid. 461-462)
　ここにはまさに価値増殖を内在させる「たんなる物」として資本が現れる。
　かくて資本次元における物象化は，すべての過程で神秘化され呪物性格の位
相で，すなわち呪物化の位相で現れる。だが，だからといって以上の諸過程を
ことごとく呪物化としてのみとらえることは資本の価値増殖というリアルな過
程を神秘化し，ひいては労働者の搾取をも神秘化する結果を生む。むしろ肝要
なのは，利子生み資本という，自己増殖を「物に内在する属性」としてもつと
される資本さえも価値増殖のリアルな過程――資本次元における物象化の高次
の展相――の結果として把握し，神秘化を暴くことであり，したがってここで
も，物象化と呪物化の区別を貫くことであろう。
　かくて次節に論じるべきは，なお資本の呪物性格ではない。資本関係におけ
る〈物象の人格化と人格の物象化〉である。このことを十分に把握したのちに

はじめて呪物化を問題とすることができるのである（資本次元における呪物化は，本章3節で再論）。

2　人格化された資本／労働と疎外

すでに指摘したとおり，生産関係の物象化は〈物象の人格化と人格の物象化〉を引き起こす。物象の人格化は「物象の擬人化」[1]として，資本次元に即していえば，資本の人格化としての資本家，労働の人格化としての労働者——さらには土地所有の人格化としての地主[2]——等に，段階的かつ対立的に現れるのであり，たとえば資本の生産過程では，この過程を担う当事者が，次のように論じられた。

> 「生産過程の内部では，彼ら［資本家／労働者］は，この過程の諸要因の人格化された機能者として，資本家は「資本」として，労働者は「労働」として相対するのであり，かくて彼らの関係は自己自身を価値増殖する資本のたんなる要因としての労働によって規定されている」(II/4.1: 92)

資本家と労働者等は，『資本論』第3巻主要草稿によれば，諸個人が「社会的生産過程でとる特定の社会的性格」(II/4.2: 897)にほかならない。これに対して資本次元における人格の物象化は，本書第2章でも示したように，各人格が資本／労働における価値の論理にもとづく在り方に拘束されること，すなわち利潤追求，労働力の機能遂行を本質とするに至る等の人格変容を表す。資本家は資本の論理を内蔵させ人格変容を遂げる。また労働者は資本の下での労働を内蔵させ人格変容を遂げる。これらは，いずれも現実的な価値措定／剰余

1）宮田和保は，"Personificirung des Capitals" を資本の独立化／主体化という脈絡で解釈して，資本の担い手を表す "Personifikation des Capitals" と区別し，前者を「資本の人格化」，後者を「資本の具現者」と訳している (cf. 宮田 [2000] 114-115)。たしかにマルクスは物象（資本）の自立化を問題としており，これを資本家という担い手と同一化することはできない。しかし，資本の自立化そのものを表すには「主体化」や「自立化」という概念があり，"Personificirung des Capitals" を資本家とつなげている箇所も多数を占める。Personificirung と Personnifikation は基本的に同じ意味で理解される（ただし，訳語は凡例のとおり区別する）。

2）さしあたり以下では地主を捨象して二大階級について議論する。

価値生産に関わるのであり，呪物化次元の倒錯視を随伴するとしても，それにもとづく事態ではありえない。以下，人格化された資本／労働（第3論点）と，ここに現れる疎外を考察しよう。

人格化された資本

資本家は人格化された資本として，前節に示された資本と異なる機能を果たすわけではない。それゆえもはや資本家の諸相を資本の諸過程にしたがって段階的に示す必要はないであろう。以下では，資本家の特性（人格の物象化）を3点にまとめて示す。

第1に，資本家は「意志と意識を付与され，人格化された資本として機能する」のであり，価値増殖を「主体的目的」とする。これは，資本家の設定した人格的目的ではなく，資本という物象の然らしむる目的であり，資本家はこの目的から自由ではない。それゆえ，たとえば絶対的剰余価値の生産では資本家は，こう規定される。

> 「わが資本家にとって問題なのは2つである。第1に，資本家は交換価値をもつ使用価値，販売予定の物品，商品を生産しようとする。そして第2に，資本家は商品の生産に必要な諸商品の価値総額，つまり商品市場において十分な貨幣を前貸しして得た生産手段および労働力の価値総額，よりも大きい価値をもつ商品を生産しようとする」(II/6: 200)

肝要なのは，商品生産による価値増殖は個人の意志と意識を超えるということである。もし価値増殖の目的を失うならば，資本家は資本家をやめなければならない。資本家は人格化された資本として，価値措定ではなく価値増殖を目的とし，剰余価値獲得の欲求を生活衝動とする。

> 「資本家は，資本家としては人格化された資本にすぎない。その魂は資本の魂である。しかるに資本がもつのは唯一の生活衝動，自己増殖を成し遂げ，剰余価値をつくり出し，その不変部分をなす生産手段で可能なかぎり大きな量の剰余労働を吸収しようとする衝動だけである」(II/6: 239)

この衝動は自然衝動ではない。明らかに交換価値にもとづく形態的衝動であり，資本家はこの衝動から自由ではない。資本の蓄積過程では，こう言われる。

> 「資本家は，人格化された資本であるかぎりにおいてのみひとつの歴史的

価値をもち，かの歴史的存在権……をもつ。……交換価値とその価値増殖こそ，資本家の推進的動機をなす。資本家は，価値増殖の狂信家として，容赦なく人類を生産のための生産に強制し，したがって，社会的な生産諸力の発展を強制する……。資本家は資本の擬人化として蓄蔵貨幣形成者と同様に絶対的な致富衝動をもっている」(II/6: 543)

第2に，資本家は剰余価値生産のために労働との交換を行い，かつ労働を支配する意志をもたねばならない。資本は労働を充用する。この行為を果たすことにおいてすでに資本家は，労働者を労働者として支配する。このことは，『1861-63年草稿』ではこう言われる。

「たんに形態的なこの関係——資本主義的生産における低次の発展様式と高次の発展様式に共通するその一般的形態［資本の下への労働の形態的包摂］——を考察しただけでも，生産手段すなわち物象的労働条件——労働原料と労働手段（および生活手段）——は，労働者に包摂されたものとして現れるのではなく，かえって労働者こそが生産手段に包摂されて現れる。労働者が生産手段を充用するのではなく，生産手段が労働者を充用する。……／すでにこの関係こそ，その単純性においてひとつの転倒，つまり物象の人格化にして人格の物象化なのである。というのも，この形態を以前のすべての形態と区別するのは，……資本家が「資本」であるかぎりにおいてのみ，労働者に対する支配が起こるところにあるからである」(II/3: 2161, cf. II/4.1: 121)

そして，資本の生産過程はますます労働者を実質的に包摂して，強制関係をつくり出す。

「生産過程の内部では資本は，労働に対する指揮権，すなわち自己を確証する労働力ないし労働者自身に対する指揮権にまで発展した。人格化された資本である資本家は，労働者がその仕事を規定のとおりに，適切な強度で遂行するように監視する。／資本はさらに，労働者階級に，この階級自身の狭い範囲にある生活諸欲求が求める以上の労働を行うよう強いるひとつの強制関係にまで発展した」(II/6: 309)

労働者に対する資本家の支配は，個人的な意志による人格的支配ではない。それは，「人間に対する物象の支配，生きた労働に対する死んだ労働の支配，

生産者に対する生産物の支配」(II/4.1: 64) であり，物象としての労働力に対する支配である。

第３に，資本家は，物象化が展開を遂げるにしたがい，剰余価値の利潤への転化，利子生み資本，利子と企業者利得等において，神秘化 (呪物化) に囚われる。本来，資本次元の呪物崇拝論 (次節) に属する事柄をここで記すのは，資本家自らがつねに，資本が利潤を生み出すこと，資本が利子を生むこと等の幻想 (呪物崇拝) に囚われ，それを実現するために尽くすことによって剰余価値を生産する過程があるからである。マルクスもそれを生産過程における主体と客体との転倒と関連づけて次のように論じている。

「[剰余価値の利潤への転化ゆえに] 資本のすべての部分が一様に超過価値 (利潤) の根拠として現れることによって，資本関係は神秘化される。／ただし，利潤率による移行を介して剰余価値が利潤の形態に転化される仕方は，すでに生産過程に生じている主体と客体との転倒のいっそうの発展にすぎない。すでにこの過程において，労働の一切の社会的生産諸力が資本の生産力として現れることは，見たとおりである。一方では価値が，生きた労働を支配する過去の労働が資本家において人格化され，他方では逆に，労働者がたんなる対象的労働力能として，商品として現れる。この転倒された関係に照応して，必然的に，すでに本来の生産過程そのものにおいて転倒した観念が生じるのであり，この変形された意識が，本来の流通過程の諸転化および諸変容によっていっそう発展させられるのである」(II/4.2: 61)

神秘化は転倒した意識によって起こるものではない。あくまで転倒された関係を基礎に成立する客観的過程である (そしてこれによって転倒した意識が生じる)。この過程を人格化された資本は媒介するのである。

以上，資本次元における〈物象の人格化と人格の物象化〉に関して肝要なのは，やはり人格の物象化による人格変容である。人格 (資本家) はいまや物象の擬人化として形態的欲求 (価値増殖，利潤追求等) を内発的に形成し，自己変容を遂げる。人格の物象化は，「物象に諸個人が隷属する」という脈絡や「呪物崇拝を受容する」という脈絡で，つまり客観的隷属ないし倒錯視の脈絡で了解されることがある (本書序論)。たしかに人格の物象化では諸個人が物象の論

理に支配されるのであり，ここに隷属の契機が存在することも否定されないとしても，それは単純な隷属ではなく，むしろ資本家が自ら進んで物象の論理を受容し人格変容を遂げることと解するのが本質的であるように思われる。また人格の物象化は，呪物崇拝（後述）が絡むとはいえ，やはりそれとは異なる位相にある形態的欲求の形成という脈絡でとらえられなければならない。

人格化された労働

労働者は，『直接的生産過程の諸結果』によれば，「人格化された労働としてのみ機能する」（II/4.1: 64）。それゆえ労働者においても，〈物象の人格化と人格の物象化〉は起こる。労働者が物象（労働）の人格化であるとすれば，相即的に労働者において人格の物象化——資本に規定された労働の自己内化——が起こり，労働者もまた物象的に人格変容を遂げる。ここでの課題は，労働における人格の物象化を，資本の諸過程（前節）に対応させて4つの脈絡から反省することである。

第1の脈絡は，資本と労働の交換。資本主義的生産様式は，所有と労働の分離を前提して，資本と労働の交換によって成立する。この場合，労働者は，自己の労働力を商品として売らなければならない。しかも，それを資本の要請に適合した労働力として売らなければならない。それゆえ，ここでは人間の労働力そのものが商品として物象化され，「たんなる労働力」として外化されて資本に買われる。『資本論』第1巻によれば，労働力の価値は，「他のいかなる商品価値とも同様に，この特有な物品の生産に，それゆえまた再生産に必要な労働時間によって規定されている」（II/6: 186）。労働力の再生産とは，この個人および家族の再生産である。それゆえ労働力の価値は，「労働力占有者の維持に必要な生活諸手段の価値」（ibid.）を意味する。そして，それは生活諸手段の価値とともに歴史的社会的に変動する。人格としての労働は，あらゆる商品と同様に，このような価値変動に翻弄される存在となり，また労働力の現実的発現を資本に委ねる存在，資本の魂を内在化させた存在となるのである。

ところで労働力は多数の諸個人の労働力として存在する。それゆえ，個別的な個人のレベルで資本と労働の交換が必ず実現されるとは限らない。労働能力は，それが売れなければ労働者にとって無である。労働者は商品として自己の

労働力の価値を実現するために，一定水準の労働能力を養成し資本の要請に応じる態度を身に着けなければならない。ここに商品一般と同様に労働者間の競争が生まれる。

第2の脈絡，資本の生産過程は，資本が生産手段と生きた労働を結合して価値増殖をつくり出す運動，過程である。労働者は必要労働時間を超えて労働し，剰余価値を生産する。それゆえ『資本論』第1巻労働日章によれば，「労働者は，もはや人格化された労働時間以外の何ものでもない」(II/6: 248)。

相対的剰余価値の生産においては，人格の物象化はさらに亢進を遂げ，機械によって資本主義的生産様式の前提をなす生産諸条件と生きた労働の対立は完全な対立にまで発展する (cf. II/6: 417)。とりわけ問題とされるのは，資本による労働の実質的包摂が労働者を部分人間に仕立て機械の付属物に貶めること，資本の支配の下に労働者を服従させることである。

> 「[『資本論』第1巻] 第4篇で相対的剰余価値の生産を分析したさいに示されたのは，次のとおり。労働の社会的生産力を高めるすべての方法は，資本主義的形態にあっては個々の労働者の犠牲の上に行われること，生産を発展させるすべての手段は，生産者の支配および搾取の手段に転換すること，それらは労働者を部分人間に仕立て，機械の付属物に貶め，労働苦によりその内容を否認し，労働過程が自立的展相をもつ科学と合体される程度に応じて労働者から労働過程の精神的展相を疎外すること，それらは労働者の労働条件をたえず異常なものとなし，労働過程においてきわめて狭量な憎むべき専制支配の下に労働者を服従させ，労働者の生活時間を労働時間に転化し，その妻子を資本のジャガーノートの車輪に下に投げ出すことである」(ibid. 587-588)

資本の生産過程において労働者は，資本の専制支配に服従し，強制労働を強いられる存在となる。労働者における人格の物象化とは，労働の社会的生産力を高めるために必要とされるすべての犠牲を供すること，部分人間に仕立てられ機械の付属物となること，ときに妻子を資本に売り渡すことである。

そして資本の蓄積過程では，労働者が階級的に貧困と窮迫，従属関係に翻弄される過程が次のように示される。

> 「資本主義的生産は，関係 [資本関係] の再生産であるだけでなく，たえ

ず拡大する規模での関係の再生産であり，そして，資本主義的生産様式と
ともに労働の社会的生産力が発展を遂げるのと同じ度合いで，労働者に対
立して上積みされた富が，労働者を支配する富として，資本として増大し，
労働者に対立して富の世界が，労働者に疎遠な，かつ労働者を支配する世
界として拡張され，同じ割合で，労働者主体における貧困［Armuth］と
窮迫と従属関係が対立的に発展する」(II/4.1: 126-127)

　マルクスは，労働者が革命の主体たることをその存在性格ゆえに原理的に認
める。しかし同時に，生産過程において労働力商品という物象として資本の論
理に巻き込まれ，互いに競争を強いられること，そして必然的に貧困と隷属に
陥り，それによって人格変容を余儀なくされることをもリアルに描いている[3]。

　第3の脈絡は，資本の流通過程である。ここでは，労働者は消費者／生活
者として現れる。それゆえ人格化された労働は資本の循環でも資本の回転でも
主要テーマにはならない。しかし，剰余価値の実現にとって，労働者による購
買は本質的であり，じっさい『資本論』第2巻草稿の「流通過程および再生産
過程の現実的諸条件」項目では，労働者の再生産が次のように論じられた。

　　「年生産物は，社会的生産物——社会的生産ないし再生産——のうち資本
　を補填する諸部分と，消費元本に入り，労働者および資本家によって消費
　される諸部分，すなわち生産的消費および個人的消費を含む。この消費は，
　商品世界の再生産と，資本家階級および労働者階級の再生産（すなわち維
　持）を，したがってまた生産過程全体の資本主義的性格の再生産を含むの
　である」(II/11: 368)

　資本の流通過程は，労働者が自己を人格化された労働として再生産する過程
でもある (cf. II/11: 425)。マルクスはそれを再生産表式のうちで示した。この
叙述は『経済学批判要綱』における「社会的個人」生成のイメージとは自ずから
異なる。しかし，再生産表式に示された均衡は，それ自体が是認されていたと

3）このことは，現代の労働者といえども無関係ではない。労働者は即自的に［an sich］革命
　的階級でありうるとしても，つねに対自的に［für sich］革命的階級であるわけではない。
　むしろ，さまざまな人格変容を引き起こす。かつて高度成長期日本のビジネスマンが「エ
　コノミック・アニマル」と蔑まれたのはたんにその拝金主義のゆえだけではない。1970
　年代に行われた「買春ツアー」などの所業に示される人格変容が問題にされたのである。
　かくて労働者もさまざまな形で自己変革が迫られる（後述）。

は思われない。なぜなら，つねに資本の生産過程は，既存の国内市場規模を超えるからであり，また市場に流通する資本の生産物価値と比べ労働力の価値は過小だからである。ここに恐慌の可能性を示唆する『経済学批判要綱』の議論は失われないであろう。

第4の脈絡，資本の総過程では，マルクスは『資本論』第3巻主要草稿において，労働者の運命を利潤率の低下法則に関連させて次のように論じた。

「だが，事態は，一方の労働者すなわち生きた労働の担い手と他方の労働者の労働諸条件の経済的な充用との間の疎外および没関係性［Gleichgül-tigkeit］にとどまらない。資本主義的生産様式はさらに，その矛盾した対立的本性により，労働者の生命と健康の浪費，その生存条件そのものの抑制を，不変資本の充用における節約に数え入れ，かくて利潤率を高める手段とするまでに至るのである」(II/4.2: 120)

生存条件の抑制は労働者にとっては致命的である。しかし，それ自身が利潤率を高める手段となれば，労働者は資本の論理によって生死を左右される存在となる。これが労働次元における人格の物象化（と疎外）の完成形態である。

資本次元における人格の物象化と疎外

人格の物象化には，すでに指摘したとおり（本書第2章3節等），つねに疎外がつきまとう。このことは偶然ではない。資本関係に包摂されるならば，資本家も労働者も，人格の物象化によって規定される在り方と自己の個体性との間の矛盾を避けることができないからである。

疎外は，資本家においても生ずる。それは，人格化された資本と資本家の個体性との矛盾が存在しうるからである。資本家は人格化された資本として人格を物象化し，階級的に剰余価値生産に囚われるのであり，労働者階級の貧困と隷属に対して没関係的である。他方，資本家の人格に属する個体性は，もてる現実的富ゆえに十分に確証可能である（資本家も現実的富と必ず関わりをもつ）。ここに疎外が生じうる現実的な対立が存在する。ただし，資本家は，「かの［労働の］疎外過程に根ざしながら，この過程にその絶対的充足を見出す」(II/4.1: 65) かぎり，疎外を疎外として経験する可能性を原理的に排除する。

これに対して労働者の場合，疎外は耐えがたい矛盾として現れうる。労働者

は資本関係の下で人格化された労働として人格を物象化し，資本の生産力に包摂されずにはいない。そして，自らの意志によらず資本の生産過程に巻き込まれるとき，労働者は物象化された労働と自己の個体性との矛盾に陥る。以下，労働者の人格の物象化と疎外を論じよう。

　マルクスは疎外を，生産諸条件（資本）と生きた労働（労働）の分離などの客体的事態に関連づけて論じている。たとえば以下のような部分。

　　「この考え方［資本家が不変資本の節約を図ろうとすること］は，事実の外観がそれに照応するだけに，また資本関係が，労働者と各自の労働の生産諸条件の間に完全な没関係性，外在性および疎外という状態を置くことによって，事実上，内的連関を覆い隠すだけに，それだけ不審には見られない」(II/4.2: 119)

　かくて資本関係という客観的事態なしに疎外は存在しない。しかし，疎外は客観的事態そのものを記述する概念ではない。客観的事態を記述するには，資本と労働の分離等の表現で足りる。また疎外は，個人における物象化の直接的現れでもない。物象化が個人に現れるとすれば，それは何よりも〈物象の人格化と人格の物象化〉，すなわち人格が物象化の論理にしたがって行為すること，物象化にもとづく形態的欲求——貨幣欲求，資産形成欲求等——にしたがって自己を囚われた存在となすことに現れるのでなければならない。要するに，疎外はつねに，一方に資本関係を前提し，他方に独立変数たる諸欲求，能力，感覚等の個体性を実体的根拠として成立するのである。このことを『資本論』段階の著作・草稿で確認するなら，たとえば『1861-63 年草稿』では，次のように言われる。

　　「現実の労働は，人間の諸欲求の充足のために自然的なものを領有することであり，人間と自然との間の質料変換を媒介する活動であるから，労働力能は，労働手段を，すなわち労働による自然的なものの領有の対象的諸条件を剥奪されることによって，同様に生活手段をも剥奪される。……それゆえ労働手段および生活手段を剥奪された労働力能は絶対的貧困そのものであり，労働者はその労働力能のたんなる擬人化として，現実には自己の諸欲求をもちながら，他方，諸欲求を充足するための活動は，ただ，対象を欠いた［gegenstandslos］，自己自身の主体性のなかに包み込まれた

素質（可能性）としてもつにすぎない。労働者はそのようなものとして，概念からして貧民［Pauper］である」(II/3: 35)

ここには「疎外」や「個体性」の概念は現れない。しかし，まさに生産諸条件（資本）と労働の分離という事態において労働能力は「絶対的貧困」であり，欲求（個体性）は実現されないこと，労働能力は素質としてしか存在しないことが指摘される。この事態が疎外なのである。

そして肝心なのは，人格の物象化をとおして形成される貨幣欲求，資産形成欲求等（形態的欲求）と人格のもつ人間的感性的欲求，個体性（実体的欲求）との矛盾であるかぎり，疎外はつねに，その深化をとおして物象化された諸関係を批判し変革する根拠になりうるということである。もとより，物象化によって労働者自身に物象に対する限度をこえた囚われ——ギャンブル狂，蓄財・投機等への傾倒——が生じる可能性は否定できない（この場合には，労働者にあっても疎外は疎外として現れない）。しかし，それは，労働者がますます貧困と隷属に陥り，それによって人格変容の深化を余儀なくされる道でもありうる。マルクスが疎外論でとらえたのは，物象化された世界との対立において現に生成している個体性の世界を根拠に，人びとが物象化と疎外を廃棄し，個体性の確証を求めずにはいないという必然性であった（本書第5章3節）。

3　資本次元における呪物化

マルクスは1860年代前半になって，物象化概念とともに物化概念を併用するに至った。それは，マルクスの資本論研究が資本の総過程に及ぶにつれて，『経済学批判要綱』ではまだ端緒的であった経済的神秘化——呪物化と呪物崇拝（第5論点）——の認識が，一方では商品・貨幣・資本という諸物象の次元に一般化され，他方では「経済学者の粗野な唯物論」に限られない経済学認識に拡張されることによって生じた。本節では，1）資本次元一般における呪物化，2）剰余価値の利潤への転化以後の呪物化の諸相について考察し，最後に，3）資本の呪物崇拝について論じることにする。

資本次元一般における呪物化

　すでに示したとおり，マルクスの呪物性格論は『経済学批判』以後に定式化される。ただし，資本次元における神秘化＝呪物化の論述はやはり『1861-63年草稿』を待たねばならなかった。この段階では，「物化」という概念は現れていないとはいえ，資本の機能を資本としての物のもつ属性と一体化する神秘化が明確に示される。

　　「経済学者は，資本を永久的な生産関係として叙述するかぎりでは，それを物質的諸条件に対する労働の一般的関係に，すなわちいかなる生産様式にも共通した，資本の特有な性格をまったく含まない関係に解消させる。……他方では，経済学者はたえず，これらの物［労働諸条件をなす過去の労働生産物］を資本たらしめる特定の特有な形態と，これらの物が物としてもつ属性，いかなる労働過程であれ単純な契機として存在する物の属性とを合体させる。労働の充用者としての資本に含まれるこの神秘化を，彼らは説明せず，たえず無意識的に，それを資本の物的性格と不可分のものとして表明するだけなのである」(II/3: 1397)

　この意味で資本の呪物化論は1860年代前半に定式化されたと言いうる。そしてそれは，『資本論』第1巻商品章の呪物性格論と同じように，資本において生じる「反転」ととらえられた。

　　「すでに見たとおり，このこと［関係が物的姿態で幻想化されること］は，商品生産，交換価値にもとづく労働に特有の性格規定であり，商品や貨幣……におけるかかる反転［quid pro quo］は，さらに展相の高次化した資本において現れる。諸物が労働過程の対象的契機としてもつ諸作用は，資本たる諸物に帰せられ，諸物の人格化，労働に対する自立性という形態で諸物にとりついたものとされるのである」(II/3: 1432)

　物象とは，基本的に特定の生産関係において措定される社会的規定としての価値を具有した物を表した。このことは，資本にも妥当する。かくてまず第1に，資本一般の規定としての呪物化が示される。とくに資本は，それが自立化を果たすときに，それ自体が価値増殖を果たす物として呪物化の位相で把握されるのであり，たとえば『直接的生産過程の諸結果』では，こう言われる。

　　「資本主義的生産の基礎の上では，自己を資本に転化させるという対象化

された労働の上記能力，すなわち生産手段を生きた労働に対する支配・搾取の手段に転化させるという能力は，生産手段それ自体に属するものとして……，生産手段から切り離すことができず，したがって物としての，使用価値としての，生産手段としての生産手段に属する属性として現れる。それゆえ［ここでは］生産手段それ自体が資本として現れるのであり，したがって一定の生産関係を表現する資本は，すなわち生産内部で生産諸条件の占有者が生きた労働力能に対して結ぶ一定の生産関係を表現する資本は，ひとつの物として現れる。この関係は，価値がひとつの物の属性として現れ，商品としての物の経済的規定が物のもつ物的属性として現れたのとまったく同様であり，また，労働が貨幣において得る社会的形態［貨幣形態］が，ひとつの物の属性として現れたのとまったく同様である」(II/4.1: 63-64)

　「資本が物でないのは，貨幣が物でないのと同様である。資本においても貨幣におけると同様に，人格と人格の特定の社会的生産関係が人格に対する物の関係として現れ，あるいは，特定の社会的関連が物の社会的自然属性として現れるのである」(ibid. 79)

また，同じことは『資本論』第3巻主要草稿でも，こう記された。

　「かくして［資本の蓄積・集積により］資本の力は，すなわち資本家に人格化された社会的生産諸条件の自立化は，現実の生産者に対立して増大する。資本はますます社会的力として自らを示し（その力の機能者は資本家であるとはいえ，かかる力は，個別的な個人の労働がつくり出しうるものとはもはや何の関係ももたない），とはいえ物象として——そしてこの物象による資本家の力として——，疎外された自立化した社会的力として社会に対立する」(II/4.2: 337)

　「資本は，物ではなく，一定の歴史的社会構成体に属する一定の社会的な生産関係であり，この社会的に規定された関係が物に現れ，この物に特有の社会的性格を与えるのである」(ibid. 843)

さて呪物化は，第2に，生産過程において資本が自立化し，とくに資本の生産力が現れる段階で指摘される。たとえば『直接的生産過程の諸結果』の「資本の神秘化，その他」項目では，「資本の生産力」が次のように論じられた。

「労働のすべての社会的生産力は，資本に内在した属性たる生産諸力として現れる。それはまさしく，貨幣において，価値を形成するかぎりでの労働［抽象的人間労働］の一般的性格が物の属性として現れたのと同じである」(II/4.1: 119)

「ところがこの関係［資本関係］はますます複雑になり，外観上ますます神秘的になる。というのは，資本主義特有の生産様式の発展とともに，これらの物——使用価値および交換価値としてのこれらの労働生産物——は，労働者に対して自立し，「資本」として対立するだけでなく，労働の社会的形態に対して資本の発展形態として現れ，かくて発展を遂げた社会的労働の生産力は資本の生産力として現れるからである」(ibid. 121)

そして，この段階ではじめて以上の資本の呪物化を表す概念として「物化」は現れた。

「かくて［自己増殖する価値であるとともに使用価値でもあるがゆえに］資本は非常に神秘的な存在となる。／労働諸条件は社会的力として労働者に対立してそびえ立ち，この形態で資本化されている。／それゆえ資本は，1）剰余労働への強制として，生産的である。労働はまさにこの剰余労働の遂行者として生産的である。……／また資本は，2）「労働の社会的生産諸力」あるいは社会的労働の生産力の擬人化かつ代表者という，それらの物化された姿態として生産的である。……労働の社会的自然力は，価値増殖過程そのものにおいてではなく，現実の労働過程において発展を遂げる。したがってそれは，物としての資本に属する属性として，資本の使用価値として現れる」(II/4.1: 123)

物化概念は，ここ以外では，『資本論』第3巻主要草稿のすでに引用した箇所（本書162ページ）と経済的三位一体論の箇所（同213ページ）に現れる程度である。しかし資本の呪物化は，「資本の経済的規定が物のもつ自然属性として現れること」と規定されるかぎり，これまで商品や貨幣に示された呪物化と変わるところはなく，したがって資本一般においても，また資本の諸過程（とくに総過程）においても——「物化」と規定されるか否かを問わず——さまざまに指摘されている。

剰余価値の利潤への転化以後の呪物化の完成

　資本の神秘化は，資本一般にまとわりつく性格である。しかし同時に呪物化は，とくに利潤において剰余価値が曖昧化され神秘化される段階で，さらには利子生み資本や産業利潤の段階で顕在化する。以下，この段階における呪物化の諸相を概観する。

　第1は，剰余価値の利潤への転化の脈絡。すでに示されたとおり，素材的にみれば，「利潤は剰余価値そのものとまったく同じもの」(II/3: 1598) であり，剰余価値の転化形態である。しかし，剰余価値が利潤に転化するとき，それは「前貸資本の総額」(ibid.)に関係させられ，資本そのものが生み出す価値となり，神秘化される。「資本の可変部分に対する剰余価値の関係」は，「ひとつの有機的関係」(ibid. 1601) であり，じっさいに資本の資本としての存在の秘密を表現している。しかし，「利潤と資本の関係においては，この有機的関連は消し去られる」(ibid.)。

　　「資本のあらゆる部分が一様に新たに産出される価値の根拠として現れることによって，資本関係は完全に神秘化される。……資本と利潤の関係では，資本は，労働に対することなく，自己自身に対して関係するのである」(ibid.)

　かくて資本は，マルサスなどの経済学者によって，それ自体が「剰余価値の自立的源泉」(II/3: 1604) としてとらえられるようになる。これが資本の呪物化である。それはまた，たとえば一般的利潤率の形成の脈絡では，次のように言われた。

　　「利潤のまったく疎外されたこの形態［平均利潤への転化／費用価格への転化］において――利潤の姿態がその内奥の核を覆い隠す程度に応じて――，資本はますます物象的姿態を獲得し，関係からますます物になる。ただし，それは社会的関係を体内にもち，自己のうちに呑み込んでいる物であり，擬制的生命と自立性を与えられて自己自身に関係する物，感性的にして超感性的な存在であり，この資本と利潤という形態をとって，資本は完成した前提として表層に現れるのである」(ibid. 1482-1483)

　第2は，利子生み資本の脈絡。マルクスは『1861-63年草稿』で，「利子生み資本の完全な物象化，転倒，倒錯性」(II/3: 1455) について次のように論じた。

「利子生み資本では，この自動的な呪物，すなわち自己自身を価値増殖する価値，貨幣をつくる貨幣は完成されており，この［利子生み資本の］形態ではその生成の痕跡をもはやとどめない。社会的関係は，物（貨幣，商品）の自己自身に対する関係として完成されている」(ibid. 1454)

そしてマルクスは，資本が産業利潤という形態でも自立化し，神秘化されることを次のように記した。

　「利子は，剰余価値の現実的本性に対立するものとして，自立化し固定される。利子生み資本では労働に対する資本の関係は解消されている。……利子は資本としての資本に属する。……したがって，利潤のうち利子を越える超過分は，……利子とは対照的に，……産業利潤として特殊な姿態を受け取る。……こうしてついには，資本および剰余価値の本性も資本主義的生産一般の本性も，まったく神秘化されてしまうのである」(II/3: 1490)

『資本論』第 3 巻主要草稿では利子生み資本が次のように語られた。

　「G—G′ は完成した資本，すなわち生産過程と流通過程の統一であり，したがって特定の期間に特定の剰余価値を生み出す資本である。利子生み資本の形態では，このことは直接に，生産過程と流通過程の媒介なしに現れる。……物（貨幣，商品，価値）はいまや物として資本であり，資本がたんなる物として現れ，生産過程および流通過程の全成果が物に内在する属性として現れるのである」(II/4.2: 461-462; 一部再引用)

第 3 は，企業者利得の脈絡。『資本論』第 3 巻主要草稿の「企業者利得と利子への利潤の分裂」項目では，資本の「最も疎外された最も特有な形態」にある利子生み資本の形態において資本呪物がこう論じられた。

　「企業者利得と利子への利潤の分裂は……，剰余価値の形態の自立化を，剰余価値の実体，本質に対するその骨化を完成する。すなわち利潤の一部［企業者利得］が他の部分と対立して資本関係そのものから完全に切り離され，賃労働の搾取機能（賃労働は当然その指揮から分離できない）からではなく，資本家そのものの賃労働から生じるものとして現れるのであり，これに対立して利子は，賃労働からも資本家自身の労働からも独立に，それ自身の独立した源泉たる資本から生じるように見えるのである。元来，流通の表面で，資本呪物として，価値を産出する価値として現れたとすれ

ば，いまや資本はふたたび，利子生み資本の姿態という，その最も疎外された最も特異な形態において現れるのである」(II/4.2: 851)

第4は，三位一体的定式の脈絡。『資本論』第3巻主要草稿では，経済的三位一体の神秘化と関連させて，次のように呪物化が論じられる。

「資本—利潤，あるいはより適切には資本—利子，土地—地代，労働—労賃，においては，すなわち価値および富一般の構成部分とその源泉との連関を表すこの経済的三位一体においては，資本主義的生産様式の神秘化が，つまり社会的諸関係の物化，素材的生産関係とその社会的規定性との合生が，完成されている」(II/4.2: 852)

また三位一体的定式では，たとえば土地所有が呪物化と関連づけて次のように論じられた。

「最後に，剰余価値の自立的源泉としての資本と並んで，土地所有が平均利潤の制限として，利潤の（剰余価値の）一部分をひとつのカテゴリーに，すなわち，自らは労働することなく，また労働を直接に搾取することもない……カテゴリーに割り当てるものとして現れる。ここでは，剰余価値の一部分が直接に社会諸関係に結びつけられるのではなく，ひとつの自然要素，つまり大地に結びつけられるように見えるがゆえに，剰余価値のさまざまな部分相互の疎外および骨化の形態が完成され，その内的連関と剰余価値の源泉は，まさに生産過程のさまざまな素材的要素に結びつけられた生産諸関係相互の自立化によって，埋没させられる」(II/4.2: 851-852)

いずれも，物象化は呪物化の位相で論じられる。かくて『資本論』段階での物象化論の特徴は，とりわけ資本による諸関係の神秘化を一般化し，物象化論に呪物化を組み込んだところにある。ただし，以上から導かれる結論は，物象化と呪物化が基本的に区別されていないということではない。たしかに資本は一般に呪物化の位相を随伴する。しかし，呪物化は生産関係を神秘化する過程を表すのであって，物象化の基体ではない。物象化の基体は価値であり，価値増殖である。価値増殖は剰余労働を基礎にして形成される物象化の過程である。価値も剰余価値も神秘化されるとしても神秘化そのものではない。呪物化の前提にはつねに物象化の過程が存在する。

かくてマルクスは，資本の呪物化の位相を析出した。それは物象化とは異な

る位相に意識的に設定された。このことは，たとえば『1861-63年草稿』の次の一文にも窺うことができる。

「この最後の形態［利子と産業利潤］では——過程の姿態をその現実的現象において考察すればするほど——過程はますます自己を固め，したがって上記の諸条件は過程から独立に過程を規定するものとして現れ，そしてこの過程で競争する人びと自身の関係は彼らにとって物象的な諸条件として，物象的な力として，物の諸規定性として現れる。そして，このことは，資本主義的過程ではいかなる要素も，たとえば商品というような最も単純な要素でさえもすでにひとつの転倒であり，人格と人格の諸関係をも物と物の属性として現れさせ，これらの物のもつ社会的属性に対する人格と人格の関係として現れさせるだけに，ますますそうなのである」(II/3: 1505)

要するに，呪物化論は1860年代前半に形成された。このことは，疑いもない。同時にそれによって物象化論と呪物化論との異同も明確にされるように思われる。

資本の呪物崇拝

さて呪物化段階には——そのコロラリーとして——呪物崇拝が照応して現れる。資本呪物とは呪物化した資本である。そして，資本の呪物崇拝とは，人格が資本に対して呪物に対する態様で傾倒することを表す。すでに『資本論』第2巻草稿には，資本の生産過程で生じる呪物崇拝に関して次の記述があった（本章1節）。

「生産手段および生活手段という姿態で生産に前貸しされた資本価値は，一様に生産物の価値において再現する。かくてこの段階で，資本主義的生産過程の神秘化は完成され，生産物に存在する剰余価値の起源はまったく視野から消え失せる。／それゆえさらに，ブルジョア経済学に特有の呪物崇拝が完成される。それは諸物が社会的生産過程で獲得する社会的な経済的性格をこれら物の素材的本性から生じた自然的規定性に転化する。たとえば労働手段は固定資本であるという具合いである」(II/11: 176; 一部再引用)

ただし，呪物崇拝はやはり剰余価値の利潤への転化以後に顕著に現れる。たとえば『1861-63年草稿』では利子生み資本の段階で，資本の呪物崇拝が次の

ように語られた。

「剰余価値の以上2つの形態［利子と産業利潤］にあっては，その本性が，つまり資本の本質と資本主義的生産の性格が，完全に消去されるだけでなく，その反対物へと転倒される。しかし，物象の主体化，主体の物象化，原因と結果の転倒，宗教的な反転，資本の純粋な形態 G—G′ が，意味もなく，あらゆる媒介なしに，現れて表現されるかぎりでは，資本の性格や姿態も完成されている。同様にして，諸関係の骨化，すなわち諸関係が特定の社会的性格をもつ物象に対する人間の関係として現れるという事態も，商品の単純な神秘化や貨幣のすでに複雑化した神秘化とはまったく異なる形で仕上げられる。実体転化［Transubstantiation］，呪物崇拝が完成されるに至るのである」(II/3: 1494)

さらに『資本論』第3巻主要草稿の「利子生み資本」項目でも，呪物化に対応させて次のように呪物崇拝が論じられた。

「利子生み資本では，この自動的な呪物，自己自身を増殖する価値，貨幣をつくる（殖やす）貨幣が純粋に完成させられており，この形態ではもはやその生成の痕跡を少しもとどめていない。社会関係がひとつの物の（貨幣の）それ自身に対する関係として完成されている」(II/4.2: 462)

「利子は利潤の，すなわち機能資本が労働者からしぼり取った剰余価値の一部でしかないにもかかわらず，いまでは反対に，利子が，資本本来の果実として，原生的なものとして現れ，利潤はいまや企業者利得という形態に転化して，生産過程および流通過程で付加されるだけの付属品，追加として現れる。ここでは資本の呪物姿態と資本呪物の観念が完成されている。G—G′ に現れるのは，資本の没概念的形態，最高の展相に達した生産関係の転倒および物象化，すなわち利子を生む姿態という，資本自身の再生産過程に前提されている資本の単純な姿態である。つまり，それは，貨幣ないし商品がそれ自身の価値増殖能力をもつという姿態なのである——これこそ，最もあからさまな形態での資本の神秘化である」(ibid.)

ここに現れる「資本呪物の観念」とは，まさに呪物崇拝にほかならない。かくてマルクスは利子生み資本のうちに資本呪物と呪物崇拝の完成を読み取ったのである。

資本の呪物崇拝は，資本呪物に対する個人の関わりを表す。それゆえ，それは個人の意識内部における資本の神秘化を表すのであり，資本次元における〈物象の人格化と人格の物象化〉とは異なる。ときに呪物化および呪物崇拝を，〈物象の人格化と人格の物象化〉の先行条件として把握する研究があるが，これは，後者を神秘化し，価値措定／剰余価値形成の現実的過程を神秘化するものである。いかに両者が絡み合っているとしても，〈物象の人格化と人格の物象化〉は，論理的にはこの過程の神秘化に関わるわけではなく，呪物崇拝と区別されて然るべきである。

物象化の神秘化としての呪物化という一般的認識は，すでに繰り返し指摘したように，1860 年代前半に獲得された。かくて，この時点で確認しうるのは，次の 2 点である。

第 1 は，物象化と呪物化は，後者が前者を前提するという本質的な関連をもちながら，やはり位相的に区別されることである。物象化は一般に価値にもとづく経済的諸関係の形成を表し，呪物化が付きものとはいえ，やはり価値措定／剰余価値形成という現実的過程に関わる現象である。これに対して呪物化は，価値措定／剰余価値形成が物象の自立化によって物の自然属性として現れる過程を表す。物象化論の形成と呪物化論の形成の間にある時間差は，その区別をよく物語るものである。

第 2 は，〈物象の人格化と人格の物象化〉は論理的に呪物崇拝と異なり，端的にいえば呪物化以前の位相とみなされるということである。それゆえ，両者はいずれも個人における現れであるとはいえ，価値の形成に関わるか神秘化に関わるかという基準で決定的に位相を異にしているのである。

4 ブルジョア経済学と物象化

資本次元の物象化に関するブルジョア経済学の把握を，マルクスはいかに批判したのか。以下では，『1861-63 年草稿』等の草稿により，ブルジョア経済学に対するマルクスの批判を，1）剰余価値の把握，2）ブルジョア的領有法則，3）剰余価値と利潤・地代，4）呪物化と呪物崇拝，という項目に即して考察する。これによってマルクス物象化論の性格もいっそう明確になろう。

剰余価値の把握

　すでに示したとおり，剰余価値（利潤）の存在は国民経済学でも知られていた。それゆえ，「いかにして剰余価値は生じるのか」の研究こそ，経済学の最も重要な問題をなしていた。以下では，とくにスミスとリカードウの剰余価値把握についてマルクスがいかに論じたのかを確認しよう。

　まずスミスから。マルクスは，第１に，スミスが矛盾する２つの価値規定——投下労働価値説と支配労働価値説——を行いながらも，事実上「商品の交換価値の正しい規定，すなわち商品に費やされた労働量または労働時間による価値の規定」(II/3: 365) を維持していることを認めた。そして第２に，スミスが以上を前提に「全労働生産物は労働者に属すること」（労働者全収益論）を主張する一方，資本と賃労働の交換では，一般的法則（等価交換）が廃棄され諸商品が表す労働量に比例して交換されていないことを発見して当惑したことを指摘した (cf. ibid. 366)。問題は，スミスがこの矛盾を，つまりは剰余価値の生成をいかに説明するかであった。これに関してスミスは，労働条件が土地所有および資本の形態で賃労働と対立するようになれば，もはや労働時間は諸商品の交換価値を規制する内在的尺度ではなくなると結論づけ (cf. ibid.)，資本主義的生産の下では，労働者の生み出す生産物が，１）賃金に相当する価値量と，２）利潤［剰余価値］とからなることを認めるに至る。では，いかにして剰余価値は生じるのか。マルクスはこれについて，こう述べた。

　　「スミスはのちに……，利潤を，労働から，すなわち労働者が賃金を弁済するためになすべき，賃金を等価物によって補償するべき労働量を超えて行う労働から導き出している。かくてスミスは剰余価値の真の起源を認識したのであり，同時に，……剰余労働はもっぱら，かのファンド［前貸資本］が労働手段ないし労働用具として現れる新しい生産過程において労働者が原料に付け加える新しい労働から生ずることを明瞭に確定していた」(ibid. 372-373)

　スミスは剰余価値を剰余労働から説明した。そしてマルクスは，スミスが地代に関しても同じ把握を示し，「剰余労働を一般的範疇として把握した」(II/3: 375) こと，価値措定労働を「一般的な社会的労働」(ibid. 377-378) としてとらえたこと，地代，利潤および利子は剰余価値の諸形態にすぎないと把握していた

こと (cf. ibid. 378) を評価した。

しかし同時にマルクスは，スミスの限界をさまざまに指摘する。剰余価値論に関する論点を２つだけ挙げるならば，第１に，スミスが，商品の価値法則と剰余価値の源泉の間に「裂け目」(II/3: 379) ——「価値法則のその反対物への転換」(ibid.) —— を感知しながら，両者がいかに媒介されるかを理解せず，それゆえに労働力商品の特有性を洞察していないこと (cf. ibid. 380)，第２に，剰余価値そのものを固有の範疇として，利潤・地代などの諸形態から区別しなかった (cf. ibid. 375) がゆえに，多くの「不整合と矛盾」(後述) を抱えたことを指摘した。

では，マルクスはリカードウの剰余価値把握をいかに論じたか。マルクスは，リカードウの剰余価値説を「労働量と労働の価値」の区別から説き起こし，リカードウがスミスの「２つの価値規定」における混同に反駁しながら，両者の区別という事実 (cf. II/3: 1023) に満足し，解明していないことを指摘した。労働という商品と他の商品とは２つの形態の異なる労働にすぎない。なぜ，商品一般に成立する価値法則が賃労働にはあてはまらないのか，リカードウはこの問題を提起さえしていない。それゆえマルクスは，「問題をかく提起すれば，それは，価値法則を前提するかぎり，それ自体解決不可能なのである」(ibid.)と述べた。

さて，剰余価値を規定するためには，リカードウは「労働の価値」——正しくは「労働力能の価値」——を規定しなければならない。ところが，リカードウによれば，それは，「労働者の生計に必要な生活手段」によって規定される (cf. II/3: 1023)。それゆえ，マルクスは「リカードウはここでは，つまり全体系の一基礎部分において，価値を需要供給によって規定しているのである」(ibid. 1025) と指摘し，リカードウが労働の価値を「労働力に投下された労働量によってではなく，労働者に割り当てられた賃金に投下された労働量によって」(ibid. 1027) 規定したことを批判した。かくて，リカードウもまた価値規定に関して，スミスと同様の前後撞着に陥ってしまう。リカードウは，労働の価値を労働者の必需品に投下された労働量に等しいと，正しくとらえた。したがって，それは，労働がつくり出す生産物の価値よりも小さい。労働の価値 (賃金) を越える超過分が剰余価値である。これはリカードウにとっても存在する事実で

ある。だが，リカードウはこの事実がいかにして成立するかを問題とせず，ただ総労働日の大きさを固定的なものととらえ，それゆえに剰余価値を労働の生産性の増減によって——相対的剰余価値としてだけ——説明した。かくてリカードウも，マルクスによれば，剰余価値および剰余労働を十分には把握できなかった。

マルクスが古典派経済学の剰余価値説をいかに批判したかは，ほぼ明らかである。それぞれは生産部面で剰余価値が生じること（物象化の高次の展相）を認めながら——基本的に価値を投下労働価値によって理解しながら——，剰余価値の存在を剰余労働によって説明できなかった。結論的に，古典派経済学は商品の価値法則と剰余価値の源泉とを整合的に把握できなかった。このことはブルジョア的領有法則の理解に直結する問題でもあった。

ブルジョア的領有法則の批判

ブルジョア的領有法則に関してマルクスが指摘するのは，第1に，所有の第1法則，すなわち等価交換の法則と自己労働の成果に対する所有とが古典派経済学の前提をなすということである。「諸等価［の交換］からなるブルジョア的システム」(II/1: 486) は，経済学の前提である。しかも等価物の交換は「自己労働の所有」の想定を要請する。

> 「等価物の交換は，自己労働の生産物に対する所有を前提するように見えるのであり，したがってまた，労働による領有，すなわち我がものとする［Zueigen-Machen］という現実的な経済的過程と客体化された労働に対する所有とを同一のものとして措定するように見える」(ibid. 416)

かくて，ブルジョア的所有の第1法則は，古典派経済学の原理となる。このことは，『経済学批判』原初稿でも次のように確認された。

> 「流通の主体であるのは，交換価値が商品の形態をとるにせよ貨幣の形態をとるにせよ，とにかく交換価値の私的所有者としてのみである。彼らがいかにして私的所有者になったのか，……という事情は，およそ単純流通の考察には属していないように見える。しかし他方，流通の前提は商品である。……流通の立場からすれば流通に先行する商品の領有過程が労働による領有として現れるのは必然的である。……商品は事実上，自己労働の

対象化以外の何ものでもありえない。……／だからこそ，近代の経済学者たちはみな，……自己労働こそ本源的な所有権原であり，自己労働の成果に対する所有こそ市民社会の根本前提をなすと言明するのである」(II/2: 48-49; 一部再引用)

この根本前提は，資本と労働の交換でも貫かれる。つまり，この交換も等価交換であるという仮定がなされ，それゆえに剰余労働は存在しないととらえられる。しかし他方，資本による価値増殖という事実はブルジョア経済学によっても疑われない。それゆえ，「ブルジョア社会の領有法則の真理は，この社会そのものがまだ存在していない時代に移されなければならず，所有の根本法則は非所有の時代に移される」(II/2: 49)と，マルクスはブルジョア経済学の不整合を指摘する。

かくて第 2 に指摘されるのは，ブルジョア経済学が，資本の価値増殖を認めながら所有法則を前提とするかぎり，剰余労働の説明に関しては必然的に「不整合と矛盾」に陥り，資本による価値増殖を，労働用具の自然力や分業の自然的恵与，「蓄積の力」などの自然力によって説明したということである。そして，それゆえにブルジョア経済学は資本主義的生産様式にもとづくブルジョア社会を自然的な社会形態ととらえて永遠化し，「自由・平等・所有の王国」として描いた。

「リカードウの場合もまた［スミスらと同様に］，賃労働と資本は，使用価値としての富を産出するための自然的な社会形態，明確に歴史的ではない社会形態として，とらえられる。すなわち賃労働と資本の形態そのものは，まさに自然的であるがゆえに没関係的なものとされ，富の形態に対する特定の［交換価値の］関連においては把握されないのである。……したがってブルジョア的富の特定の性格は把握されない。――なぜなら，それは富一般に適合的な形態として現れるからであり，したがってまた経済的に交換価値から始めながらも，［リカードウ経済学では］交換そのものの特定の経済的形態がまったく役割を演じることなく，つねにただ，労働と大地の一般的生産物の 3 階級における分配が語られるだけだからである」(II/1: 246)

賃労働と資本が使用価値としての富を産出するための自然的社会形態として

とらえられるかぎり，資本主義的生産様式は永遠化される。かくて経済学の諸法則は自然法則として現れ，貧困や隷属等は，偶然事に転化するほかはない。

　「ブルジョア経済学者は，資本を，自然に適合した（歴史に適合した，ではない），永遠の生産形態とみなすのであり，かくてふたたび資本を正当化しようとして，資本生成の諸条件を，資本の現在の実現諸条件と言明する。……こうした弁護論の試みは，資本としての資本の領有様式を，資本の社会そのものによって宣言されている一般的所有法則［自己労働にもとづく所有法則］と調和させようとする，疚しい意識とその無力を証明している」(II/1: 369)

　要するにマルクスによれば，資本関係を自然に適合した永遠の生産形態ととらえることによって，ブルジョア経済学は物象化された諸形態を生産諸条件から捨象し，かつ資本の諸条件を——それゆえ，資本次元の〈物象の人格化と人格の物象化〉をも——永遠のものとする物象化の経済学なのである。

剰余価値と利潤・地代

　マルクスによれば，「すべての経済学者が共有する欠陥は，剰余価値を純粋に剰余価値そのものとしてではなく，利潤や地代という特殊的な形態において考察するところにある」(II/3: 333)。このことは，物象化を自然化する根拠をなす。以下，剰余価値と利潤・地代という論点に関するマルクスのブルジョア経済学批判を見ることにする。

　すでに示されたとおり，スミスは剰余価値を，労働者が「各自の賃金を弁済する労働量を超えて原料に付け加える労働部分」(II/3: 381) に，つまり剰余労働に還元した。しかし同時に，この超過分を利潤の形態でとらえ，利潤を前貸資本の増殖という資本家の「利害」(ibid. 382) から説明し，賃金，利潤および地代を「あらゆる収入およびあらゆる交換価値の，３つの本源的源泉である」と規定した (cf. ibid. 385)。マルクスは，それらをあらゆる収入の本源的源泉と規定することは正しいとしながら，それらをあらゆる交換価値の本源的源泉とすることは誤っていると指摘した。それは，まさに資本と土地所有が価値をそれ自体としては増殖させないからである。

　スミスは，たしかに一方では，剰余価値を，賃金に投下される部分（可変資

本部分)だけから生じると，つまりは事実上剰余労働から説明しながら，他方では，利潤と混同して剰余価値を前貸資本の総額との関連においてとらえ，「利潤や地代を剰余価値一般の形態としてだけ，労働者によって原料に付与された労働からの控除としてだけつかむ」(II/3: 381)。こうしてスミスは剰余労働による超過分を，「前貸資本の総価値を越える超過分」(ibid. 381-382) としてとらえることによって，「労働者が原料に付け加える価値を，労働者と資本家との間で賃金と利潤という形態で」(ibid. 388) 分配し，資本 (可変資本＋不変資本) 自体を価値増殖する主体たらしめるのである。

　事情は，リカードウにおいても同じである。

　　「リカードウはどこでも，剰余価値をその特殊な形態——利潤 (利子) および地代——から種別化し分離して考察していない。だから……，どこでも，本来の生産過程における有機的構成の区別に言及せず，あるいはそれを知らない。ここから価値と費用価格との混同，誤った地代論，……等々が生じる」(II/3: 1001)

　たしかに利潤と賃金に関する考察においてリカードウは，資本の不変部分を捨象し，全資本が直接に賃金に投下されるかのように扱うかぎり，「利潤ではなく剰余価値を考察している」(II/3: 1002) のである。しかし，この場合，マルクスによれば，リカードウは「利潤そのものを語っている」(ibid.) と思い込んだ上で論じているのであり，いたるところで剰余価値と利潤の同一化を前提とした議論を紛れ込ませ，剰余価値の法則を歪める。マルクスは，たとえば「平均して等量の諸資本は等しい利潤を生むという命題，すなわち利潤は充用資本の大きさに依存する」[4]という命題について，「この命題は実際上正しいとしても，……利潤と剰余価値が同一化される場合には，上記の [利潤は商品の価値を超える単なる付加にすぎないとする] 俗流的見解が入り込まざるをえない」(ibid. 1050) と指摘した。

---

4) リカードウ『経済学および課税の原理』第 1 章「価値」によれば，「一定の価値の資本をもって，製造業者が労働の節約により生産物の量を 2 倍に増やすことができた……場合でも，生産物は，それを生産した資本に対して以前と同じ比例を保つであろう。それゆえ利潤は依然として同じ率にあるであろう」(Ricardo [1951] 51) とされる。マルクスの示す命題は，これらに照応するものと考えられる。

マルクスは，古典派経済学に対して，経済的三位一体の転倒した世界に現れる日常宗教を解体したという功績を認める。

「それ［経済的三位一体に現れる神秘化］は，魔術化され転倒させられ逆立ちさせられた世界——ここではムッシュー資本とマダム土地が社会的人物として現れ，同時に直接にはたんなる物として各々の幻像を追いかける——である。この虚偽の外観，この欺瞞を，すなわち富を構成するさまざまな社会的要素相互の自立化と骨化，上記のような物象の人格化と生産関係の物象化，日常生活における上記の宗教を解体したのは，古典派経済学の偉大な功績である。というのは，古典派経済学は，利子を利潤の一部分に還元し，地代を平均利潤に還元して，両者を剰余価値において合致させるからであり，また流通過程を諸形態のたんなる変態として表し，そして最後には直接的生産過程で商品の価値および剰余価値を労働に還元するのだからである」(II/4.2: 852)

しかし，にもかかわらず，古典派経済学は剰余価値をその特殊な形態たる利潤（利子）等と区別せず一体化することによって，転倒した世界，資本の自立化（呪物化）に「やはりなお多少とも囚われて」(II/4.2: 852) いた。たしかに利潤は，実体からみれば，剰余価値そのものと同じである。しかし利潤としては，剰余価値は「前貸資本の総額に関連づけられ」(II/3: 1598)，したがってここでは剰余価値産出に対する役割において不変資本も可変資本も区別されず，神秘化が生起する。

利潤の形態では，資本とその特殊的形態（歴史的な商業資本等）との区別は解消される。かくて資本は，「古代でも今日でも同じように存在するひとつの物」(II/3: 1602) となる。つまりマルクスはここで，資本が形態性を消去されて，価値増殖するひとつの物に転化する呪物化を指摘する。マルクスが剰余価値と利潤との混同を問題とするのは，資本家も経済学者も，資本を「自ら作用する自動装置，すなわち関係としてではなく，その素材的存在において自己自身を増殖し利得を生み出すという属性をもつ自動装置」(ibid.) とみなすこと，そして，かかる属性のゆえに社会的諸関係を「永遠の自然諸関係」(ibid.) ととらえ，この意味で資本を永遠化することになるからである。

以上の呪物化には，もうひとつの異なる事情が介在する。それは，資本の生

224

産過程が流通過程と結合されているという事情である。流通過程では，資本と賃労働が対立しあう本源的形態はいわば脱落して，外見上それとは独立した諸関連が現れるのであり，かくて「剰余価値そのものは，もはや労働時間の領有の産物ではなく，商品の価値を超える商品の販売価格の超過分として，とりわけまた貨幣として現れる」(II/3: 1603-1604)。ここでは「剰余価値の本源的本性への記憶は完全に消失してしまう」(ibid. 1604)。こうなると，一群の経済学者たち（ラムジ，マルサス，シーニア，トレンズら）によって，「資本はその物的姿態において，まさに資本を資本とする根拠をなす社会的な生産関係から独立に，労働と並んで，労働から独立に，剰余価値の自立的源泉をなす」(ibid.) ことが主張される（前節）。もとより，資本の自立化は生産過程でも現れていた。それゆえにこの段階でも神秘化，主体と客体との転倒をマルクスはとらえていた（前節）。同時に，それが流通過程において完成されることをこう指摘する。

「資本関係においては——それがなお流通過程から独立に考察されるかぎりでも——，神秘化，転倒された世界，主体と客体との転倒は，すでに貨幣に現れるとおり，本質的に特徴的なものである。この転倒された関係に照応して，必然的に，本来の生産過程においてもすでに，照応する転倒された観念，移調された意識が生じ，そして，それは，本来の流通過程の転換や変容によって完成されるのである」(ibid.)

マルクスは，古典派経済学が資本主義的生産を永遠化する誤りを次のように批判した。

「古典派経済学は，資本の基本形態を，すなわち他人労働の領有に向けられた生産を，歴史的な形態としてでなく，社会的生産の自然形態としてとらえることにおいて誤っており欠陥をもっている」(II/3: 1499)

これは，古典派経済学が以上の資本（呪物化）の論理に囚われたことを，要するに呪物化の世界を自然形態とする経済学であることをとらえたものと言いうるであろう。

呪物化と呪物崇拝

ここでは，前項ですでに指摘された経済的諸関係の神秘化（呪物化と呪物崇拝）に関するブルジョア経済学の批判を確認する。

第4章　資本の諸過程と人格変容　225

　古典派経済学もまた俗流経済学（後述）と同様に神秘化を対自化することができない。このことはすでに剰余価値と利潤の混同において示されたとおり。そして，それは経済的な三位一体論に示される。この過程をマルクスは次のように描く。

　　「剰余価値がさまざまな特殊的要素に，自然，生産物，労働というようなさまざまな生産要素に関連づけられ，ただ素材的に異なるだけの生産要素に関連づけられるならば，一般に剰余価値が，相互に没関係的な，相互に独立した，そして異なる法則によって規制された特殊的姿態を得ることになれば，明らかに，その共通の統一体——剰余価値——は，したがってこの共通の統一体の本性は，ますます認識不能となり，現象には示されず，隠れた神秘［Mysterium］として発見を要するものとなる。特殊的部分の姿態のこのような自立化……は，各部分がそれぞれの尺度および特殊な源泉としての特殊な要素に還元されることによって，あるいは剰余価値の各部分が特殊な原因の作用結果として，つまり特殊な実体の偶有態として現れることによって完成される。かくて，利潤—資本，地代—大地，労賃—労働［という三位一体］が成立する」(II/3: 1484)

　古典派経済学は，この三位一体論に囚われた。もとより上記のとおり，古典派経済学が富の諸形態を分析したことは誤りを含むにせよ評価される。古典派経済学は地代を超過利潤に還元し，利子を利潤の一部であることを示し，かくて「すべての収入形態とすべての独立な姿態を，つまり非労働者が商品の価値を分有するさいの権原を，利潤というひとつの形態に還元した」(II/3: 1498)。しかしにもかかわらず，古典派経済学は，以上に示される経済的諸関係の神秘化＝呪物化への囚われを免れることができなかった。

　経済的諸関係の神秘化＝呪物化への囚われは，とりわけ俗流経済学に妥当する。それに対するマルクスの批判はとくに「収入とその諸源泉」項目に見られる。

　　「収入の形態と収入の諸源泉は，資本主義的生産諸関係を最も呪物的な形態で表す。表面に見えるとおりのそれらの定在は，隠された連関および媒介的中間項から分離される。こうして大地は地代の源泉となり，資本は利潤の源泉，労働は労賃の源泉となる。現実の転倒が表現されるさいの転倒した形態は，もちろんこの生産様式の当事者のもつ観念において再生産さ

れて現れる。これこそ，空想を欠いたフィクション様式であり，俗物の抱く宗教である。俗流経済学……が翻訳するのは，じっさいには，資本主義的生産に囚われた担い手が，その生産の表面的外観から反映するだけの観念や動機等である。俗流経済学は，それを教義のような言語に，しかも支配者層の，資本家の立場から翻訳し，したがって素朴に客観的にではなく，弁護論的に翻訳するのである」(II/3: 1450-1453)

　ここでは，利潤ではなく利子が，資本そのものから流出する「資本の価値創造物」として，「資本によって独自につくり出される収入」(II/3: 1460) として現れる。それゆえ，俗流経済学もまたこの形態で利子をとらえるのであり，ここではいっさいの媒介が消去され，資本の呪物姿態が，資本呪物の観念とともに完成される。利子生み資本こそ，「俗流経済学にとっての基本形態」(ibid. 1464) となる。それゆえ俗流経済学は，「資本を価値の，価値創造の自立的源泉として表そうとする」(ibid. 1460) 経済学であり，呪物化の弁護論的教義の表現である。かくてそれは，資本の呪物化，呪物崇拝に囚われた没概念的経済学として，古典派経済学と区別して批判された。

第5章 貨幣・資本 (物象化) の廃棄

　貨幣・資本 (物象化) は疎外を引き起こす。それゆえに，それは廃棄されなければならないし，廃棄することが可能である。廃棄の必然性と可能性の根拠はいずれも疎外と個体性の存在にある。かくてマルクスは，一貫して貨幣・資本の廃棄，すなわち物象化の廃棄 (第6論点) を論じた。

　本章では，まず貨幣・資本 (物象化) のブルジョア的改革論に対するマルクスの批判を検討し (1節)，続いてマルクスの貨幣・資本 (物象化) 廃棄の構想を，資本の廃棄という脈絡 (2節) と資本主義的生産様式の下での対抗という脈絡 (3節) で考察する。

1 ブルジョア的改革論批判

　マルクスは，貨幣・資本 (物象化) の廃棄というテーマに関連して，さまざまなブルジョア的改革論にコメントしている。すでに考察したプルードンなどだけでなく，1) リカードウ派社会主義者，2) オウエン，3) J. St. ミル，などにも論及している。以下では，あくまで貨幣・資本 (物象化) の廃棄に関するマルクスの思考を把握するという目的に限定して，これらのブルジョア的改革論を考察する。

リカードウ派社会主義者評価

　マルクスは『剰余価値学説史』の「経済学者に対する反対論」で，W. トムソン，P. レイヴンストン，T. R. エドモンズ，T. ホジスキン，J. F. ブレイ，J. グレイなど，リカードウ派社会主義者たちの議論を取り上げて論評している。そして，レイヴンストン『国債制度とその影響の考察』に関する叙述のうちで，リカードウ派が社会主義に至る過程を大略次のように論じた。

　[1]経済学は，それが発展するにしたがって，労働を価値の唯一の要素かつ使用価値の唯一の創造者として示し，生産力の発展を富の現実的増殖のための

唯一の手段として，労働の生産力の可能なかぎりの発展を社会の経済的土台として示すに至った (cf. II/3: 1389)。[2] ところが，労働が交換価値の唯一の源泉および使用価値の能動的源泉として把握されるにつれ，同じ経済学者たちによって，とりわけリカードウによって，資本が生産の規制者，富の源泉，生産の目的としてとらえられ，これに対して労働は賃労働として，その担い手は賃金の最低限に頼って生活するたんなる生産費および生産用具としてとらえられることになった (cf. ibid.)。[3] 経済学者は，資本主義的生産という特定の独自な歴史的形態を一般的な永久的な形態，自然的真理として，この生産諸関係を社会的労働の絶対に必然的な，自然に適合する理性的関係として言い表し，社会的労働が資本主義的生産においてとる対立的形態を，この対立から解放された形態そのものと同様に必然的なものと言明した。かくて経済学者は，一方では労働を絶対的であるとし，他方では資本を絶対的であるととらえることによって，この絶対的矛盾のなかをたえず動き回ることになった (cf. ibid. 1389-1390)。[4] 現実の諸矛盾が発展し，富と貧困の対立が顕在化すると，プロレタリアートの側に立った人びとは，「資本は労働者からの詐取 [Prellerei] 以外の何ものでもない。労働こそはすべてである」と主張した (cf. ibid. 1390)。「これこそ，実際に，プロレタリア的利害をリカードウの立場からリカードウ自身の諸前提によって擁護したすべての著作の最後の言葉である」(ibid.)。

かくて，一方では，労働こそ交換価値の唯一の源泉であり，すべてであるとし，他方では，資本こそすべてであり，労働者は空無であるととらえることにもとづいて社会主義に至るリカードウ派は，資本主義的生産を前提に，いかなる方途によって労働を擁護するのか。ここでは J. F. ブレイと J. グレイの見解を考察する。

マルクスはすでに『哲学の貧困』で，ブレイ『労働者の不正な処遇と労働者の救済策』(1839) の見解を取り上げ，プルードン以前にリカードウ学説の平等主義的適用が提唱されていたことを指摘した。

ブレイの見解を要約すれば，以下のとおり。[1] あらゆる社会的・政治的不正は，現在の「所有制度」から生まれており，「今日の不正と苦難を永遠に終結させるためには，社会の現状を総体として打破しなければならない」(Bray [1839] 17)。[2]「価値を与えるものは労働だけである」(ibid. 33)。「いかなる人

間も，自己の実直な［honest］労働のもたらす一切の成果を領有する疑いのない権利をもつ」(ibid.)。[3] この第1原理が無視されたことによって，「占有の不平等」(ibid. 36) が生じた。「もし公正な交換システムが行われるならば，すべての物品の価値はその全生産費によって規定され，等しい価値は等しい価値と交換されるであろう」(ibid. 48)。ところが資本家と労働者との間には「不公正きわまる交換システム」(ibid.) があり，この結果として富と権力の不平等が生じた。[4] それゆえ求められるのは，「システムの全面的変革，すなわち労働と交換の平等の導入」(ibid. 88)，「平等な交換にもとづく社会システム」(ibid. 109) ——「最も完全な形態での共同社会［community］という社会システム」(ibid. 134) ——の達成である。[5] この社会の達成に至る「一種の中間休止所」(ibid.) として，生産物の価値を生産費によって決定し，等価交換を実現するシステムが構想される。そして，それは，生産と社会的分配に関するすべてのことを「中央および地方の商品取引所［boards of trade］」(ibid. 160) によって決定するシステムである[1]。

　結局のところ，ブレイは資本主義的生産を前提しながら，生産と分配を労働時間により平等主義的に行うという構想を提起したにすぎない。ブレイの見解に対するマルクスのコメントは，3つある。第1は，等価交換は，「過剰生産，価値喪失，労働過剰とそれに続く失業」(Marx [1847] 59) をもたらす，要するに現在のブルジョア的経済諸関係をもたらすということ。第2は，社会の全構成員が直接に労働者であると仮定した場合，等量の労働時間の交換は労働時間の数量が協定されてはじめて可能になるのであるが，この協定は「個人的交換［l'échange individuel］を否定する」(ibid. 60) ものであること。第3は，「一般に，生産物の交換形態は生産の形態に照応する」(ibid. 61) のであり，個人的交換は階級対立にもとづく生産様式に照応すること。実直なブルジョア的良心は，この敵対関係の事実を否定し，個人的交換が階級対立なしに存続しうるとみなす。しかし，それは幻想である。かくて導かれる結論は，こうである。

　　「ブレイ氏は，実直なブルジョアの幻想を，自らが実現を願う理想に祭り上げる。個人的交換を浄化することによって，そこに見出される敵対関係

---

1) 以上はマルクス『哲学の貧困』をも参照 (cf. Marx [1847] 50-57)。

の諸要素を一切取り除くことによって，「平等主義的」関係を発見できる……と彼は信じ込むのである」(ibid.)

これは，物象化論の脈絡で言い換えれば，資本主義的生産様式を前提しながら，商品と貨幣という形態で物象化を必然的に生み出す個人的交換を労働時間によって規定し，資本を否定する幻想の試みであるとみなすことができる[2]。

続いて，グレイ。マルクスは『経済学批判』においてグレイ『社会システム論』(1831)／『貨幣論講義』(1848) を，労働貨幣論の脈絡で取り上げた。

「労働時間を貨幣の直接的度量単位ととらえる学説は，ジョン・グレイによってはじめて体系的に展開された。グレイは，1つの国立中央銀行に，各支店を通じてさまざまな商品の生産に費やされる労働時間を確定させる。生産者は，商品と引き替えに公式の価値証明書，すなわちその商品が含む同量の労働時間に対する受領証を受け取る。そして，これらの銀行券……は同時に，銀行の倉庫に収納されている他のすべての商品のうちにある等価物に対する指図証券として役立つ。これが根本原理をなすのである」(II/2: 155)

ここでは，各生産者の労働時間はそのまま直接に社会的労働時間として認定される。マルクスはこのことを次のように指摘する。

「労働時間が価値の内在的尺度であるとすれば，なぜそれと並んでもうひとつの外在的尺度があるのか。なぜ交換価値は価格にまで発展するのか。なぜすべての商品は各価値を排他的な一商品で評価し，かくてこの商品が交換価値の適合的定在に，すなわち貨幣に転化されるのか。これこそグレイが解決すべき問題であった。ところがグレイは，これを解決するのではなく，商品は社会的労働の生産物として直接相互に関連しあうことができ

---

2) 柄谷行人は『世界史の構造』(2010) において，唯物論的歴史観の生産様式論と対比的に交換様式史観と言うべき歴史観を提起している。これは，交換を「贈与による互酬」「搾取一再分配」「市場を介した商品交換」「[将来的] アソシエーション」のすべてに拡大する構想 (cf. 柄谷 [2010] 8-17) であり，生産と交換を対立させながら，生産の諸関係に相当する交通という概念の下に交換を解釈する (cf. 同上 27) がゆえに，事実上，生産を包括する理論構成に陥っている。他方，柄谷の場合，交換様式は生産様式と対立した理念型として論じられるから，たとえばアソシエーションの構想にあっても貨幣・資本にもとづく生産様式の変革が語られるわけではない。この構想は，ブレイのそれに近いと言いうる。

ると想像してしまうのである」(II/2: 156)

マルクスによれば，商品は自立化した私的労働の生産物であって，それゆえに交換過程における全面的な譲渡によって，一般的社会的労働であることを証明しなければならない（ここに物象化が生成する根拠がある）。ところがグレイは，商品に含まれる労働時間を直接に社会的な労働時間，すなわち「直接に協同化した諸個人の労働時間」(II/2: 156) であると前提するのであり，それゆえに「ブルジョア的生産の基礎自体が廃棄される」(ibid.) ことを想定する。もちろん，グレイは商品生産，商品交換を前提する。つまりグレイもまた一方でブルジョア的生産諸条件を前提しながら，他方で貨幣の「改良」によって資本を廃棄しようとした。「労働貨幣」と「国立銀行」と「商品倉庫」からなるグレイの構想は，マルクスによれば，「商品は直接に貨幣である」というたんなるドグマによる夢想にすぎない (cf. ibid. 157)。マルクスの批判の眼目は，貨幣を「労働貨幣」として改良することによっては，資本にもとづく物象化された私的生産システムは廃棄されないということである。

オウエン評価

ブレイは，マルクスの論説《政治的無関心》(1874) で，「オウエンの弟子の一人であり，プルードンよりはるか以前に相互扶助主義 [mutualismo] を見出した人びとの一人」(I/24: 107) と評価された。またグレイも，労働貨幣と協同組合社会を構想するかぎり，オウエンの系譜を引くものであった[3]。しかし，マルクスはブレイ，グレイらを批判しつつ，オウエンには高い評価を与えた。それは，オウエンが流通や分配の諸関係だけでなく，生産の諸関係をも変革する理論と実践を提起していたからである。物象化論に関連して，評価は主として3点にまとめられる。

第1は，固有の労働貨幣論に対する評価。

　　「すでに，商品生産を基礎とする「労働貨幣」なる浅薄なユートピア主義については，別のところ［『経済学批判』］で詳論しておいた。ここでなお指摘すべきは，たとえばオウエンの「労働貨幣」は，劇場のチケットなど

3）蛯原 [1994] の第7篇／第8篇を参照。

と同様に「貨幣」ではないということである。オウエンは直接に社会化された労働を前提し，商品生産とは正反対の生産形態を前提する。労働証明書は，ただ，共同労働に対する生産者の個人的関与分と，共同生産物のうち消費に予定される分に対する各人の個人的請求権を確証するだけである。ともあれ，商品交換を前提する一方で，その必然的諸条件を貨幣の小細工で回避しようというのは，オウエンには思いもよらない」(II/6: 122)

　なぜグレイの労働貨幣論とオウエンのそれとは区別されるのか。それは，オウエンが次に述べる協同組合主義にもとづいて「直接に社会化された労働」を前提して労働証明書を考案しているからである。この意味でオウエンの労働貨幣論は，小細工によらぬ貨幣の廃棄，物象化の廃棄に通じるとみなされる。

　第2は，協同組合主義の評価。マルクスは，協同組合工場を設立して生産過程を変革したことのゆえにオウエンを「協同組合工場および協同組合売店の父」ととらえた。

　　「ロバート・オウエンは，協同組合工場および協同組合売店の父でありながら，以前にも述べたとおり，この孤立的改造要素のもつ射程について彼の追随者たちが抱いたような幻想をけっして抱かなかった。そして，実際にさまざまな試みにおいて工場制度から出発しただけでなく，理論的にもそれを社会革命の出発点であると表明していた」(II/6: 475)

　もとよりオウエンは，資本家の出自であり，理論的にも資本家をも含む生産階級を前提として協同組合を構想する以上，その理論はブルジョア的性格を免れなかった。しかしマルクスはそれを，協同組合運動の創設が古い社会の変革契機を成熟させるという脈絡で評価したのである。

　　「それ［工場立法の一般化］は，生産過程の物質的諸条件および社会的結合の形成とともに，生産過程の資本主義的形態が生み出す矛盾と敵対を成熟させ，したがって同時に，新しい社会の形成要素と古い社会の変革契機を成熟させる」(II/6: 475)

　第3は，労働日制限論の評価。マルクスは『資本論』第1巻第2版の第3篇労働日章で，標準労働日の創造を資本家階級と労働者階級との間の長期にわたる内乱の産物と性格づけたさいに，イギリスの工場労働者たちの理論家も「資本の理論に対してはじめて闘いを挑んだ」(II/6: 300) と記し，オウエンを次の

ように評価した。

「今世紀の最初の 10 年ののちまもなくして，ロバート・オウエンが，労働日の制限の必要性を理論的に主張しただけでなく，10 時間労働日を現実にニュー・ラナークの工場で実施したとき，それは，共産主義的ユートピアであると嘲笑された。このあしらいは，オウエンの「生産的労働と児童の教育との結合」に対する，またオウエンが創設した労働者協同組合に対するあしらいとまったく同様であった。今日では，第 1 のユートピアは工場法の，第 2 のユートピアはあらゆる「工場法」の公式な表現となっており，第 3 のユートピアはそれどころかすでに反動的なペテンの隠れ蓑にも使われているほどである」(ibid.)

標準労働日の創造が物象化抑止にいかなる意味をもつかは，本章 3 節で論じる。いずれにせよ，資本の廃棄という脈絡でオウエンが評価されたのは，注目に値する。

J. St. ミル評価

J. St. ミル（以下，ミル）は『経済学原理』(1848; 第 2 版 1849, 第 3 版 1852, 第 7 版 1871) などにおいて生産 = 分配二分論を主張し，とくに同書第 3 版以降は社会主義に接近してオウエンにつながるアソシエーション論を展開した。以下，マルクスの著作・草稿に示されるミル批判を物象化論との関わりで論じる[4]。

まず第 1 に，ミル経済学の生産 = 分配二分論の評価について。ミルは『経済学原理』序論において生産と分配を対比し，「富の生産……は，明らかに任意に委ねられる事柄ではない。それには，固有の必然的諸条件が存在する。……／生産の法則と異なり，分配の法則は，一部は人間の制度に属する。というのは，いかなる所与の社会にあっても富が分配される様式は，そこに通用している法規や慣行に依存するのだからである」(Mill [1920] 44-45＝1: 61-62) と述べた。この生産 = 分配二分論をマルクスは，たとえば『経済学批判要綱』序説では次のように把握した。

「生産はむしろ――たとえば [J. St.] ミルを見よ――分配等と区別されて，

---

4) ミルとマルクスの交渉については，杉原 [1967]，馬渡 [1997] 等を参照。

歴史から独立した永遠の自然法則に従うものであるとされる……。これに対して分配では，人間はじっさいありとあらゆる勝手［Willkühr］を許されてきたとされるのである」(II/1: 24; cf. II/3: 141-142, 1276, II/4.2: 895)

では，生産＝分配二分論はいかなる論理にもとづいて批判されるのか。それは，『資本論』第3巻主要草稿によって示すならば，以下のとおりである。── ［1］資本主義的生産様式は特異な種類の，特有な歴史的規定性をもつ生産様式であり，この生産様式に照応する生産諸関係も特有な歴史的かつ一時的な性格をもち，それゆえ，「いわゆる分配諸関係は，この生産諸関係と本質的に同一のもの，その反面であり，かくて両者は同じ歴史的一時的性格を共有する」(II/4.2: 895)。［2］年々の生産物は，資本と収入（労賃，利潤，地代）に分配される。生産物の一部が資本になってこそ，収入は労賃，利潤，地代という形態をとって存在するようになる (cf. ibid. 896)。資本主義的生産様式は，これらの生産諸条件の特定の社会的姿態を前提し，かつそれをたえず再生産する。それは生産諸関係を再生産し，したがってまた「それに照応する分配諸関係を再生産する」(ibid.)。［3］資本主義的生産様式をそもそもの初めから際立たせる特性が2つある。第1は，それが生産物を商品として生産するということである。商品形態が「生産物の支配的かつ規定的な性格」(ibid. 897) をなすのであり，このことは労働力が商品化され，労働が賃労働として現れることを含む。「資本と賃労働の関係は，生産様式の全性格を規定する」(ibid.)。そして資本家と労働者は，それらの人格化であり，「以上の特定の社会的生産諸関係の産物」(ibid.) である。第2は，資本主義的生産様式が，剰余価値の生産を生産の直接的目的および規定的動機とすることである。これは，賃労働の形態にある労働と資本の形態にある生産手段を前提としてはじめて現実化する。そして，労賃と利潤という分配形態は，生産当事者の特定の社会的諸関係を前提するのであり，それゆえ，「特定の分配諸関係は，歴史的に規定された生産諸関係の表現にすぎない」(ibid. 898-899)。［4］地代は，資本主義的生産様式に特有な歴史的産物として，土地所有者がたんなる土地賃貸人，土地の高利貸［usurer］になったという事情により成立する。かくていわゆる分配諸関係は，生産過程と人間が生産過程において取り結ぶ諸関係の特有な社会的形態に照応し，またそれから生じる (cf. ibid. 900)。［5］ただ分配諸関係だけを歴史的なものとみる見解

第5章　貨幣・資本（物象化）の廃棄　235

は，ブルジョア経済学に対する始まったばかりの，なおそれに囚われた批判であり，他方では，社会的生産過程と単純な労働過程とを混同し同一化することにもとづくのである（cf. ibid. 900）。

　以上の論理からすれば，ミルもまた資本主義的生産諸関係の永遠性に囚われ，それゆえにブルジョア的生産過程を単純な労働過程と同一化する誤りを犯していたことは，マルクスにとって明らかであった。

　さて第2に，ミル経済学の基本性格に関する評価について。マルクスは以上の批判を前提として，ミル経済学を「折衷主義」と性格づけた。『資本論』第1巻第2版後記には，こう記される。

　　「大陸における 1848-49 年の革命はイギリスにも反響を呼び起こした。なお学問上の意義を希求した人びと……は，資本の経済学を，もはや無視しがたくなったプロレタリアートの要求に調和させようと試みた。ここから没精神的な折衷主義が，ジョン・スチュアート・ミルに最もよく代表される折衷主義が現れた。これは，「ブルジョア」経済学の破産宣言である」（II/6: 703）

　ミルは『経済学原理』第3版（1852）以来，社会主義に接近していくつかの提言を行った。それは，第4篇第7章「労働諸階級の有望なる将来性」の「雇用関係撤廃論」（cf. Mill [1920] 539＝4: 130）や「アソシエーション論」（cf. ibid. 540＝4: 133-134）等に示される[5]。しかし，にもかかわらずマルクスによれば，それは折衷主義であり，ブルジョア経済学の破産宣言であるとされる。なぜか。それは，ミルにおいてつねに自然的形態として資本主義的生産様式が前提され否定されることはなかったからであろう。ミルは，『経済学原理』第3版以後も生産＝分配二分論を打ち消しはしなかった。それゆえ自然的形態としてのブルジョア的生産様式という前提を否定しなかったのであり，貨幣も資本も，そして貨幣・資本の下での〈物象の人格化と人格の物象化〉も否認することはなかった。かくて，1848-49 年革命以来，イギリスやフランスでは「資本主義的生産様式の敵対的性格」がすでに顕在化したという段階で，それの廃棄を不能

5）ミルが『経済学原理』第3版以来提起した独特な定常状態論等（マルクスに言及はない）は，ここでは立ち入らない。

とした上で資本家階級と労働者階級の調和を図ろうというかぎり，ミルの方策は必ず破綻を余儀なくされる。後述するように，たしかにマルクスもまた分配諸関係の改良（賃金闘争等）やアソシエーション論を提起するかぎり，ミルとの共通項が見出される。ただし，それはつねに生産諸関係の変革と結合されていた。ミルには，分配諸関係の変更によって諸個人の対等な諸関係を形成するという改革論はあっても，生産諸関係の変革論は——それゆえ貨幣・資本（物象化）の廃棄，〈物象の人格化と人格の物象化〉の廃棄は——存在しない。かくてマルクスはミルをブレイらと同じ改革論とみなし，「リカードウ派の解体」の脈絡に置いたのである。

2 資本（物象化）の廃棄

資本（私的所有）の廃棄とはすなわち物象化の廃棄にほかならない。では，物象化廃棄の条件は何か。交換価値にもとづく生産システムを変革することなしに物象化は廃棄されない。マルクスはいかなる生産システムの変革を構想するのか。

物象化廃棄のイメージ

マルクスは『資本論』第1巻商品章の呪物性格論で，「商品世界のあらゆる神秘，商品生産の基礎の上に労働生産物を霧で包み込むあらゆる呪術現象は，他の生産形態に逃げ込むや，ただちに消失してしまう」(II/6: 107) と述べて，1）ロビンソン物語の生産形態，2）ヨーロッパ中世の生産形態，3）自家生産を行う農民家族の家父長制的労働，4）共同の生産手段を基礎に労働する自由人の連合体 [Verein]，を論じた。これは，マルクスが物象化廃棄のイメージを語った箇所として示唆的である。

第1は，ブルジョア経済学に好まれるロビンソン物語。ロビンソンの場合に前提されるのは，多様な欲求とそれに応じた多様な種類の有用労働である。ロビンソンは，生産手段に対して自己の所有物に対する態様で関係するのであり，それゆえ生産物を自己のものとして所有する。ここでは，自己労働＝自己所有が成立する。と同時に，交換は存在せず，存在するのは，富裕なイギリス

第 5 章　貨幣・資本（物象化）の廃棄　237

人ロビンソンによる生産の管理，労働時間の合理的制御である。「ロビンソンと自らのつくり出した富をなす諸事物との間のすべての関連は単純にして明快である」(II/6: 107)。この関係は，じつはブルジョア経済学が原初的状態に移し替えた今日的商品生産関係であり，それゆえに私的生産と交換を想定するものである。しかし，それを交換という想定なしに描いたのがロビンソン物語にほかならない[6]。肝要なのは，私的生産と交換を想定しない自己労働＝自己所有は商品を生み出さないということである。

　第 2 は，ヨーロッパ中世の人格的依存関係。たしかに，中世に，1）土地の私的所有が存在し，2）商品生産と貨幣関係が副次的に成立したことは否定されない。しかし，解体期を別として，前者は商品生産を基礎とせず，また後者は人格的依存関係の土台を揺るがすことはなかった。それゆえ，マルクスは中世における物象化の形成を視野に収めながら，それを主題化せず，あくまで人格的依存関係が基本であることを語った。

　　「[中世では]人格的依存関係が物質的生産の社会的諸関係をも，その上に築かれた生活諸圏域をも特性づけている。だが，人格的依存関係が所与の社会的基礎をなすからこそ，労働も生産物も，それらの実在性と異なる空想的姿態をとる必要がなく，サービス提供や現物給付として社会機構に入り込むのである。労働の現物形態が，つまり商品生産の基礎にもとづくのと異なり，その一般性ではなく，その特殊性が，ここでは直接に社会的な形態をなすのである。賦役は商品を生産する労働と同じように時間によって測られるとはいえ，農奴はいずれも，領主にために支出するのが自己の人格的労働力の一定量であることを承知している。……したがって，人びとがここで相対するさいに付ける人格的仮面がいかに評価されようとも，諸人格が労働において結ぶ社会的諸関係は，いずれにせよ彼ら自身の人格的関係として現れるのであり，物象と物象との，労働生産物と労働生産物との社会的関係に変装されてはいないのである」(II/6: 108)

農奴と領主，封建家臣と封建君主等の人格的依存関係の下では，労働も生産

6）それゆえにマルクスは，「それには価値に関するすべての規定が含まれる」(II/6: 107) と述べる。しかし，価値は少なくとも交換を前提とするのであり，ミスリーディングである。

物も，サービス提供や現物給付として存在しても商品とはならない。それゆえマルクスはこれらの諸関係については基本的に物象化を介在させずに語る。もちろんマルクスが中世を，したがって人格的な支配＝隷属関係を理想化したというのではない。しかし，物象化されない条件として，中世には土地および労働力の売買関係が存在しなかったことは決定的であり，マルクスの注目もここにあったと言いうる。

第3は，自家生産を行う農民家族の家父長制的労働。この労働が「共同的な，すなわち直接に社会化された労働」(II/6: 108) の手近な事例として挙げられる。

> 「農民家族は，自家需要のために，穀物や家畜，糸，リンネル，衣類などを生産する。これらのさまざまな物はその家族労働のさまざまな生産物として家族に対するとしても，それら自身が相互に商品として対することはない。上記生産物を産出するさまざまな労働，すなわち農耕や牧畜，紡績，織布，裁縫等々は，各現物形態において社会的な機能である。なぜなら，それらは，商品生産と同じく，固有の自然成長的分業をもつ家族の諸機能だからである」(ibid.)

家父長制的な農民家族は，すでに分業を前提としており，土地の私的所有段階にある——部分的には商品交換さえ生じている——ことが想定される。しかし，分業も土地の私的所有もそれ自体としては商品交換を必然化せず，むしろ家父長制の下での成員間の生産と分配がなされる。つまり，一般に単純な分業も土地の私的所有も，それだけでは物象化は生成しないということである。

第4は，「共同関係的生産手段をもって労働し，多数の個人的労働力を自覚的にひとつの社会的労働力として支出する自由人の連合体 [Verein]」(II/6: 109) である。

> 「連合体の総生産物は，ひとつの社会的生産物である。この生産物の一部は，ふたたび生産手段として役立てられる。それはあくまで社会的である。だが他方，他の部分は生活手段として，連合体成員によって消費される。したがってそれは成員間で分配されなければならない。この分配方式は，社会的生産有機体そのものの特殊的な在り方と，それに照応する生産者の歴史的な発展水準とによって変動するであろう」(ibid.)

これは，資本の廃棄後に形成される協同組織（アソシエーション）における

生産を指す。生産手段は共同所有であり，この所有の下で生活手段は連合体成員間で分配され消費される。この場合，交換ならぬ分配が存在し，労働時間が分配の法則を規制するとしても，それは交換価値にもとづく商品交換をもたらすものではない。このさいの条件は，生産手段の共同所有と協同労働および分配である。

　以上，マルクスが非商品世界として描いた諸形態には，いくつかの特性がある。1）主要な生産手段（土地を含む）に対して自己の所有物に対する態様で関係するという所有関係の存在。それゆえ，2）土地と労働力の売買関係が存在せず，全面的商品交換が存在しないこと。3）分業と分配が存在するとしても交換を必然化しない何らかの社会的労働システムないし生産システムが存在すること。ここから推測するに，物象化廃棄に関してマルクスは，土地と労働力の売買関係にもとづく私的生産システムを廃棄し，これらの特性を実現する共同所有にもとづく社会的生産システムを構想していたと言いうる。

資本（物象化）の廃棄

　物象化は，商品・貨幣関係にもとづく流通部面と資本関係の生産部面において存立する。資本は物象化の高次の展相であり，第1に，1）生産手段と労働力との分離にもとづく物象化の総体性（とりわけ土地と労働力の商品化），2）生産者の全面的依存関係，3）物象的諸関係の自立化を前提として成立し，第2に，剰余労働にもとづく剰余価値の生産と実現によって特性づけられる段階である。資本次元の物象化は，商品・貨幣次元の物象化を包括し，かつ高次の展相（価値増殖）を根幹とする全体である。かくて物象化の廃棄は，本質的に資本の廃棄に収斂する。もとより物象化の廃棄が資本の廃棄に尽くされるわけではないとしても，資本の廃棄こそ物象化の本体を廃棄する意味をもち，物象化廃棄の基軸をなす。

　第1に，資本の廃棄は，生産手段の共同所有によって所有と労働の分離を，すなわち生産手段と労働力の分離を廃棄すること，言い換えれば，生産手段と労働力の結合を果たすこと，そしてそれによって土地と労働力の商品化を廃絶することを意味する。土地は，生産手段となりうるかぎりにおいて，共同所有となる。生産手段となる土地と原材料等が共同所有となることによって，労働

は社会的労働に転化する（私的所有と分業の廃棄）。マルクスは周知のように『資本論』第1巻第2版第7篇で，共同所有にもとづく個体的所有再建をこう定式化した。

> 「資本主義的生産様式および領有様式は，したがって資本主義的私的所有は，自己労働にもとづく個体的な私的所有［という私的所有］の第1の否定である。資本主義的生産の否定は，それ自身によって，ひとつの自然的過程の必然性をもって，生産される。それは否定の否定である。この否定は，個人的所有を再建する。ただし，それは資本主義時代の獲得物を基礎として，すなわち自由な労働者の協業と大地および労働そのものによって生産された生産手段に対する彼らの共同所有［Gemeineigenthum］との上に，再建されるのである」(II/6: 683)

共同所有，あるいは生産手段と労働力との結合を果たす主体は，社会的個人の形成する協同組合［co-operative］ないし協同組織である。各人は，生産手段に対して，自己の所有に属するものに対する態様で関係する。このことがすべての個人に対等に認められてこそ，資本の廃棄が成就され，諸個人は商品化を免れ，生産主体として生成する。万人が商品化を免れるとき，商品の基幹部分が廃棄されるであろう。この意味で物象化は本質的に変容される。

第2に，資本の廃棄は何より，労働力の商品化の廃絶，すなわち協同組織にもとづく労働者の個体的所有の再建をとおして，人格化された資本／労働を廃棄する。もはや交換価値が生産の基礎にならないからである。資本の廃棄で問題となるのは，生産の規定的目的としての剰余価値生産の否定，したがって剰余労働の否定である。そして，剰余労働の否定は，それ自体が労働において問題とされてきた疎外の廃棄を意味する。もとより，この段階でも時間の経済，労働時間の計画的配分は当然要請される。協同組織の下でも，各個人は生産における関与分すべてを領有することができない。それは，1）共同生産条件の支出控除，2）共同消費の対象への支出控除，3）小児／児童，障がい者，高齢者等に対する社会的支出控除等，一定の控除がつねに存在するからである。しかし，それは社会的合意にもとづく控除に転化するのであり，それゆえに，資本の廃棄は労働の疎外[7]を廃棄する。そしてこのときには，必要労働時間は縮減され，それ以外の生活のための物質的・精神的生産に多くの時間が振り向

第 5 章　貨幣・資本（物象化）の廃棄　241

けられる。それは個体性を確証する自由時間の創造でもある。マルクスは『経済学批判要綱』において，次のように述べた。

> 「共同関係的生産が前提された場合でも時間規定はもちろん本質的なものであり続ける。小麦や家畜などを生産するための必要時間が少なければ少ないほど，社会はますます多くの時間をその他の生産，物質的または精神的な生産のために獲得する。個々人の場合と同じく，社会の発展，享受，活動における全面性は，時間の節約にかかっている。すべての経済は結局，時間の経済に帰着する。社会は，その必要全体に即応する生産を達成するためには，その時間を合目的的に分割しなければならない。……したがって，時間の経済は，生産のさまざまな部門への労働時間の計画的配分と同様に，共同関係的生産の基礎の上でも相変わらず第 1 の経済法則であり続ける。……だが，この法則は，労働時間によって交換価値（労働または労働生産物）を測ることとは本質的に異なっている」(II/1: 103-104)

共同関係的生産では，必要労働時間が社会的個人の欲求によって測られ，かつ創造される「自由に使える [disposable] 時間」が富の尺度となる。

> 「もし労働者大衆がこのこと［自己の剰余労働を自ら領有すること］を成し遂げたならば――かくして自由に使える時間が対立的存在［剰余労働時間］をもたなくなるならば――，一方では必要労働時間が社会的個人の諸欲求をその尺度とするようになり，他方では社会的生産力はきわめて急速に発展を遂げ，たとえ生産が万人の富を予め考量したものであるにせよ，万人の自由に使える時間は増大するであろう。というのも，現実的な富とは，すべての個人のもつ発展した生産力だからである。そうなれば，もはや労働時間ではなく，自由に使える時間こそが富の尺度となるのである」
> (II/1: 584)

このとき，各人はそれぞれの個体性の確証を成就するであろう。

7）佐藤金三郎は，『経済学批判要綱』と『資本論』では革命目標が変化したことを語り，「疎外された労働の止揚」を目標として掲げた前者のほうが，資本主義的生産様式の内部に革命の物質的諸条件の成熟を見る後者よりも今日アクチュアリティがあると主張している（cf. 佐藤 [1992] 368）。しかし，私見によれば，両著作において革命理論は指摘されるほどに基本的な変化を遂げたとは思われない。

242

第3に，資本の廃棄は，物象的諸関係の収縮をもたらすことによって人格と人格の直接的な諸関係をあらゆる次元において回復する。生産手段の共同所有，協同組織の形成と個体的所有の再建，自由時間の創造は，対象的富の生産に関わるだけではない。すでに示唆されているように，それらは，個人の次元を超えた社会の発展，享受，活動における全面的交通に関わるのであり，諸個人相互の人格的発展をもたらす。人格的発展とは，各個人の個体性の相互確証である。各個人は個体的所有の再建によって自立性を獲得しうるならば，同時に他の諸個人とも同じ人格的な関係──「各個人の個人としての交通」──を結ぶことができる。これは物象的諸関係の自立化を廃棄することと同一である。

各個人の個人としての交通のためには，ジェンダー問題の解決，すなわち家父長制の克服と性差別の撤廃が本質的課題として提起される。資本の廃棄は個人（親密圏）の問題を直接的に解決する方途ではない。しかし，それは家父長制を克服し，女性の経済的自立によってDV問題，男女差別等を解決する条件をつくり出す。

第4に，資本の廃棄は，資本の世界支配を廃絶し，もはや文明諸国と発展途上国との区別を廃棄した国際的な協同関係を形成する現実的可能性を拓く。資本の廃棄はまた，環境に負荷を与える生産を変革する基礎を創造することによって，地球規模でのエコロジー問題の解決をもたらす基盤となるであろう。

以上，資本の廃棄がこれまで論じてきた物象化の本体を廃棄するものであるということの所以である。

物象化の廃棄に関する考察

マルクスの物象化廃棄論が資本の廃棄を基軸としていたことは疑いない。そして，それが商品と貨幣の廃棄を包括する射程をもつことも認められてよい。しかし，マルクスの議論にはいくつか限定が加えられていた。とりわけ基本的な限定は，1）資本形態が大工業中心に把握されていたこと，2）物象化の廃棄が生活次元においては問題とされていないことに現れる。いずれも資本の廃棄後に存続する私的所有の問題に関わることである。

第1の問題。マルクスは少なくとも『資本論』第1巻第2版まで，大工業段階における物象化と疎外にもとづいて変革理論を構想していた。変革の主体と

第5章　貨幣・資本（物象化）の廃棄　243

して構想される社会的個人も，大工業生産を前提に形成されるとみなされていた。しかし，すべての産業分野において大工業生産が実現されるわけではない。何よりも農林漁業は小経営にもとづく生産様式を継続せざるをえない。したがって，大工業理論を基礎とする構想で物象化の廃棄を論じることは基軸をなすにしても，やはり限界がある。もう少し立ち入って言えば，大工業の生産手段が共同所有に転化され，資本主義的生産様式が基本的に廃棄されるとしても，生産手段の私的所有にもとづく農業や漁業，中小の製造業，飲食業などが残り，したがって一定の商品交換が想定されるのである。もとより，農業や漁業，中小の製造業，飲食業などにおいても協同組合的生産が可能であり，現実化されるならば，商品交換はむしろ労働生産物の交換としての性格を強めるであろう。しかし，農業その他における生産および分配の私的形態は長期的に存続する可能性がある。この問題に，マルクスは立ち入っていない。もう少しいえば，生産手段の私的所有形態が，したがって物象化が一部に存続する可能性は十分考慮されていないのである。

　第2の問題。個体的所有の再建がなされ，諸個人が一定の生活手段を蓄積した場合，生活次元での私的所有はどうなるのかが不明確である。マルクスは私的所有の成立と貨幣および資本の成立とを歴史的にも論理的にも分けて把握した。古典古代の私的所有は交換を必然化せず，したがって貨幣関係（物象化）とは直接的な関わりがなかった。それゆえ物象化（とくに資本）の廃棄によって私的所有の一切が廃棄されるというわけではなく，とくに家屋・宅地の私的所有は存続するものと想定される。これは，生産手段の共同所有と共同生産を前提しても否定されない。かえって生活手段の充実にしたがって，共同関係の下で万人に生活手段の継続的な私的占有，すなわち私的所有（ないし個体的所有）が生まれうる。

　個体的所有は，たしかに生産手段の共同所有との結合を前提しているが，同時に生活手段の所有（個体的私的所有）と切り離すことができない。しかも生活手段の所有は，単純に狭い「消費」次元に限定されない。あるいは反対に，「消費」は各家族単位の生活に限定されない。それゆえ，生活手段の所有は，一方で各個人を超える。たとえば公共性の高い図書館，スポーツ施設，鉄道等はすべてが私的に所有される必要はない。しかし他方，個体性の確証を可能に

する条件は，ある程度は個別的に所有されるべき必然性がある。それゆえ，生活手段の所有を実現するために，図書館，スポーツ施設，鉄道等の公共的所有とともに，将来社会において家屋・宅地の私的所有を現実的に考えることが必要である。かくて共産主義は，各個人の個体的所有を再建するかぎり，各人の生活手段の恒常的な（安定的な）所有＝私的所有を認めなければならない（それを「個体的所有」と規定するのは，共同所有を前提しているからである）。この所有は，マルクスが立ち入って論じなかったテーマであり，考察されて然るべきである。

　資本（物象化）の廃棄にさいして肝要なのは，「脱成長」ではない。むしろ高度な再生産可能性である。この意味で，生産手段の共同所有，私的所有と分業の廃棄，協同組織の形成と個体的所有の再建，自由時間の創造，人格的諸関係の復活，疎外の廃棄という上述の構想――共産主義――は，再生産可能性を高め，諸個人の発展（個体性の確証）をもたらすものでなければならない。それはもはや交換価値にもとづく成長主義に囚われることはないとしても，何らかの成長・発展を――何よりも万人の十全な個体性の確証を――想定する。それを実現する主体は，資本ではなく，社会的協同組織と諸個人である。このとき，それでも存続する生産手段と生活手段の私的所有は，諸個人を包摂するのではなく，かえって反対に諸個人に包摂されることになる。

3　生活／運動と物象化の廃棄

　物象化廃棄の基軸をなす資本の廃棄が困難なのは言うまでもない。また物象化廃棄を不可能とみなす理論が存在する現状では，それを論じることも容易ではない。しかし他方，物象化ゆえに生じた過去および現在の深甚な貧困・隷属を想起するならば，物象化の廃棄とその今日的抑止を考えずにはいられない。では，前節の物象化廃棄論を基礎としてマルクスは，物象化廃棄の変革期に，すなわち資本主義的生産様式における物象化をさしあたりは前提とした変革運動の時期[8]に，いかにして物象化作用の抑止，物象化廃棄の前提形成を図ろう

8）プロレタリアートが政治支配を確立し，資本主義的生産様式を変革する本来の過渡期につ

としたのだろうか。

　この問題を考える上でヒントとなるのは，物象化と疎外の関連，すなわち物象化にもとづく所有の世界は「諸関係を一元化しない」のであり，つねに個体性の世界と対立して存在し，それゆえ各個人において対立が疎外として経験されるという関連である。資本主義の下では，諸個人は生活も運動も貨幣関係を媒介せずに成立させることができない。しかし，物象化がたとえ形態的な次元で転倒的な作用を及ぼすとしても，それに包摂され尽すことのない実質的次元，すなわち個体性の現実的次元がつねに存在する。貨幣・資本は，それを消失させることができず，むしろつねに前提してこそ存立する。それゆえに，現実には必ずや物象化された形態と個体性との矛盾，つまりは疎外が現れるのであり，ここに物象化作用を抑止し，やがてはそれを根底的に覆す根拠が生成するのである。以下，このことを生活と運動に即して——行論の必要上，運動から——考察しよう。

運動における対抗

　ここで運動とは，第1に，生産現場での経済闘争であり，第2に，労働者／生活者として行う協同組合運動等の闘争，第3に，政治闘争（イデオロギー闘争を含む），第4に，国際的協同その他を指す。以下，運動の4形態に関するマルクスの所論を考察する。

　第1の運動は，人格化された労働としての労働者が労働諸条件を改善するために行う闘争，とりわけ労働組合の闘争である。マルクスは『資本論』等において，労働者階級の闘争ないし対抗について，さまざまに論じている。1）労賃をめぐる闘争。2）標準労働日のための闘争。3）労働者と機械との闘争。4）資本主義的蓄積への対抗。5）利潤率の傾向的低下法則への対抗，等々。これらはいずれも資本（物象）の支配に対する対抗の意味をもつ。

　マルクスは《暫定中央評議会代議員への指示》（1867，以下《代議員への指示》）で，労働組合についてこう記した。

　　「労働組合の直接的目的は［過去において］，日常の必要事に，資本のた

　　いては，割愛する（さしあたり渡辺［2023b］第5章を参照）。

えまない侵害の防止に役立つ手段に，一言でいえば，賃金と労働時間の問題に限られていた。労働組合のこのような活動は，正当であるばかりか，必要でもある。現在の生産システムが続くかぎり，それなしに済ませることはできない。それどころか，あらゆる国に労働組合を結成し，それを結合することによって，その活動は一般化されなければならない。他方，労働組合は，自らそれとは意識することなしに，労働者階級の組織化のセンターとなった……。労働組合は，資本と労働の間のゲリラ戦にとって必要であるとすれば，賃労働と資本支配のシステムそのものに取って代わるための組織された機関として，なおいっそう重要である」(I/20: 232-233)

賃金と労働時間をめぐる闘争は，いずれもまず，人格化された労働としての労働者の生存および生活を防衛する闘争／対抗である。10時間法案成立もこの脈絡で位置づけられる。

　　「標準労働日の創造は，資本家階級と労働者階級との間で多かれ少なかれ隠然と行われていた長期にわたる内乱の産物である」(II/6: 300)

　　「労働者は……階級として，資本との自由意志的契約によって自らが自己および同族を死と奴隷状態に売り渡すことのないよう妨げるひとつの国法を，超強力な社会的障害物を強要しなければならない」(ibid. 302)

だが，それだけではない。とりわけ標準労働日の闘争は，自由時間創造上のきわめて高い位置づけを与えられる。《国際労働者協会創立宣言》(1864，以下《創立宣言》)では，「[10時間法案の成立が]工場労働者にもたらした巨大な肉体的・精神的・知的利益は，工場監督官の報告書に半年ごとに記録され，いまや各方面の承認するところとなっている」(I/20: 9-10)とされ，10時間法案は，所有の経済学と労働の経済学との対抗の脈絡で，原理の勝利とも性格づけられたのである。

　　「労働時間の法的規制をめぐるこの闘争は，強欲を震え上がらせただけでなく，たしかに中間階級の経済学を形成する需要供給の法則の盲目的支配と労働者階級の経済学を形成する社会的先見によって統制される社会的生産との間の偉大な抗争に，作用を及ぼすものであったから，それだけに激しく続いた。それゆえ，10時間法案は，偉大な実践的成功であっただけでなく，原理の勝利でもあった。公然と中間階級の経済学が労働者階級の

経済学に屈したのは，これが最初であった」(ibid. 10)

なぜ，10 時間法案は原理の勝利であるのか。中間階級の経済学とは所有の経済学，労働者階級の経済学とは労働の経済学とも規定される。所有の経済学とは交換価値（物象化）にもとづく経済学，労働の経済学とは非交換価値（個体性／自由時間）にもとづく経済学と了解してよいとすれば，ここにあるのは，まさに原理において物象化を前提するか否かの対立であり，10 時間法案は，マルクスによれば，物象化作用を抑止し，個体性を実現する自由時間の創造をもたらすものとなるからである。

さて，労働者階級の闘争は，以上に尽きるものではない。『資本論』第 1 巻第 4 篇「相対的剰余価値の生産」で論じられる労働者と機械との闘争は，生命／生活をかけた闘争であり，資本の廃棄を直接に内包する。

> 「機械による資本の自己増殖は，機械に生存条件を破壊される労働者数と正比例の関係にある。資本主義的生産の全システムは，労働者がその労働力を商品として売ることにもとづく。分業はこの労働力を一面化し，ひとつの部分道具を扱うまったく部分化した熟練にしてしまう。道具の扱いが機械の領分となるや，労働力の使用価値とともにその交換価値も消滅する」(II/6: 416)

人格化された労働としての労働力は，いまや交換価値を喪失するとなれば，生きていくことができない。それは，交換価値のための闘争ではなく，生命／生活をかけた闘争となる。もちろん，資本は剰余価値の原基をなす労働力を廃絶できない。しかし，その交換価値を著しく低減させる。闘争は避けられない。そして，このことはさらに，利潤率の低下のなかでも起こる。それゆえ，マルクスはここでも労働者の破壊，それへの対抗および資本の廃棄を語った。

> 「[利潤率の減少から示されるのは以下のとおり] 要するに富の一切の条件は，また富の再生産に対する最大の条件たる社会的個人の豊かな発展は，資本そのものの歴史的発展によってもたらされた生産諸力の発展がある地点に達すると，資本の自己増殖を措定するのではなく，それを廃棄する，ということである。ある地点を越えると，生産諸力の発展は資本にとって制限となり，それゆえ資本関係は労働の生産力の発展にとって制限となる。この地点に達すると，資本は，すなわち賃労働は，社会的富および生産諸

力の発展に対してツンフトや農奴制，奴隷制が陥ったのと同じ関係に入り，そして桎梏として必然的に脱ぎ捨てられる」(II/1: 623)

　もちろんこの過程は自動的に起こるわけではない。ここに示される矛盾は結局，「爆発，激変，恐慌」をもたらすのであり，「規則的に起こる破局はますます大規模に繰り返され，ついには資本の強力的転覆に至る」(II/1: 624) と，マルクスは論じた。この過程に豊かに発展を遂げた社会的個人の対抗を想定しないのは不自然である。

　今日，現存の長期的な利潤率の低下傾向に対しては，周知のように，「資本主義の終焉」が論じられる（水野 [2014]，小西 [2020] 等）。マルクスが利潤率の傾向的低下法則で指摘した労働者破壊は，現在でもさまざまな領域に及ぶ。しかも，それは何よりも労働者の差別・分断の上に行われる。多様な非正規雇用形態を創出し，労働者の協同を妨げつつ，搾取を強化している。これに対して差別・分断を覆し，協同を拡げる闘争は，それ自体が物象化を抑止する力となるであろう。

　さて，第 2 の運動は，協同組合運動である。マルクスは上記の《創立宣言》で，所有の経済学に対する労働の経済学の「原理の勝利」にふれたあとで，協同組合運動について，次のように述べた。

　　「所有の経済学に対する労働の経済学のいっそうの偉大な勝利が，そのあとに待ち構えていた。われわれがいうのは，協同組合運動 [co-operative movement] のこと，とくに少数の大胆な「働き手 [hands]」が援助もなしに自力で立ち上げた協同組合工場のことである。これらの偉大な社会的実験の価値は，いくら評価しても評価しすぎることはない。それらは，議論ではなく行為によって，次のことを示した。すなわち大規模な生産は，しかも近代科学の要請に一致するかぎり，働き手の階級を雇用する主人の階級が存在せずともやり遂げうるということ，労働手段は，それが成果を生むためには，労働する人自身に対する支配の手段，強奪の手段として独占されるには及ばないということ，賃労働は，奴隷労働と同様に，また農奴労働と同様に，一時的かつ下位の形態にすぎず，やがては自発的な手，進取の精神，喜びあふれる心で勤労 [toil] に精を出す協同労働 [associated labor] の前に消滅すべき運命にあること，これである」(I/20: 10)

第5章　貨幣・資本（物象化）の廃棄　249

　なぜ協同組合運動は，所有の経済学に対する労働の経済学のいっそうの偉大
な勝利なのか。それは何よりも，協同組合工場では生産手段が国民の資金でま
かなわれ，資本と労働の対立が形態的には廃棄されることによる。マルクスは
「勤労大衆を救うためには，協同労働を全国的規模で発展させる必要があり，
したがって国民の資金でそれを助成しなければならない」と述べる。同じこと
は，『資本論』第3巻主要草稿でも，次のように言われた。

　　「労働者自身の協同組合工場［Cooperativfabriken］は，古い形態の内部
　においてであれ，古い形態の最初の打破である。もちろん，いたるところ
　でそれは，その現実的組織において，既存のシステムのもつすべての欠陥
　を再生産し，また再生産せざるをえない。しかし，資本と労働との間の対
　立は，協同組合工場の内部で――たとえ最初はただ，労働者が協同組織
　［Association］として彼ら自身の資本家となり，生産手段は彼ら自身の労
　働の価値増殖に使われるという形態にすぎないとしても――，廃棄されて
　いる。これらの工場は，物質的生産諸力とそれに照応する社会的生産形態
　との一定の発展段階においては，ある生産様式から新しい生産様式がいか
　に自然に形成されるかを示すものである。資本主義的生産様式から生じる
　工場制度なしには，協同組合工場は発展しなかった。資本主義的生産様式
　から生じる信用制度なしにも同様である。信用制度は，資本主義的私的企
　業が資本主義的株式会社に漸次的に転化するさいに主要な土台をなし，同
　様にして，多少とも国民的規模の協同組合企業が漸次的に拡大するための
　手段を提供するのである」(II/4.2: 504)

　マルクスは，協同組合工場に幻想を抱いているのではない。むしろそれが
「既存のシステムのもつすべての欠陥を再生産する」ことを認め，生産手段が
価値増殖のために充用される可能性を否定しない。しかし，それでも資本と労
働の対立を廃棄する新しい生産様式の可能性として評価を惜しまなかった。そ
れは，資本主義的生産様式の内部で物象化を現実に抑止する手段としてとらえ
られた。じっさい，マルクスは上記《代議員への指示》で，「協同組合運動が，
階級敵対にもとづく現在の社会を改造する諸力のひとつであることを認める」
(I/20: 231-232) と述べている。

　第3は，政治闘争である。マルクスは《創立宣言》や《代議員への指示》で，

組合闘争および協同組合運動を論じたときに，必ず政治闘争との結合を語った。前者では，「政治権力を獲得することが，労働者階級の偉大な義務となった」(I/20: 11) と述べ，また後者では，次のように論じた。

　「社会的生産を自由な協同組合労働の巨大な調和的システムに転化するためには，全般的な社会変革，社会の全般的条件の変革が求められる。この変革は，社会の組織された力，すなわち国家権力を，資本家と地主から生産者自身に移行させることなしには実現不能である」(ibid. 232)

　「労働組合は，元来の目的のほかに，いまや広遠なる労働者階級の完全な解放のために，労働者階級の組織化のセンターとして賢慮をもって行動することを学ばなければならない。労働組合はこの方向を目指すあらゆる社会運動および政治運動を支援しなければならない」(ibid. 233)

それは，以上の組合闘争および協同組合運動の課題を果たすためである。マルクスは年少者・児童の労働を論じるさいに，初等学校教育が「労働者を資本蓄積のたんなる道具の地位に引き下げ，両親を困窮ゆえに奴隷所有者に，自身の子どもの販売者にしてしまう社会システムの諸傾向に抗う，断じて欠くことのできない解毒剤」(I/20: 230) となることを指摘した。政治運動もまた物象化の抑止の「解毒剤」になりうるものとして位置づけられるであろう。

そして，このことは，『フランスにおける内乱』(1871) でも主張された。マルクスによれば，「コミューンは共和制に，真に民主主義的な制度の土台を提供した」(I/22: 142)。しかし，安上がりの政府も「真の共和制」も，コミューンの終極の目標ではなかった。それらはいずれもコミューンの「たんなる付随的結果にすぎなかった」(ibid.)。コミューンは「本質的に労働者階級の政府，横領階級に対して生産階級が行った闘争の所産」(ibid.) であり，「労働の経済的解放を成し遂げるための，ついに発見された政治形態であった」(ibid.)。肝心なのは，生産者の社会的隷属の永続化を廃棄することである。「だからコミューンは，諸階級の存在を，したがってまた階級支配の存在を支える経済的基礎を転覆する槓杆とならなければならなかった」(ibid.)。

　「コミューンは，多数者の労働を少数者の富に仕立てる階級的所有を廃止しようとした。それが目指したのは収奪者の収奪である。それは，現在，主要に労働を奴隷化し搾取する手段となっている生産手段，すなわち土地

と資本を，自由かつ協同の［associated］労働の純然たる道具に転化することによって，個体的所有［individual property］を真実のものにしようと欲した」(ibid. 142-143)

政治闘争はこの目的のために行われる。そしてこの脈絡でマルクスは，協同組合的生産を資本主義的生産の廃棄につなげて位置づけた。

「もし協同組合的生産が資本主義的システムに取って代わることになれば，もし統一した協同組合［co-operative societies］が，ひとつの共同計画にしたがって全国の生産を規制し，その統制の下におきながら，資本主義的生産の宿命である恒常的無政府状態と周期的に起こる痙攣を終結させることになれば，諸君，それこそは共産主義，「可能なる」共産主義でなくて何であろうか」(I/22: 143)

マルクスは，労働者階級の果たすべき事業として，「崩壊しつつある古いブルジョア社会そのものに孕まれる新しい社会の要素を解放すること」(I/22: 143) を語った。まさに新しい社会の要素はブルジョア社会のうちに形成される。マルクスの形成した社会理論は，政治闘争を物象化抑止と結びつけ，その根拠を今日の現実に求めるものであった。

第4は，国際的協同闘争である。この視点は『ドイツ・イデオロギー』以来，明確である。ただし，1850年代まで，マルクスは「資本の文明化作用」論が強く，ようやく1860年代に至り，ポーランド問題やアイルランド問題をとおして被抑圧民族の自立に積極的に言及するようになる。そして，《創立宣言》でも，国際的協同について次のように提起した。

「労働者諸階級の解放がその兄弟的な協力を必要とするというならば，犯罪的もくろみを追求し，民族的偏見を掻き立て，しかも略奪戦争で人民の血と財富を蕩尽するごとき対外政策をもって，どうしてかの偉大な使命を成就することができようか」(I/20: 11)

かくてマルクスは，ロシアのカフカス征服完了 (1864) やポーランド一月蜂起の敗北 (1863-64) にヨーロッパの上層階級が是認したり無関心を装ったこと，かかる野蛮な権力の大規模な侵略が抵抗に遭わずに行われたことを想起しつつ，こう述べたのである。

「［これらの経験は］労働者階級に，国際政治の秘密に通暁し，各々の政

府の外交行為を監視し，必要な場合は，彼らのもつあらゆる手段によって妨げ，阻止できない場合も連携して一斉に公然たる弾劾を行うこと，そして私的個人の関係を統制すべき道徳と正義の単純な法則を，諸国民の交際の至高の規則として擁護することが，彼らの義務であることを教えた。／こうした対外政策のための闘争は，労働者階級の解放をめざす全般的闘争の構成部分をなすのである」(I/20: 12)

国際関係は資本の文明化作用の脈絡でとらえられる。そしてここでも国際的協同は，国際的な資本の支配（物象化）への対抗として意味づけられる。それはまさに労働者階級の解放——私的所有（資本）の廃棄——をめざす闘争の構成部分をなすのである。

生活における対抗

共産主義は，物象化と現実的疎外を廃棄する運動であり，個体性を根拠として，諸個人の個体性の確証を目的とする運動である。それゆえ，現下の変革運動は——組合闘争，協同組合運動も，政治闘争，国際的協同闘争も——それ自体が自己目的とはなりえない。それぞれの運動はやはり必ず各個人の個体性を根拠として，かつ各人の自由，個体性の確証を実現するところに帰着するのでなければならない。もとより，それは，ブルジョア社会の下で根本的制約を受けており，十全に実現することができない。しかし，社会を変革する根拠となる各人の個体性は，この社会の内部でしか形成されないのであり，そしてそれが物象化を抑制する力にもなりうるのであり，ここに生活における対抗の意味がある。

マルクスによれば，生活世界こそ，物象化によっては失われることのない要素，すなわち物象化を超える個体性が形成される領域である。このことをとらえるのに示唆を与えるのは，資本の流通過程である。ここでは資本家は単純に交換者としてではなく，「消費者としての他の交換者［労働者等］たちに対する生産者として」(II/1: 316) 現れるのであり，労働者も単純に労働者ではなく，消費者（生活者），資本家の商品と交換される貨幣の占有者として現れるのであり，労働者が生活者としてもつ現実的欲求，個体性が問題となるからである。

生産過程の内部では，価値増殖は剰余労働の生産と同一のものとして現れた。

だが，増殖された価値が流通において実現されるかどうかは偶然である。それゆえマルクスは，資本の流通過程を同時に資本の価値喪失過程としても把握した。資本は流通過程においていくつかの制限に直面する。『経済学批判要綱』によれば，第1の制限は，「消費そのもの，商品に対する欲求」(II/1: 317) である。欲求が存在しなければ，価値増殖はできない。第2の制限は，「商品に対する等価物」(ibid. 317-318) の現存する大きさである。資本は，剰余価値を含む自己の等価物を実現しなければならない以上，現存する等価物の大きさ——現存の必要労働に相当する購買力——に制約される。これらの制限を超えなければ資本は価値増殖を成し遂げることができない。つまり剰余価値を領有できない。資本は「流通を，全運動の必然的条件および契機として前提している」(ibid. 318-319)。ここでは，1）生産物に対する「交換者の総欲求」という限度と，2）剰余価値と交換されうる流通のうちの価値という限度が，措定される。それゆえ資本は，たえず，より多くの剰余労働をつくり出そうとする傾向をもつとともに，以上2つの限度を超えなければならない。これが資本の価値増殖（所有）の条件をなすのである。

　一方では，絶対的剰余価値の創造——対象化された労働の増加——は，流通の圏域が拡大されること，しかもたえず拡大されていくことを条件とする。これが資本にもとづく生産の一条件をなす (cf. II/1: 320)。資本は絶対的剰余価値の立場から，1）他の地点に剰余労働を呼び起こすことにより，より多くの交換地点を，したがって世界市場を創り出す傾向，2）資本に照応する生産様式を普及させようとする傾向をもつ。他方では，相対的剰余価値の生産は必要労働時間を減少させることによって，1）新しい消費の生産——既存の消費の量的拡大と新しい欲求の創出——と，2）質的に異なる生産部門の創出を必要とする (cf. ibid. 321-322)。ここでは，全自然の探求，自然科学の最高度までの発展，あらゆる生産物の普遍的交換が，そして同様に「社会そのものから生じる新たな欲求の発見・創造・充足」と「社会的人間のあらゆる属性の開発と，豊富な属性・関連をもつがゆえに可能なかぎり豊富な欲求をもつものとしての社会的人間の生産——人間を可能なかぎり総体的かつ普遍的な社会的生産物として生産すること——」(ibid. 322) が資本にもとづく生産の条件となり，要するに，「自然および人間の諸属性の全般的開発利用の一システム，全般的有用性

の一システム」(ibid.) の生産が資本にもとづく生産の条件となる。マルクスは，ここに「資本の偉大な文明化作用」(ibid.) を認めた。

注目すべきは，流通において価値増殖の実現が問題となる時点で，マルクスが「社会的人間のあらゆる属性の開発と，……可能なかぎり豊富な欲求をもつものとしての社会的人間の生産」を「資本にもとづく生産の条件」と規定したことである。資本はそれ自体が豊富な欲求をもつ社会的人間を必要とする。そしてそれに応じて生産をせざるをえない。ここでは生産が消費（生活）を規定するというよりは，消費（生活）が生産を規定する。かくて資本の生産は普遍的対象化として対象的富の形成であると同時に主体的富の形成でもあるのであり，それゆえマルクスは，「偏狭なブルジョア的形態が剝ぎ取られるならば，富とは，普遍的交換において産出された諸個人の欲求，能力，享受，生産力等々の普遍性でなくて何であろうか」(II/1: 392) と述べたのである。

ブルジョア社会の生活は，商品および貨幣の媒介なしに実現しない。しかし，生活がすべて物象化されるわけではない。貨幣の形態の下でも一定の限界内で，普遍的個体性が形成され，それを実現しうる。このことはそれ自体が物象化を突き崩す究極の根拠となりうる。このことは，ブルジョア社会のうちに「無階級社会のための物質的な生産諸条件とそれに照応する交易諸関係とが隠されているのを見出す」(II/1: 92) 作業を要請する。そして事実，マルクスは資本主義的私的所有の分析にもとづいて，社会変革の諸条件――1）富の普遍的形成あるいは普遍的生産諸力の形成，2）あらゆる生産物の普遍的交換と同様に社会的人間のあらゆる属性の開発，3）交通手段と運輸手段の変革／市場の拡大／信用と信用の仕組みの創造，等の文明化的作用，4）社会的個人の形成と労働の廃棄，5）利潤率低下法則と総体的な疎外の形成――を発見し，社会変革の理論を構想した[9]。

今日では，マルクスの時代と異なり，政治的解放の前進によって資本主義に対する法的規制が一定の効果を上げ，個体性を確証する自由時間もまた限定的にせよ実現可能となっている。このことはもとより資本主義それ自体を肯定するものではない。非正規就業が拡大し，不正企業が蔓延する「資本主義の終

9）詳細は，渡辺［2023b］第3章を参照。

焉」時代に，なお資本主義的私的所有に対抗する闘いが基本的課題として存在することは疑いない。しかし同時に個体性——理念としてではなく，各個人において無限の多様さとして存在する個体性——の確証を求めること，言い換えれば各個人の生活の豊かさを他の諸個人との協同のうちで求めることが，現存の社会のうちに「新しい要素」を形成する生活上の対抗課題として，家族関係にも友人関係にも，さらには社会的交際にも存在するのであり，それが物象化を突き崩し，抑制する対抗となりうるのである。

貨幣・資本の廃棄と人間の自己変革

　マルクスが死去してすでに140年が経つ。19世紀末からの歴史をマルクスは知らない。1）資本主義が独占段階に達し，大量生産—大量消費を実現，重化学工業中心の第二次産業革命を遂行したこと。2）資本主義は帝国主義的拡張によって20世紀初めに世界の領土分割を果たし，植民地体制を形成したこと。そして，3）世界は，2度に及ぶ未曾有の世界大戦を経て，歴史的な諸帝国を解体し，西欧では大衆民主主義を実現したこと。4）第二次世界大戦後には，近代に生成した植民地体制が崩壊し，多数の国民国家が成立したこと。5）20世紀に成立した「社会主義」体制は70年で崩壊し，グローバル資本主義が世界規模で成立したこと，等々。マルクスは石油化学工業を知らず，合成樹脂，合成繊維（ナイロンなど），プラスチックを知らない。もとより核兵器と原発の開発も知らず，地球的規模でのエコロジー危機など，いわんやAI技術の発展（ChatGPT）なども知らない。しかし，マルクスの物象化論は，今日意味を失ったのだろうか。

　マルクスの生きた時代と現代では，経済的政治的社会的な諸条件が大幅に異なることは言うまでもない。しかし，それでも共通項の大きさに驚かざるをえない。何よりも資本主義が存在し，圧倒的多数者の無所有が，労働力の商品化が存在する。「ゼロ成長／ゼロ金利」と言われる1995年以来の長期的な利潤率低下傾向は，世界資本主義の再編をもたらした。グローバル企業と金融資本の支配等々。それは結果として，雇用を不安定にし，労働者に差別と分断を持ち込み，富と貧困／隷属（1% vs 99%）の対立を世界規模で歴然たる事実として顕現させた。マルクスの物象化論から，このことの歴史的意味を現代は学ぶ

必要があるのではなかろうか。そして現代社会は，所有の経済学に対する労働の経済学，あるいは物象の経済学に対する生命／生活の経済学を実現することによって，貨幣・資本の廃棄と貧困／隷属の解決を図らざるをえないのではないか。

労働（生命／生活）の経済学は，なお資本支配が持続する今日，いかなる課題を抱えているか。課題の基本は，すでに前節と本節でさまざまに考察したとおりであり，再論には及ばない。以下では，1つだけ問題を指摘し，結論に代える。

それは，今日求められる主体の側の自己変革という問題である。前節に示したとおり，物象化の廃棄は，生産手段の共同所有，協同組織の形成と個体的所有の再建，自由時間の創造，人格的諸関係の復活，疎外の廃棄という一連の課題の将来的実現として構想される。しかし，それらの実現は現在と切断されて存在するのではない。むしろ，現在においてこそ，その実現の条件と経験が形成されるのでなければならない。それは，労働時間の短縮による自由時間の拡大，現在における人格的諸関係（人間的交通）の実現等，要するに個体性の確証を果たそうとする現在における諸営為が物象化の廃棄につながるということでもある。物象化の廃棄は実質的に個体性の確証と一致する。今日でも個体性の確証は協同関係の形成と結合すれば，十分に変革的内容をもちうる。このためにも，各個人の自己変革が求められる。

マルクスは理論形成を果たした初期から一貫して，共産主義のために「諸個人の大規模な変化」が必要であることを語った。たとえば『ドイツ・イデオロギー』では，マルクスは共産主義革命と関連づけて「人間の大規模な変化」を次のように語ったことがある。

> 「上記の共産主義的意識を大規模に生み出すためにも，大義そのものを成し遂げるためにも，人間［諸個人］の大規模な変化が必要である。この変化は，実践的運動，革命のなかでだけ起こりうる。したがって革命が必要なのは，支配階級を打倒するのにそれ以外の方法がないからというだけでなく，打倒する側の階級もただ革命のなかでのみ古い汚れをすべて拭い去り，社会を新しく築く力量を獲得できるようになるからである」（I/5: 44）

ここに言われる「人間の大規模な変化」は，共産主義的意識の産出とは区別

される（まして現状を別様に解釈する意識改革と異なることは言うまでもない）。また大義＝革命そのものの成就とも区別される。では、「人間の大規模な変化」とは何か。それは端的に、「所有（交換価値と資本）の世界」の主要価値から「個体性の世界」の価値への転換を表すであろう。前者の価値が何よりも交換価値、私的利害、利潤、経済成長を意味するとすれば、後者の価値は、人間諸個人の自己確証と相互確証、協同、自由時間等を意味する。これらの価値を欲求とする諸個人の形成が求められる。それは、物象化の下での人格変容からの人間回復の試みである。

　マルクスは同じことを『フランスにおける内乱』でも次のように語った。

　　「労働者階級はコミューンに奇跡を期待したのではなかった。彼らに〈人民の指令によって〉導入するべき出来合いのユートピアなどはなかった。彼らに分かっているのは、自己自身の解放を成し遂げ、それとともに、現在の社会がそれ自身の経済的作用によって不可避的に行き着くはずの高次の形態をつくり出すためには、労働者階級は長期の闘争を経て、一連の歴史的過程を経て環境および人間を変革しなければならないということである。彼らに実現すべき理想があるわけではない。ただ、崩壊しつつある古いブルジョア社会そのものが胎内に孕んでいる新しい社会の諸要素を解放しようというだけなのである」(I/22: 143)

　ここでも肝心なのは、革命が「一連の歴史的過程を経て環境および人間を変革しなければならない」とされること、「新しい社会の諸要素」がブルジョア社会において形成されるということである。なぜ「人間を変革する」必要があるのか。それは、ブルジョア社会の人間諸個人の多くが交換価値、私的利害、経済成長に囚われているからである。では、いかに「人間を変革する」必要があるのか。交換価値、私的利害、経済成長だけに囚われず——カネの亡者にもならず、価値増殖に血道を上げることもなく——、現状でも可能なかぎり諸個人の自己確証と相互確証、協同に就くように「人間を変革する」こと、すなわち各人が自己変革を遂げることである。

　今日、金融資本の支配の下で、労働者も含む多くの個人が「資産運用」のために、株式投資、投資信託などへの関与を深めている。ときには、貨幣・資本の自己増殖への欲望を肥大化させ、この世界に囚われる。また消費社会のなか

で，さまざまな所有欲，致富欲，物欲（顕示的消費）に駆られ，これと関連して，権力欲，名誉欲，地位欲等への執着も昂進させる。これらは，多かれ少なかれ，私を含む万人に妥当しうることである。しかも，今日のシステムの下で貨幣・資本との関わりなしに生活できないことはたしかである。一定の生活を維持するために一定の収入が必要である。そして，一定の範囲での資産形成は，個体性確証の前提として正当化されなければならない。しかし他方，物象化に囚われているかぎり，物象化の廃棄など問題にならない。各個人が個別に貨幣経済に巻き込まれ執着を強めるだけでは，結局のところ，大多数の貧困と隷属，差別と分断，そして環境破壊等々は避けられない。この経験——国内的経験だけでなく，国際的な経験——を基礎に，協同に就く自己変革が求められる。人間の自己変革にはマルクスも言うように，長期の闘争が必要である。ただし，それは遠い将来に起こるべきことではない。いま，現に存在する闘争のうちで起こるべきことであり，現実的に可能なことである。

競争の世界で，それは他人に後れをとる道であり，「きれいごと」として忌避される可能性がある。しかし，忌避したあとに残るのは競争の無慈悲な世界であり，多くの人間が苦悩し呻吟する世界である。それを問わなければならない時代なのではなかろうか。

物象化の廃棄を資本の廃棄によって遠い将来に実現されるべき事態とだけ考える必要はない。むしろ今日の現実のなかで本質的に果たすことのできる部分がある。現在の運動と将来の社会変革とは地続きである。そもそも現に経験していない事柄を将来に展望することはできない。個体性の確証と協同組織の形成，万人の再生産可能性をキーワードとして，さまざまな検証課題，対抗課題が今日存在している。この条件と経験が将来を切り拓く。共産主義運動あるいは社会主義体制がさまざまな誤りを犯し，破綻を遂げた歴史的事実は否定できない。しかし，にもかかわらず資本主義的生産様式と所有（物象化）の経済学を廃棄して，万人の個体性の確証を実現するという課題の正当性は失われることはない。

文献一覧

明石英人［2010］《疎外論とイデオロギー》# 岩佐編『マルクスの構想力』

浅野敏［1974］『個別資本理論の研究』ミネルヴァ書房

浅見克彦［1987］《物象化論のイデオロギー的冒険》# 石塚ほか編『クリティーク』第8号

浅見克彦［1989］『所有と物象化』世界書院

遊部久蔵［1949］『価値論争史』青木書店

遊部久蔵［1968］『マルクス経済学』春秋社

遊部久蔵［1973］『商品論の構造』青木書店

安部隆一［1951］『「価値論」研究』岩波書店

荒木迪夫［1974］『「経済学批判」と「資本論」』新評論

荒木迪夫［1977a］《商品の物神性──人の生産関係の物化》# 佐藤ほか編『資本論を学ぶⅠ』

荒木迪夫［1977b］《価値形態論と交換過程論との関連》# 佐藤ほか編『資本論を学ぶⅠ』

荒又重雄［1972］『価値法則と賃労働』恒星社厚生閣

有井行夫［1991］『株式会社の正当性と所有理論』青木書店

石塚正英／小倉利丸／関曠野／高橋順一／芳賀健一／堀川哲／保井温／鷲田小彌太編［1987］『クリティーク』第8号〔特集：論争・物象化論〕青弓社

石塚良次［1980a］《商品の物神性について──物神性と物象化論 (1)》# 専修大学大学院『経済と法』第11号

石塚良次［1980b］《商品世界における物象化について──物神性と物象化論 (2)》# 専修大学大学院『経済と法』第12号

岩佐茂［2010］《疎外論の基本的な枠組み》# 岩佐編『マルクスの構想力』

岩佐茂［2024］『マルクスの生活者の思想とアソシエーション』桜井書店

岩佐茂編［2010］『マルクスの構想力』社会評論社

岩崎允胤編［1979］『科学の方法と社会認識』汐文社

植村邦彦［2019］『隠された奴隷制』集英社新書

内田弘［1982］『「経済学批判要綱」の研究』新評論

宇野弘蔵［1947］『価値論』河出書房

宇野弘蔵［1952］『価値論の研究』東京大学出版会

宇野弘蔵［1962］『経済学方法論』東京大学出版会 # 宇野弘蔵監修『経済学大系』第1巻

宇野弘蔵 [1964]『経済原論』岩波全書

宇野弘蔵編 [1967]『資本論研究 I 』筑摩書房

宇野弘蔵 [1968]『資本論入門』青木書店

宇野弘蔵 [1969]『資本論の経済学』岩波新書

宇野弘蔵 [1973-74]『宇野弘蔵著作集』(全 11 巻) 岩波書店

蛯原良一 [1994]『リカードゥ派社会主義の研究──イギリス初期社会主義論』世界書院

大石高久 [1997]『マルクス全体像の解明』八朔社

大内秀明 [1964]『価値論の形成』東京大学出版会

大内秀明 [1977]《冒頭商品の性格》# 佐藤ほか編『資本論を学ぶ I 』

大河内泰樹 [2010]《発生と形式──物象化の系譜学としての「価値形態論」》# 岩佐編『マルクスの構想力』

大谷禎之介 [1993a]《商品および商品生産》# 法政大学経済学部学会『経済志林』第 61 巻第 2 号

大谷禎之介 [1993b]《価値形態》# 法政大学経済学部学会『経済志林』第 61 巻 2 号

大谷禎之介 [2001]『図解 社会経済学』桜井書店

大谷禎之介 [2011]『マルクスのアソシエーション論』桜井書店

大塚久雄 [1977]『社会科学における人間』岩波書店

大庭健 [1987]《批判的〈実践知〉としての〈物象化〉論》# 石塚ほか編『クリティーク』第 8 号

大村泉 [2000]《『資本論』体系の成立》# 富塚ほか編『資本論体系』第 1 巻

岡田純一 [1964]『経済学における人間像』未來社

小倉利丸 [1987]《逸脱する身体性──物象化論の諸問題》# 石塚ほか編『クリティーク』第 8 号

角田修一 [1992]『生活様式の経済学』青木書店

加藤榮一 [1962]《疎外と物化》#『思想』第 460 号

鎌倉孝夫 [1971]『資本論とマルクス主義』河出書房新社

柄谷行人 [1978]『マルクスその可能性の中心』講談社

柄谷行人 [2010]『世界史の構造』岩波書店

柄谷行人 [2022]『力と交換様式』岩波書店

久留間鮫造 [1957]『価値形態論と交換過程論』岩波書店

久留間鮫造／玉野井芳郎 [1954]『経済学史』岩波全書

経済学史学会編 [1967]『資本論の成立』岩波書店

現代の理論社編集部編 [1972-75]『マルクス・コメンタール』(全 5 冊) 現代の理論社

小西一雄［2020］『資本主義の成熟と終焉』桜井書店

小林威雄［1977］《蓄蔵貨幣》# 佐藤ほか編『資本論を学ぶ I 』

小林昇／富塚良三／渡辺源次郎ほか編［1980-82］『講座 資本論の研究』（全 5 巻）青木書店

小林弥六［1967］『経済学批判体系の生成』御茶の水書房

小松善雄［1986］《マルクスの個人的所有概念の意味》#『立教経済学研究』第 39 巻 4 号

小松善雄［2006］《ロバート・オウエンと『資本論』》#『立教経済学研究』第 60 巻 2 号

小屋敷琢己［2010］《〈物〉の原理としての功利性への批判》# 岩佐編『マルクスの構想力』

向坂逸郎／宇野弘蔵編［1948］『資本論研究：商品及交換過程』河出書房

向坂逸郎／宇野弘蔵［1949］『資本論研究：流通過程』河出書房

向坂逸郎［1962］『マルクス経済学の基本問題』岩波書店

櫻井毅［1977］《価値尺度》# 佐藤ほか編『資本論を学ぶ I 』

佐々木隆治［2010］《『経済学批判要綱』における疎外と物象化》# 岩佐編『マルクスの構想力』

佐々木隆治［2011］『マルクスの物象化論』社会評論社（第 2 版 2018）

佐々木隆治［2012］『カール・マルクス』ちくま新書

佐々木隆治［2018］『マルクス資本論』角川選書

佐藤金三郎［1968］『「資本論」と宇野経済学』新評論

佐藤金三郎［1992］『「資本論」研究序説』岩波書店

佐藤金三郎／岡崎栄松／降旗節雄／山口重克編［1977］『資本論を学ぶ』（全 5 巻）有斐閣

芝田進午［1961］『人間性と人格の理論』青木書店

渋谷正［1981］《マルクスのリカード価値論批判》# 小林ほか編『講座 資本論の研究』第 1 巻

渋谷正［2000］《経済学批判と唯物史観（1840 年代）》# 富塚ほか編『資本論体系』第 1 巻

白井聡［2023］『マルクス──生を呑み込む資本主義』講談社現代新書

頭川博［1978］《単純商品流通の性格規定》#『一橋論叢』第 79 巻第 3 号

頭川博［2010］『資本と貧困』八朔社

杉原四郎［1967］『ミルとマルクス（増訂版）』ミネルヴァ書房

杉原四郎［1974］『マルクス経済学の形成（改訂版）』未來社

鈴木敏正／高田純／宮田和保［2020］『21 世紀に生きる資本論』ナカニシヤ出版

清野康二［1981］《商品論と商品生産の所有法則》# 北海道大学『経済学研究』第 31 巻第 2 号

関曠野［1985］『資本主義──その過去・現在・未来』影書房

平子友長［1977］《マルクス経済学批判の方法と弁証法》#『唯物論』編集委員会編『唯物論』第 8 号，汐文社

平子友長［1979］《マルクスの経済学批判の方法と形態規定の弁証法》# 岩崎編『科学の方法と社会認識』

平子友長［1984］《疎外論と物象化論》#『経済理論学会年報』第 21 集

平子友長［1991］『社会主義と現代世界』青木書店

平子友長［2000］《『資本論』の弁証法》# 富塚ほか編『資本論体系』第 1 巻

平子友長［2017］《『資本論』における物象化・物化・疎外》# 経済理論学会等関係 7 学会合同企画「21 世紀におけるマルクス：『資本論』150 年記念シンポジウム」報告

平子友長［2019］《マルクスにおける物象化・物化・疎外──廣松渉批判》# 東京唯物論研究会編『唯物論』第 93 号

髙木徹［2024］『蘇らせようマルクスの革命思想』言視舎

高須賀義弘［1987］《経済的〈三位一体範式〉の解剖》# 一橋大学経済研究所『経済研究』第 38 巻第 1 号

高田純［2018］《資本の物象化と人間形成》# 札幌唯物論研究会『札幌唯物論』第 60/61 合併号

高田純［2020］《資本における物象化と労働主体の陶冶》# 鈴木ほか編『21 世紀に生きる資本論』

髙橋洋児［1981］『物神性の解読』勁草書房

武田信照［1982］『価値形態と貨幣』梓出版社

武田信照［1984］《価値形態論と交換過程論・貨幣の必然性に関する論争》# 富塚ほか編『資本論大系』第 2 巻

竹永進［1979］《40 年代マルクスの価値論の性格》# 中央大学経済学研究会『経済学論纂』第 20 巻第 1・2 合併号

竹永進［2000］《労働価値説の受容》# 富塚ほか編『資本論体系』第 1 巻

竹村脩一［1984］《貨幣としての貨幣の機能に関する諸研究》# 富塚ほか編『資本論体系』第 2 巻

田中滋［1981］《マルクスの「人格化」概念の考察》#『ソシオロジ』第 26 巻第 1 号

種瀬茂［1984］《〈価値の実体〉規定をめぐる論争》# 富塚ほか編『資本論大系』第 2 巻

塚本健［1968］《物化と自己疎外》#『思想』1968 年 5 月号

富塚良三［1984］《交換過程の課題》/《交換過程の矛盾と貨幣の成立》# 富塚ほか編『資本論大系』第 2 巻

富塚良三／服部文男／本間要一郎／ほか編［1984-2001］『資本論大系』（全 10 巻）有

斐閣

長岡豊［1972］『労働と資本——唯物史観と労働価値説』有斐閣

長砂實［1973］《社会主義にかんする古典的諸命題の現代的意義》#『唯物論』編集委員会編『唯物論』創刊号，汐文社

長島功［2018］『マルクス「資本論」の哲学——物象化論と疎外論の問題構制』社会評論社

中川弘［1983］《『資本論』冒頭篇の性格規定》# 福島大学『商学論集』第 51 巻 4 号

中川弘［1984］《冒頭〈商品〉の性格規定をめぐる論争》# 富塚ほか編『資本論大系』第 2 巻

中川弘［1989］《『資本論』冒頭篇の性格規定・再論》# 福島大学『商学論集』第 57 巻 4 号

中川弘［1997］《経済学批判と疎外論》# 福島大学『商学論集』第 65 巻 3 号

中野正［1958］『価値形態論』日本評論新社

永谷清［1975］『科学としての資本論』新評論

永谷清［1977a］《価値表現の回り道》# 佐藤ほか編『資本論を学ぶ I』

永谷清［1977b］《価値形態の展開》# 佐藤ほか編『資本論を学ぶ I』

西野勉［1984］《物神性に関する諸学説》# 富塚ほか編『資本論大系』第 2 巻

西野勉［1985］《〈否定の否定〉〈個人的所有の再建〉》# 富塚ほか編『資本論大系』第 3 巻

西野勉［1989］『経済学と所有』世界書院

尼寺義弘［1978］『価値形態論』青木書店

尼寺義弘［1984］《商品論の形成》# 富塚ほか編『資本論体系』第 2 巻

服部文男［1967］《『聖家族』の経済学的意義》# 経済学史学会編『資本論の成立』

林直道［1971］『史的唯物論と経済学』（上下）大月書店

林直道［1974］『史的唯物論と所有理論』大月書店

平田喜久雄［1978］『資本論の論理』法律文化社

平田清明［1969］『市民社会と社会主義』岩波書店

平田清明［1971］『経済学と歴史認識』岩波書店

平田清明［1982］『経済学批判への方法叙説』岩波書店

廣田精孝［1984］《価値形態論と交換過程論》# 富塚ほか編『資本論体系』第 2 巻

廣松渉［1968］『マルクス主義の成立過程』至誠堂

廣松渉［1969］『マルクス主義の地平』勁草書房

廣松渉［1974a］『マルクス主義の理路』勁草書房

廣松渉［1974b］『資本論の哲学』現代評論社

廣松渉［1983］『物象化論の構図』岩波書店

廣松渉［1996-97］『廣松渉著作集』(全16巻) 岩波書店

降旗節雄［1977］《価値形態論の課題》#佐藤ほか編『資本論を学ぶI』

真木悠介［1977］『現代社会の存立構造』筑摩書房

正木八郎［1977］《抽象的人間労働》#佐藤ほか編『資本論を学ぶI』

正木八郎［2000］《経済学批判の意義》#富塚ほか編『資本論体系』第1巻

正村公宏［2006］『人間を考える経済学——持続可能な社会をつくる』NTT出版

松尾匡／井上智洋／高橋真矢［2021］『資本主義から脱却せよ』光文社新書

馬渡尚憲［1997］『J・S・ミルの経済学』御茶の水書房

水野和夫［2014］『資本主義の終焉と歴史の危機』集英社新書

見田石介［1963］『資本論の方法』弘文堂

宮川實［1949-50］『資本論研究』(全12号) 青木書店

宮下柾次［1980］『社会主義と個人的所有』青木書店

宮田和保［2000］『資本の時代と社会経済学』大月書店

向井公敏［1973］《『経済学批判要綱』における領有法則の転回について》#『経済学雑誌』第69巻6号

向井公敏［1979］《『経済学批判要綱』における本源的蓄積論》#『同志社商学』第30巻5-6号

向井公敏［2000］《『経済学批判要綱』をめぐる諸問題》#富塚ほか『資本論体系』第1巻

向井公敏［2010］『貨幣と賃労働の再定義』ミネルヴァ書房

望月清司［1973］『マルクス歴史理論の研究』岩波書店

森川喜美雄［1965］《「資本論」における疎外と物象化について——疎外論的アプローチと経済学的分析との関連》#専修大学経済学会『専修経済学論集』第1号

森川喜美雄［1967］《プルードンとマルクス——プルードン『貧困の哲学』を中心として》#経済学史学会編『資本論の成立』

森川喜美雄［1975］《「アンネンコフへの手紙」・『哲学の貧困』》#現代の理論社編集部編『マルクス・コメンタールIII』

森田桐郎／望月清司［1974］『社会認識と歴史理論』日本評論社

森田成也［2008］『資本と剰余価値の理論——マルクス剰余価値論の再構成』作品社

森田成也［2018］『マルクス剰余価値論形成史』社会評論社

安田均［1987］《物象の人格化をめぐって》#『九州大学経済学研究』第53巻第3号

谷野勝明［2000a］《『経済学批判』体系プラン》#富塚ほか編『資本論体系』第1巻

谷野勝明［2000b］《『資本論』体系のプラン》#富塚ほか編『資本論体系』第1巻

山内清［1987］『資本論商品章詳注 (学習用)』草土文化

山田鋭夫／森田桐郎編［1974］『コメンタール「経済学批判要綱」』（上下）日本評論社

山之内靖［2001］『社会科学の方法と人間学』岩波書店

山之内靖／二宮宏之／塩沢由典編［1993］『社会科学の方法3：日本社会科学の思想』岩波書店

山本広太郎［1985］『差異とマルクス——疎外・物象化・物神性』青木書店

山本二三丸［1962］『価値論研究』青木書店

吉崎祥司［1977］《『資本論』における〈物象化〉概念》#『唯物論』第7号，汐文社

吉沢芳樹［1970］《マルクスにおけるリカードウ理論の発見と批判》# 専修大学『社会科学年報』第4号

吉原泰助［1980］《生産関係分析としての商品論》# 小林ほか編『講座 資本論の研究』第2巻

米田康彦［1980］《価値形態論と交換過程論における矛盾の外化》# 小林ほか編『講座 資本論の研究』第2巻

良知力／廣松渉編［1986-2006］『ヘーゲル左派論叢』（全4巻）御茶の水書房

和田重司［1978］『アダム・スミスの政治経済学』ミネルヴァ書房

渡辺憲正［1989］『近代批判とマルクス』青木書店

渡辺憲正［2022］『「ドイツ・イデオロギー」の研究——初期マルクスのオリジナリティ』桜井書店

渡辺憲正［2023a］《私的労働と物象化》# 関東学院大学『経済系』第287集

渡辺憲正［2023b］『マルクス所有形態論の研究——所有と個体性の世界』桜井書店

J. F. Bray [1839], *Labour's Wrongs and Labour's Remedy or the Age of Might and the Age of Right*, Leeds.

John Gray [1831], *The Social System: A Treatise on Principle of Exchange*, Edinburgh.

John Gray [1848], *Lectures on the Nature and Use of Money*, Edinburgh.

J. Habermas [1990], *Strukturwandel der Öffentlichkeit*, Neuauflage, Frankfurt am Main.＝ハーバーマス［1994］『公共性の構造転換（第2版）』未來社

M. Heß [1961], Über das Geldwesen, in: M. Heß Philosophische Sozialistische Schriften 1837-1850 [*HS*], heraus gegeben und eingeleitet von A. Cornu und W. Mönke, Berlin.＝ヘス［1970］『初期社会主義論集』未來社

G. Lukács [1977], Geschichte und Klassenbewußtsein, in: *G. Lukács Werke*, Bd. 2, 2. Aufl., Luchterhand.＝ルカーチ［1962］『歴史と階級意識』未來社

D. McLellan [1969], *The young Hegelians and Karl Marx*, London.＝マクレラン

[1971]『マルクス思想の形成──マルクスと青年ヘーゲル派』ミネルヴァ書房

D. McLellan [1970], *Marx before Marxism*, London.＝マクレラン [1972]『マルクス主義以前のマルクス』勁草書房

J. S. Mill [1920], *Principles of Political Economy with some of their Applications to Social Philosophy*, edited by Sir W. J. Ashley, London.〔the first edition: 1848〕＝ミル [1959-63]『経済学原理』(全 5 冊) 岩波文庫

A. Negri [1984], *Marx beyond Marx*, translated by H. Cleaver, M. Ryan and M. Viano, Massachusetts.〔the original version: Negri [1979], Marx altre Marx, Milano.〕＝ネグリ [2003]『マルクスを超えるマルクス』作品社

P. J. Proudhon [1846], *Système des contradictions économiques, ou Philosophie de la misère*, Paris.＝プルードン [2014]『貧困の哲学』(上下) 平凡社

D. Ricardo [1951], On the principles of political economy and taxation, in: *The Works and Correspondence of D. Ricardo*, edited by P. Sraffa, vol. 1, Cambridge. ＝リカードウ [1972]『経済学および課税の原理』雄松堂出版〔スラッファ編『デイヴィド・リカードウ全集』第 1 巻〕

R. Rosdolsky [1968], *Zur Entstehungsgeschichte des Marxschen "Kapital". Der Rohentwurf des "Kapital" 1857-58*, 2 Bände, 2. überarbeitete Auflage, Frankfurt am Main.＝ロスドルスキー [1973-74]『資本論成立史』(全 4 巻) 法政大学出版局

Д. И. Розенберг [1930], *Комментарии ко первому, второму и третьему томам „Капитала" К. Маркса*, Москва.＝ローゼンベルグ [1962]『資本論注解』(全 5 分冊) 青木書店

Д. И. Розенберг [1954], *Очерки развития экономического учения Маркса и Энгельса в сороковые годы XIX века*, Москва.＝ローゼンベルグ [1971]『〔改訳版〕初期マルクス経済学説の形成 [19 世紀 40 年代におけるマルクス／エンゲルス経済学説の発展の概説]』(上下) 大月書店

И. И. Рубин [1929], *Очерки по теории стоимости Маркса*, Москва/Ленинград. ＝ルービン [1993]『マルクス価値論概説』法政大学出版局

M. Stirner [1845a], *Der Einzige und sein Eigentum*, Leipzig.＝シュティルナー [1967-68]『唯一者とその所有』現代思潮社

M. Stirner [1845b], Rezensenten Stirners, in: *Wigand's Vierteljahrsschrift*, 1845. Bd. 3. Leipzig.＝シュティルナー [1986]《シュティルナーの批評家たち》# 良知／廣松編 [1986-2006] 第 1 巻

あとがき

　物象化論は，私のマルクス研究の長年にわたる基本テーマであった。そもそも，『経哲草稿』や《ミル評注》等に貨幣論，疎外論があり，研究史上では1960 年代以来，疎外論から物象化論への転換などが論争されていたのであるから，物象化論が研究テーマにならないはずはない。しかし，物象化論の問題は難解であり，なかなか近づくことができなかった。それは，ひとえに私の力不足によるものである。1960 年代から 80 年代にかけてさまざまな成果を蓄積した物象化論研究に学びながら，それでも本格的研究に入ることはなかった。

　ようやく研究課題として意識し始めたのは，REM 研［唯物論研究協会メンバー有志による radical and equality members 研究会］での報告《マルクスの共同体／共同社会論と所有問題》を執筆した 2002 年前後のことであろう。ここで私は，物象化にもとづく所有の形態変化，致富欲などの人為的欲求による人格変容を論じた。ただし，いま読み返してみると論述はまだまだ初歩的である。そして，それ以後も諸事情により物象化論研究は遅々として進まず，再開したのは 2017 年頃であり，ようやく本書に辿り着いたというところである。じっさい，公表したのは，論文《マルクスの〈労働＝所有形態〉論》(2019) を別として，下記の一篇があるのみである。

《私的労働と物象化》(2023) ＃関東学院大学『経済系』第 287 集

　本書は，拙著『「ドイツ・イデオロギー」の研究』(2022)／『マルクス所有形態論の研究』(2023) の内容を直接の前提として構想したものであり，物象化論に関わる以下の課題を果たす試みである。すなわち，第 1 は，初期の物象化論と後期の物象化論を接合すること。第 2 は，〈物象の人格化と人格の物象化〉，物象化による人格変容を基底に物象化論を把握すること。第 3 は，物象化と物化の区別という研究史の成果にもとづいて，商品次元における物象化論を考察すること。第 4 は，疎外を人格の物象化と関連づけて把握すること。第 5 は，物象化の廃棄とともに，現在の物象化された世界において物象化に対抗する生活／運動の現実的可能性を論ずることである。

とくに今回，本書で立ち入って論じたのは，〈物象の人格化と人格の物象化〉である。この問題は，よく知られながら意外に人格変容の問題としてはつかまれていない。しかし，マルクスが一貫して問題としたのは，まさに〈物象の人格化と人格の物象化〉，つまり人格変容ではなかったか。ブルジョア社会において人間は物象の人格化として物象の論理に突き動かされ，その結果として人格の物象化を余儀なくされ，例外なく人格変容を蒙る。他方，人間は所有（物象）の世界に囚われるほかないとしても一元化されるわけではなく，個体性の世界にも生きているのであり，この世界にこそ各個人の自己変革と物象化廃棄の根拠が存在する。マルクス物象化論のポイントはここにある。初期から後期に至るマルクスの著作・草稿を読み，このことに気づいたとき，物象化論のテーマが定まった。どこまで課題に迫ることができたかは今後の検証に委ねるほかはない。ただ，多少とも自己了解を深められたとしたら，私としてはそれでよしとしなければならない。

　研究には限りがない。一歩進めるごとに，それに倍する課題が新たに現れる。この過程（課題の発見）こそが研究の意味であり，今回もまた，研究の過程でいくつかの課題解決へのヒントを得ることができたのは幸いであった。ここでは２つの課題を記しておきたい。第１は，「社会科学（経済学）における人間」というテーマである。本文に記した内容は繰り返さない。一言だけ付け加えるならば，たとえば大塚久雄『社会科学における人間』(1977) や山之内靖『社会科学の方法と人間学』(2001) などにもうかがえるように，これまで「社会科学における人間」を論じる場合には，概して，人間はいかに物象に支配されようとも自立性を喪失しない存在として前提されていた。しかし，マルクスの物象化論によるなら，物象化された諸関係は各個人の意志と意識から独立に運動する関係構造を形成し，それゆえに各個人の人格変容をもたらす。各個人は，関係構造と個体性との矛盾という二重性のうちを生きる（そして，それゆえに前者を超えて社会科学の認識と変革運動に関与することができる）。ここに「社会科学における人間」を具体的現実的に論ずる方途があるのではないか。第２は，以上と関連して，近代社会思想史の再考というテーマである。近代社会思想は，一般に啓蒙主義に立ち，理性的かつ自立的な主体を前提としていた。権利主体としての人間，コミュニケーション主体としての人間等々，みなそうで

ある。しかし，これらの主体——近代的個人——は，いずれも物象化された世界を自然的世界とみなす私的人格であり，それゆえに〈物象の人格化と人格の物象化〉に囚われていた。そして近代社会思想は，この物象化を原理として成り立っていた。このことは，近代的個人を前提に構成された社会思想史全体の見直しを要請する。マルクス物象化論は，思想史を総体として問題化し，再構成する視座を開拓したように思われる。論ずる機会があることを期待する。

謝辞

　本書執筆にあたり，私は多くの先行研究に学んだ。なおフォローが不足しており，また理解の行き届いていないところが多々あることを懼れながら，先行の諸研究に深い敬意と感謝の念を記しておきたい。また，いつものことながら，唯物論研究協会のメンバー，関東学院大学の研究プロジェクトや『ドイツ・イデオロギー』オンライン版編集委員会のメンバーをはじめとする多くの知人，友人の方々には，これまでいただいた有形無形の教示，交誼に厚く感謝申し上げる。桜井書店の桜井さんには，昨年に引き続き本書の刊行をお願いし，ご高配を賜った。桜井さんとのお付き合いは，『近代批判とマルクス』(1989) 以来であるから，すでに 35 年に及ぶ。2024 年は桜井書店創立 24 周年。変わらぬ編集者精神に心から敬意を表する次第である。

渡辺憲正
わたなべのりまさ

1948 年生まれ。

関東学院大学名誉教授。

一橋大学大学院社会学研究科博士課程単位修得退学。

専門はマルクス研究，社会思想史，イデオロギー論。

【著作／論文】マルクス研究の分野では，『近代批判とマルクス』(青木書店，1989 年)，『唯物史観と新 MEGA 版『ドイツ・イデオロギー』』(共著，社会評論社，2018 年)，『『ドイツ・イデオロギー』の研究：初期マルクスのオリジナリティ』(桜井書店，2022 年)，『マルクス所有形態論の研究：所有と個体性の世界』(桜井書店，2023 年) ほか。社会思想史の分野では，《ジョン・ロックの自然状態論》(関東学院大学『経済系』第 261・262・264 集，2014-15 年)，《『学問のすすめ』考：前期福沢諭吉の思想構造》(関東学院大学『経済経営研究所年報』第 38 集，2016 年) ほか。イデオロギー論の分野では，『イデオロギー論の再構築』(青木書店，2001 年)，《丸山眞男のナショナリズム観》(関東学院大学『経済経営研究所年報』第 34 集，2012 年) ほか。

【翻訳その他】ブルーノ・バウアー『暴かれたキリスト教』(良知／廣松編『ヘーゲル左派論叢』第 4 巻，御茶の水書房，1987 年)，マルクス『資本論草稿集 2』(共訳，大月書店，1993 年)，エーリヒ・フロム『愛と性と母権制』(共訳，新評論，1997 年)，『マルクス・カテゴリー事典』(共編著，青木書店，1998 年)，『哲学中辞典』(共編著，知泉書館，2016 年) ほか。

マルクス物象化論の研究　貨幣・資本と人格変容

2024 年 9 月 30 日　初　版

著　者　渡辺憲正
装幀者　加藤昌子
発行者　桜井　香
発行所　株式会社 桜井書店
　　　　東京都文京区本郷 1 丁目 5-17 三洋ビル 16
　　　　〒 113-0033
　　　　電話 (03)5803-7353
　　　　FAX (03)5803-7356
　　　　http://www.sakurai-shoten.com/

印刷・製本　株式会社 三陽社

© 2024 WATANABE Norimasa

定価はカバー等に表示してあります。
本書の無断複製(コピー)は著作権上
での例外を除き，禁じられています。
落」本・乱丁本はお取り替えします。

ISBN978-4-910969-04-6 Printed in Japan

渡辺憲正　著

マルクス所有形態論の研究
所有と個体性の世界

貨幣・資本にもとづく所有の世界と
各個人が形成する個体性の世界との対立を止揚し、
所有の世界における人格変容からの解放を成し遂げるという
マルクスの未来社会構想の真髄を描く。
マルクスの〈労働の経済学〉の到達点！

A5判上製　定価▶4500円＋税

『ドイツ・イデオロギー』の研究
初期マルクスのオリジナリティ

『ドイツ・イデオロギー』オンライン版にもとづいて、
唯物史観の形成過程を精細に跡づけ、
「カール・マルクス問題」解決への新視点を示す。

A5判上製　定価▶3200円＋税

桜井書店
https://www.sakurai-shoten.com/